표주박 모양의 남빛 도자기(터키, 이스탄불, 토프카프 왕국 박물관 소장)

나디르 디만 베기 메드레세(이슬람 신학교)
(우즈베키스탄, 부하라)

남빛 도자기(그릇)
(이스탄불, 토프카프 왕국 박물관 소장)

봉황이 날아오르는 듯한 환상적인 석양(터키, 카만으로 가는 도중에 촬영)

조미료 등을 담는 항아리를 배로 옮기는 모습
(베트남, 사이공)

유리홍비봉문병(釉裏紅飛鳳文甁)
(인도네시아, 자카르타 국립 박물관 소장)

❶ 반인반조(半人半鳥)인 음악 신 긴나라(Kimnara) (미얀마, 파간 불교 유적)
❷ 자금성(紫禁城)의 흠안전(欽安殿) 정문(중국, 베이징(北京))
❸ 호류 사(法隆寺), 금당(金堂)의 천개(天蓋) 장식 (일본, 나라(奈良))
❹ 압사라(Apsara)와 긴나라(인도, 아잔타)

❺ 비 피해를 막기 위해 지붕 위에 올려놓은 봉황 조각품(중국, 쑤저우(蘇州))
❻ 틴하우 사원(天后廟), 중인방(中引枋)의 봉황(중국, 취안저우(泉州))
❼ 도교 도인이며 환자를 무료로 진료했던 우번(吳奔)의 집(취안저우)
❽ 자금성의 교태전(交泰殿)(베이징)
❾ 영웅 레 반 제트 장군의 묘(베트남, 호치민)

여러 동물의 모습을 딴 상상 속의 새, 봉황(아잔타)

나란히 서 있는 문관 석상에 새겨진 봉황 무늬(베트남, 구엔 왕조(阮王朝)의 카이 딘 황제의 능)

황제가 하늘에 제사를 올리는 의식을 행하기 위해 설치한 천단(天壇)의 키년전(祈年殿)(베이징)

봉황이나 용과 같은 환상의 동물들과 어린돌부처, 성인(聖人), 선인(仙人)들고 가득 채워져 있는 도쇼 궁(東照宮)의 요메이 문(陽明門)(일본, 닛코(日光))

한 장의 느티나무 판에 조각한 봉황(도쇼 궁의 요메이 문)

바다의 아시아 2

몬순 문화권

Vol. 2 UMI NO AJIA 2, MONSOON BUNKAKEN

edited by : Kei'ichi Omoto, Takeshi Hamashita, Yoshinori Murai and Hikoichi Yajima
Copyright ⓒ 2001 by Iwanami Shoten, Publishers
First published in Japanese in 2001 by Iwanami Shoten, Publishers, Tokyo.
This Korea edition published by Darimedia
by arrangement with the authors c/o Iwanami Shoten, Publishers, Tokyo.
through BookCosmos Agency, Seoul.

이 책의 한국어판 저작권은 BOOKCOSMOS.COM을 통한
저작권자와의 독점 계약으로 다리미디어에 있습니다.
신저작권법에 의해 한국 내에서 보호를 받는 저작물이므로
무단 전재와 복제를 금합니다.

바다의 아시아 2

몬순 문화권

엮은이 | 오모토 케이이치(尾本惠市)
하마시타 다케시(濱下武志)
무라이 요시노리(村井吉敬)
야지마 히코이치(家島彦一)
옮긴이 | 김현영
감　수 | 유용규 교수

다리미디어

바다의 아시아 2_ 몬순 문화권

초판 1쇄 펴낸날 · 2003년 4월 25일

엮은이 | 오모토 케이이치 외
옮긴이 | 김현영
펴낸이 | 이희숙
편집장 | 이향선
편 집 | 이상건 이해인
마케팅 | 박정상
총 무 | 김정숙

펴낸곳   도서출판 다리미디어
       서울시 마포구 망원동 386-16 삼미빌딩 401호
       전화 336-2566(대표) 팩스 336-2567
       http : //www.darimedia.com
       E-mail : darimedia@hitel.net
등 록   1998년 10월 1일(제10-1646호)

ⓒ 오모토 케이이치 외, 2003

ISBN 89-88556-84-4 03900
ISBN 89-88556-82-8 (세트)
    정가 18,000원

* 잘못 만들어진 책은 바꾸어 드립니다.

몬순 문화권

야지마 히코이치 家島彦一

몬순=마우심

　'몬순(monsoon)'은 아라비아 어의 마우심(al-mawsim)에서 유래한 말이다. 마우심이란 일 년 중 정해진 기간이나 계절, 혹은 그 기간 내에 열리는 제례나 순례, 파시, 추수감사제 등과 같은 특별한 '행사'를 의미한다. 이와 연관된 말로 이슬람교도들의 성지 순례를 가리키는 '순례제(mawsim al-ḥajj)'가 있다. '순례제'는 특별하면서도 성스러운 시간이나 행위를 가리키는 것으로 사람들의 생활 리듬에 커다란 영향을 준다. 또한 계절의 변화를 바르게 이해하고, 사회 집단의 동일성을 재확인하는 데 있어서도 중요한 의미를 갖는다.

　한편 페르시아 만의 오만과 예멘이 자리잡고 있는 아라비아 해안과 인도양 서쪽 연안, 그리고 도서 지역에 사는 사람들, 특히 선원이나 상인, 어부들은 일정한 시간과 방향을 가진 계절풍, 즉 여름 반년에 부는 남서풍과 겨울 반년에 부는 북동풍을 가리킬 때 이 말을 사용해 왔다. 또한 이 말은 그 계절풍을 이용해 항해 무역을 했기 때문에 그 시기에는 '항구가 열려 있는 시기'로 '열린 항구'를 의미하기도 한다.

아라비아 해와 인도양의 해상 교통과 무역은 취송류(바다 표면에 이는 일종의 마찰류로, 몬순 해류라고도 한다)를 이용해 출발지에서 목적지까지 왕복 항해하는 과정 속에서 성립되었다. 몬순이 불면 그 풍력에 의해 표면에 취송류가 발생하는 데 사람들은 취송류를 이용하여 신속하고 안전하게 목적지까지 이동할 수 있었다(마쓰야마 마사지(松山優治) '몬순이 탁월한 인도양').

여기에서 이야기할 '몬순 문화권'은 아프리카 대륙의 동쪽을 둘러싼 서인도양과 아라비아 해, 그리고 그 부속해인 홍해, 페르시아 만, 벵골 만을 중심으로 아시아의 서쪽에 자리잡고 있는 해역들이다. 이 해역에서는 겨울의 북동 몬순과 여름의 남서 몬순이 규칙적으로 일어나는데, 남위 10도 부근까지 영향을 미치고 있다. 특히 겨울철의 강한 북동 몬순은 인도양 북쪽에 자리잡은 아시아의 고산 지대에 막혀 풍력이 약해지는 것을 볼 수 있다. 따라서 북동 몬순의 영향을 받는 9월 상순부터 다음해 3월 말까지는 바다가 비교적 잔잔해져 순탄하게 항해를 할 수 있는 시기이다.

역사적인 측면에서 살펴보면, 바다를 매개체로 이 해역 내에서 물자 교류가 이루어지면서 서로 다른 문명이 만나 문화적, 경제적인 면에서도 교류가 이루어져 복합적인 교류권을 형성하였다. 결국, 몬순은 아시아와 아프리카를 잇는 단순한 '바닷길'을 넘어 대륙과 바다라는 두 개의 다른 세계를 맺어주는 매개체로 작용했다. 또한 '몬순 문화권'이라는 독자적인 인도양 해역 세계를 형성하였으며 대륙과 바다가 동시에 발전할 수 있는 관계를 만들어주었다.

그렇다면 몬순 문화권이 갖는 자연 환경의 특성은 무엇일까? 그 특성은 해역에 사는 사람들의 활동에 어떤 영향을 미쳤을까? 사람들은 바다를 생활의 무대로 삼기 위해 바다에서 생활하는 데 필수적인 배를 어떻게 발전시켰을까? 더욱이 이 문화권은 전혀 다른 세계인 동아시아, 서아시아의 영역 국가와 지중해나 서유럽 제국(諸國)들과의 관계 속에서 어떠한 역할을 해 왔던 것일까? 역사적인 측면에서 살펴보는 것도 흥미로울 것이다.

한편 과거 인도양을 무대로 활약한 사람들은 오랜 시간에 걸쳐 이주와 확산을 거듭했는데, 그것이 19세기에서 현대에 이르는 시기에 정치, 경제, 사회에 어떠한 영향을 미쳤을까? 또한 '국민 국가'라는 대륙의 논리가 세계를 제패하는 현대에, 역사적으로 발전을 거듭해 온 '해역'이라는 국가 간의 '틈새 세계'는 어떻게 변화되었을까? 이것들은 우리가 주의 깊게 살펴볼 주제이다. 지구일체화(globalization)를 향해 나아가고 있는 현재의 위치에서 몬순 문화권 세계의 실상을 파악해 볼 필요가 있다. 이것은 우리가 살고 있는 21세기의 본연의 모습을 생각하는 것이다.

인도양의 자연 환경과 배

첫 부분인 마쓰야마 마사지의 '몬순이 탁월한 인도양'에서는 해양학의 입장에서 인도양의 특징인 몬순과 해류에 대해 살펴보고 있다. 이미 9~10세기의 아랍 지리학자들은 하루 동안에 육풍과 해풍이 일어나는 원인과 변화를 알아냈을 뿐만 아니라 몬순의 발생 원인이 유라시아 대륙과 인도양 사이에서 발생하는 여름과 겨울의 온도차에 의한 대기 흐름에 있다는 것을 밝혀냈다. 인도양을 항해하는 선원이나 어민 역시 해수면의 흐름과 파도에 대해 경험을 통해 습득했고, 별자리에 관한 지식을 익혀 대양을 항해했다. 13세기에 기록된 예멘의 역사 자료에 의하면 몬순은 인도양에 거주하는 사람들의 '생활 달력'이자, 어로(漁撈), 원양 항해, 대추야자의 수확, 캐러밴(내륙 대상(隊商), 사막 지방에서 낙타나 말에 상품을 싣고, 떼를 지어 먼 곳을 다니면서 장사하는 상인-역주)을 대상으로 한 시장 개최, 제례 등 일 년 동안의 시간과 생활을 결정짓는 지표였음을 알 수 있다.

우리는 사람이 우주선을 타고 달에 가는 과학의 시대에 살고 있지만, 가까이 있는 바다에 대해서는 아직까지 많은 부분에 대해서 모르고 있는 것이 사실이다. 특히 최근에 들어서야 인도양 해역과 이 해역을 둘러싼 대기의 메커니즘, 즉 인도양 해역과 지구 환경과의 관계에 대해서 그 일부만이 밝혀졌을 뿐이다. 몬순과 바다의 상관 관계나 육지와 바다, 그리고 대기의 상호 작용을 명확히 밝히는 일은 인간이 자연 환경을 어떻게 이용해 공생 관계를 만들 것인지, 또 그 관계를 어떻게 유지해 나갈 것인지를 파악하는 데 있어 매우 큰 비중을 차지하고 있다. 이것은 사람과 사람, 국가와 국가가 어떻게 관계를 맺어야 하는지를 파악하는 데도 도움이 된다.

인류는 주변에서 얻을 수 있는 최상의 재료를 이용하여 안전하고 큰 배를 만들기 위해 항상 연구를 거듭해 왔다. 인도양에 사는 사람들은 옛날부터 바다에서 활동하기 위해 통나무배나 봉합선(외판(外板)에 구멍을 뚫어 코코넛을 넣고, 인피(靭皮) 섬유의 가는 끈으로 봉합한 배), 아우트리거 식 배(outrigger. 목재를 내어 붙인 배. 통나무배보다 작은 배로 안전성을 높이기 위해 카누, 보트 등의 측면에 가벼운 다른 통나무를 댄 배-역주), 기타 구조선을 고안해 냈다. 지금도 인도양의 도서(島嶼) 지역이나 강 하구, 호수, 늪지대 등에서 옛 모습 그대로인 전통 목조선을 볼 수 있다. 그 배들은 인도양을 둘러싼 자연 환경과 사회 생활에 가장 잘 적응한 형태를 띠고 있으며, 오랜 시간 사용해 온 예술품, 혹은 세련된 완성품이다(후카마치 도쿠조우(深町得三) '인도양 전통선의 세계', 이이다 다쿠(飯田) 卓 '인도양의 카누 문화').

역사 속의 바다 세계

인도양의 자연 환경과 배에 대한 논고에 이어, 인도양이 역사 속에서 어떻게 변해왔는지에 대해 알아보고자 한다.

인도양 해역에 거주하는 사람들은 언제부터 인도양에 부는 몬순의 주기를 알아내 항해에 이용해왔던 것일까? 몬순 항해에 알맞은 삼각돛을 장착한 배는 어떤 것에서 고안한 것일까? 페르시아 만~남아라비아~동아프리카 해안으로 이어지는 바닷길 외에 천체 관측 기술과 뛰어난 항해술이 있어야 갈 수 있는 아라비아 반도~인도 아대륙~동남아시아, 혹은 동남아시아와 아프리카를 잇는 대륙 간의 직행 노선이 알려진 것은 과연 언제부터였을까? 또 이런 특수한 지식은 누가, 어떻게 계승하고 발전시켰을까? 인도양이라는 광대한 바다는 삶의 바다로서 이동과 교류의 장이었지만, 우리는 인도양 사람들의 발자취를 따라 살펴보면서도 풀지 못한 이러한 많은 질문들을 안고 있다.

그러나 적어도 기원전·후의 로마 시대 이전부터 인도계, 아랍 계, 이란 계, 이집트 계, 오스트로네시아나 말레이 계 사람들은 몬순을 이용한 항법을 알고 있었다. 이러한 사실은 인도의 돌라비라(전설을 통해서만 전해 내려오는 옛 항구 도시이며 인더스 문명 유적지 중 한 곳으로 4500년전 크게 융성했던 계획 도시로 인더스 문명의 특징을 잘 보여주는 곳이다-역주) 유적이나 페르시아 만 연안에 분포해 있는 유적을 통해 밝혀졌다. 또한 미흡하나마 5~6세기, 혹은 10세기 무렵에는 동남아시아의 섬들과 마다가스카르를 잇는 직행 노선을 통해, 원시 말레이 족이 남적도 해류를 따라 바나나, 토란, 쌀 등의 동남아시아 산(産) 농산물을 아우트리거 식 배에 싣고 동아프리카로 이동했다는 사실이 언어학, 민족학, 역사학 연구를 통해 조금씩 밝혀지고 있다(우치보리 모토미쓰(內堀基光) '마다가스카르와 보르네오', 이이다 다쿠 '인도양의 카누 문화').

인도양 해역 세계를 특징짓는 중요한 조건에는 두 가지가 있다. 첫째는 바로 서쪽에 국가와 문명이 교차하는 박진감 넘치는 서아시아와 지중해가 자리잡고 있다는 것이다. 둘째는 자연 생태, 문화, 문명의 관점에서 인도양 해역 세계는 서아시아나 지중해 지역과는 크게 '다르다'는 것이다. 인도양 해역 세계는 이러한 서쪽 세계와 밀접한 관계를 맺으며 발전을 거듭해 왔다. 지중해 세계를 정치적으로 통일한 로마 제국은 막대한 부를 쌓고 뛰어난 도시 문명을 세우기 위해 인도양이라는 새로운 세계를 손에 쥐고 싶어했다. 비잔틴 제국이나 이란의 사산 조(朝) 페르시아(Sasanian Persia. 아르다시르 1세가 정복 시기인 208~224년에 세워 651년에 멸망한 중세 페르시아 왕조-역주) 역시 인도양 해역의 상권(商圈)을 차지하기 위해 전쟁을 벌이기도 했다.

시토미 유우조우(蔀 勇造)는 '이슬람 이전의 인도양 세계'에서 홍해의 출입구에 자리잡은 소코트라 섬(Sokotra. 인도양 남동부에 있는 예멘의 섬-역주)에 초점을 맞추고, 섬의 교역 활동, 기독교의 전래 배경, 섬을 둘러싼 다양한 외부 세력에 대해 살펴보고 있다. 현재 소코트라 섬은 한 달에 몇 편밖에 없는 부정기적인 군용기와 옛날부터 내려오는 다우 선에 의지해야만 갈 수 있는 난바다의 고독한 섬이다. 그러나 역사 속에서는 인도양 교통의 중요한 접점이며 동서의 여러 세력이 서로 만나는 긴장과 공존의 장이었다.

한편 항구는 섬과 마찬가지로 바다를 통해 사람과 물자, 정보가 교류하는 교통의 요지이다. 더욱이 항구와 항구는 '교통 네트워크'를 통해 하나로 이어져 있다. 최근에는 항구라는 도시가 가지는 구조적인 성격과 국제적인 분기점으로서의 기능, 육지 영역 국가와의 관계 등을 문제로 삼은, 이른바 '항구 도시론'이 주목을 끌고 있다.

가와토코 무쓰오(川床睦夫)는 '항구를 밝히다'에서 홍해 연안의 바디우, 아이자브, 앗툴, 라야 등 항구 도시의 유적을 발굴하여 새로 발견된 역사 자료를 통해 항구의 변천 과정과 구조, 물질 문화 등을 종합적으로 분석하고 있다. 이러한 연구 과정은 항구가 지닌 다양한 얼굴과 항구라는 창을 통해 바라본 넓은 바깥의 세계를 이해하는 데 도움이 된다.

일반적으로 바스코 다 가마(Vasco da Gama. 1469~1524. 포르투칼의 항해사-역주)가 '발견'했다고 알려져 있는 인도 항로는 그보다 훨씬 앞선 1500년 이전부터 인도양 해역에 거주하는 사람들이 왕래했던 교역권의 일부였다. 유럽의 여러 세력들이 처음 진출했던 15~16세기의 아시아 바다는 동쪽으로는 동중국해와 남중국해, 서쪽으로는 아라비아 해와 인도양 서쪽 바다로 물자, 정보가 만나는 하나의 바다 세계였다. 당시 아시아 바다는 '타 지역 사람'이 들어오는 것을 무력으로 막아 자신의 영역을 독점하고 지배하는 바다가 아니라, 가치 있는 상품으로 대등한 거래를 하고자 하는 사람이면 누구라도 받아들였으며 이질적인 요소를 수용할 줄 아는 유연한 세계였다. 다우 선과 정크 선이 활발하게 오가던 항구 도시는 번영을 누리고 있었다. 또한 무명, 비단, 커피, 열대 지방의 향신료, 약재료 등이 유통되었으며 전체적으로 소비 문화가 널리 퍼져 있었다. 더욱이 아시아의 대제국들(명·청 제국, 무굴 제국(Mugul. 1526~1857. 16세기 전반에서 19세기 중엽까지 인도 지역을 통치한 이슬람 왕조-역주), 사파비 왕조(Safavid dynasty. 1502~1736. 이란의 이슬람 왕조-역주), 맘룩 왕조, 오스만 제국)은 아시아 바다를 통해 서로 교류하고 공존하면서도 그들만의 자립을 잃지 않았다. 하지만 각 나라들은 보유하고 있던 금과 은이 부족했기 때문에 교역 활동이 확대될수록 문제가 심각해져갔다는 것만은 사실이다. 이러한 아시아 바다의 일반적인 상황 속에서 유럽 사람들은 기존의 교통 네트워크를 교묘히 이용해 아시아 무역에 참가하기 시작했다.

　도리이 유미코(鳥井裕美子)는 '아시아에서 본 동인도회사'에서 17~19세기에 서유럽의 여러 나라들이 독점적 성격이 강한 동인도회사를 이용해서 어떻게 아시아와 무역을 했는지에 대해 살펴보고 있다. 네덜란드 동인도회사를 중심으로 회사의 설립 배경이나 조직 구성, 아시아 각 지역의 영업소 설립 과정과 거래 실태에 대해 설명하고 있다. 네덜란드는 배타적인 성향을 가지고 단독으로 생산지를 지배하려했지만, 회사를 경영하고 이윤을 추구해 온 200년이라는 긴 시간 속에서 아시아와 긴밀한 '상호 관계'를 맺을 수밖에 없었다. 또한 네덜란드는 아시아의 상호 관계 속에 아시아에 대해 많은 정보를 얻었다는 것 역시 부인할 수 없는 사실이다. 유럽 사람들은 자연 생태가 빈약한 유럽에 비해 풍부한 바다를 갖고 있는 아시아 세계를 동경했다. 바로 이 동경하는 마음이 유럽 여러 나라들로 하여금 아시아에 대한 '지식'을 갈망하게 만들었던 것이다. 어쩌면 이것이 유럽 국가들이 식민지 경영에 뛰어들게 된 근본적인 계기였는지도 모른다.

삶과 바다

인도양 해역의 특징 중 하나는 아시아 바다의 동쪽에 비해 섬의 수가 극히 적다는 것이다. 스리랑카와 마다가스카르는 큰 섬에 속하지만, 섬이라기보다 대륙의 일부로 보는 견해가 많다. 그 외에 모리셔스 섬, 차고스 섬, 코코스 섬이 있는데, 모두 대륙에서 멀리 떨어진 곳에 자리잡고 있다. 니코바르 제도(Nicobar Islands. 인도 벵골 만 남동부에 있는 제도-역주)와 래카다이브 제도(Laccadive Islands. 인도 서쪽에 위치한 인도령의 섬-역주), 몰디브 제도(Maldives Islands. 인도령의 래카다이브 제도의 남쪽에 있는 제도로 섬의 수는 2,000여 개에 이른다-역주)는 남북으로 700킬로미터 이상을 나란히 줄지어 있는 환초 지역으로 인도양 동서 간의 교류에 중요한 역할을 담당하기도 했다.

우치보리 모토미쓰는 '마다가스카르와 보르네오'에서 인도네시아 사람들이 인도양을 항해하여 서쪽으로 6,000킬로미터나 떨어져 있는 마다가스카르 섬으로 이주한 경로에 대해 살펴보고 있다. 그는 마다가스카르에 인도네시아의 언어와 문화가 전해져 오늘날에도 그 흔적을 찾아볼 수 있다는 점에서 호기심을 불러일으키는 것, 즉 '커다란 수수께끼'에 의문을 던지고 있다. 이 수수께끼를 풀기 위해 사람들이 왜, 무엇을 위해 바다를 건너 육지로 이동했는지, 배를 타고 이동한 집단의 규모는 어느 정도이고 이동 경로는 어떠하였는지에 대해 알아보고 있다. 또한 그들이 정착한 곳에서 자신들의 문화를 어떻게 계승하고 발전시켰는지, 다른 사회나 문화와 어떠한 마찰이 있었고 어떻게 동화했는지, 이동 후에는 고향과 교류했는지에 대해 그 해답을 찾아 다방면에 걸쳐서 문제를 분석하고 있다. 그러면서 한편으로는 인도네시아 사람들이 정착한 땅이 아직 인간이 거주하기에 '적절하지 않았던' 마다가스카르였기에 그들의 언어와 문화가 오랫동안 남을 수 있었다는 분석도 해 본다. 어쩌면 다른 인도양 해역에서도 그들의 흔적을 찾아볼 수 있지 않을까?

그들은 아마 돛이 달린 아우트리거 카누를 타고 항해했을 것이다. 마다가스카르 섬의 남서 해안에 사는 사람들은 고기잡이를 할 때 사용하는 아우트리거 카누를 라카라고 한다. 이 말은 남태평양 섬들이나 동남아시아 섬들에서 공통적으로 카누를 가리키는 데 널리 사용하는 와카, 왕카, 방카 등과 같은 말로 오스트로네시아 어족에 속하는 고어에서 파생된 말이라고 한다. 케냐나 소말리아의 해안에서 볼 수 있는 삼각돛을 장착한 더블 아우트리거 카누는 가라와(garawa, galawa), 혹은 잉가라와(ngarawa, ngalawa)라고 한다. 여기서 주목할 점은 돛을 가리킬 때 쓰는 말은 아라비아 어이고 배의 몸통을 가리킬 때 쓰는 말은 말레이 계통의 말이다. 이것은 돛은 아랍 문화의 영향을 받았으며 배 몸통은 인도양에서 태평양으로 넘어가는 해양 문화의 영향을 받았다는 것을 보여주는 좋은 예라 할 수 있다.

이이다 다쿠는 '인도양의 카누 문화'에서, 마다가스카르 섬에서 돛이 달린 아우트리거 카누를 이용해 바다 생활을 하고 있는 베즈 어민을 살펴보고 있다.

우치보리 모토미소의 논고와 함께 읽으면 인류가 왜, 무엇을 위해, 그리고 어떻게 바다 저편으로 이동했으며 바다는 그들에게 어떠한 대상이었는지 그 해답을 찾을 수 있다. 이것들은 기본적인 문제를 생각하는 데 더없이 중요한 계기가 될 것이다.

이동과 교류

오랜 인류의 역사를 살펴보면, 인간은 한 곳에 정착하거나 조직과 집단을 형성하여 거주하기보다는 두 발로 직립보행하는 동물만이 갖고 있는 호모 모빌더스, 즉 한 곳에 오래 머무르지 않는 본성에 따라 이동하는 것이 일반적이었다. 이동과 교류가 갖는 동(動)과 정(靜)이라는 서로 다른 성질이 공존과 교류의 다이너미즘(dynamism)을 낳았으며 이동과 교류의 상호 작용 속에서 문화와 문명이 탄생하고 발전을 거듭하였다. 이렇듯 인도양 해역에서는 옛날부터 사람들이 이동하고 교류하면서 교통, 물자, 화폐, 문화가 하나가 된 네트워크, 이른바 넓은 의미의 '교통 네트워크'를 형성했다.

사람들은 페르시아 만과 아라비아 해를 자주 넘나들며 물자나 문화, 정보를 교류하면서 서로 다른 문명의 문화를 접하게 되었다. 세계 4대 문명권에 속하는 메소포타미아 문명과 인더스 문명은 서로의 교류를 통해 경제와 도시 문명을 발전시켜 나갔다. 하랍파(Harapa)와 모헨조다로(Mohenjo-Daro. 기원전 3000년~1500년에 번영한 인더스 문명의 중심을 이루는 도시 유적-역주)는 기원전 3500~2000년 중반까지 약 1000년간 존재했다. 한편 최근 발굴이 진행되고 있는 돌라비라 유적은 하랍파와 모헨조다로의 도시 유적 이전에 이미 고도로 발달된 도시 문명이 존재했었다는 사실을 명백히 보여준다.

기원후에는 특히 아랍 계, 이란 계, 인도계, 말레이 계 사람들의 이동이 활발해진 것을 볼 수 있다. 아라비아 반도는 일반적으로 사막이라는 이미지가 강해서 동쪽의 페르시아 만, 남쪽의 아라비아 해, 서쪽의 홍해로 둘러싸인 반도라는 사실을 잊곤 한다. 하지만 이 지리적인 영향으로 페르시아 해안이나 남아라비아와 예멘에 사는 아랍 인들의 생활과 문화, 역사는 인도양 주변 세계와 깊은 관련을 맺고 있다. 그 중에서도 인도양을 무대로 가장 눈에 띄게 활약한 아랍 인은 아마 남아라비아 하드라마우트(Hadhramaut, 예멘 동부의 해안 지방으로 구약성서에도 이름이 나타나 있듯이 기원전 수세기부터 하드라마우트 왕국이 있던 곳이다-역주) 지방 출신의 하드라미(Hadhrami)일 것이다.

아라이 가즈히로(新井和広)는 '하드라미 네트워크'에서 하드라미들이 구축한 이동 네트워크가 아직도 동남아시아의 각지에 퍼져 있다는 사실을 주목한다. 그들이 18세기 이후에 대거 이주하게 된 원인과 동남아시아 각지에서의 커뮤니티를 형성하고 활동한 모습, 유럽 여러 나라와의 상관 관계, 그들의 고향인 하드라마우트 지방의 경제 및 사회에 미친 영향 등 다방면에 걸쳐서 살펴보고 있다. 특히 제2차 세계대전 중에 일본이 동남아시아 여러 나라에 군사를 진출시키고 점령하면서 남아라비아와 동남아시아를 잇는 하드라미 네트워크가 단절되었고, 그로 인해 하드라마우트 지방에 경제적 위기를 맞이하게 되었다는 흥미진진한 사실을 밝혀내고 있다.

이동이라는 똑같은 문제에 대해, 나이토우 마사오(內藤雅雄)는 '인도양 세계에 진출한 인도계 회사'에서 9~20세기를 중심으로 한 인도계 이민에 초점을 맞추고 있다. 인도 사람들의 이민과 식민은 인도양과 태평양 전역에 퍼져 있다. 상당히 많은 사람들이 이주를 했다는 점과 지역 경제와 사회에 많은 영향을 주었다는 점에서 화교들이 이주한 지역에 많은 영향을 준 것과 비슷하다고 할 수 있다. 그들은 과연 언제, 어떤 과정을 거쳐 이주를 했던 것일까? 또한 오늘날의 국민 국가라는 테두리 속에서 토착민과의 마찰, 경합, 그리고 동화 과정은 어떠했을까? 과연 본국과의 관계는 우호적이었을까? 이런 여러 가지 질문에 대해 분석하고 해답을 찾는 일은 '바다의 아시아'를 연구하는 데 있어서도 매우 중요하다고 본다.

최근 밝혀진 고고학적 자료를 보면, 인도계 사람들의 상업적 항해 활동은 이미 기원후 2~5세기 무렵 서쪽으로는 이집트, 동쪽으로는 말레이 반도나 인도차이나 반도까지 확산되었다는 사실을 알 수 있다. 이 사실을 뒷받침해주는 자료로는 먼저, 홍해의 북측에 위치한 쿠세이르(아마 로마 시대의 항구 레우코스 리멘(Leukos Limen)일 것이다)에서 발굴된 토기의 파편을 들 수 있다. 이 파편에 타밀 족의 브라흐미 문자가 새겨져 있다는 것이다. 이 자료를 통해 2세기경 이미 타밀 상인이 그곳에서 거주하며 생활 공동체를 형성했다는 것을 유추해 볼 수 있다(D. S. Whitcomb, J. H. Johson, *Quseir al-Qadim, 1980*, Malibu, 1982). 또 다른 자료는 말레이 반도의 부잔 계곡에 분포하는 카라 유적(아라비아 어 사료(史料)에 의하면 카라의 카라발의 항구)에서 찾을 수 있다. 이곳에는 5~6세기에 인도 불교를 믿던 한 상인이 항해의 귀환을 빌며 바친 것으로 생각되는 산스크리트 어 비문(碑文)이

세워져 있다. 카라는 그 후 7~8세기에 대승 불교의 거점이 되었다(H. Rahman, O. Yatim, *Antoquities of Bujan Valley*, Kuala Lumpur, 1990). 제2차 세계대전 전후에 발굴된 메콩 강(Mekong) 삼각주의 옥에오(Oc-Eo) 유적에서도 2~3세기의 브라흐미 문자가 새겨진 동판이 발견되었다. 이러한 항구 도시 간의 항해와 상거래 네트워크를 기초로, 7세기 이후의 이슬람 시대에도 인도계 사람들의 지배에 의한 활동은 적극적으로 계속되었다. 한편 19~20세기에 들어서면서 영국은 케이프 타운, 아덴, 마스카트, 봄베이, 콜롬보, 싱가포르, 홍콩 등의 요지를 빼앗으며 인도양 전 해역을 지배하였다. 이 시기에 인도인의 해외 이주가 급격하게 증가하게 되는데, 이것은 영국에 의한 세계 평정, 즉 팍스 브리태니커(Pax Britannica, 대영제국의 지배에 의한 평화)의 구축에서 그 원인을 찾을 수 있다. 이른바 세계 평화라는 허울 아래 인도인의 해외 이주가 이루어졌다.

앞으로의 연구에 대해

최근 세계학회는 인도양 해역의 역사와 사회, 문화, 경제, 국제 관계를 서로 비교하고 연관지으며 전체적인 시선에서 바라보려는 이른바 '인도양 연구(Indian Ocean Studies)'에 관심을 기울이고 있다. '몬순 문화권'이라는 새로운 패러다임을 중심으로 인도양 해역을 연구한다면 우리는 과연 무엇을 발견할 수 있을까? 바다를 생활과 문화의 일부, 그 전체로서 살아가는 사람들의 인식 속에서, 또는 학문적 테두리 안에서 그 유효성은 과연 언제까지 계속될 수 있을까? 구체적인 조사와 역사 자료에 바탕을 둔 사례 연구가 앞으로도 활발히 이루어지기를 기대해 본다.

바다의 아시아 2 몬순 문화권

| 목차 |

몬순 문화권 | 야지마 히코이치 家島彦一 5

| 제1장 | **인도양의 몬순**

몬순이 탁월한 인도양 | 마쓰야마 마사지 松山優治 31
1. 지리 32
2. 해상풍 33
3. 해면 온도와 해면 염분 36
4. 해류 41
5. 파랑 46
6. 조석과 조류 49
7. 페르시아 만과 홍해 52
8. 엘니뇨와 인도양 55
9. 표류 부표 실험 57
끝으로 60

인도양 전통선의 세계 | 후카마치 도쿠조우 深町得三 62
1. 인도양의 조선 기술 64
2. 다우의 역사와 현재 87
끝으로 101

바다의 아시아 2 몬순 문화권

| 제2장 | **역사 속의 바다 세계**

이슬람 이전의 인도양 세계 | 시토미 유우조우 蔀 勇造 105
1. '히파로스의 바람' 이전 107
2. 《에류토라 해 안내기》 115
3. 그 이후의 시대 128
끝으로 137

항구를 밝힌다 | 가와토코 무쓰오 川床睦夫 140
1. 라야·투르 지역사 141
2. 라야의 성채 148
3. 항구의 이동 150
4. 국제 교역 154
5. 커피의 거래 156
6. 유향과 향로 158
끝으로 166

아시아에서 본 동인도회사 | 도리이 유미코 鳥井裕美子 167
1. 네덜란드 동인도회사 성립 배경 169
2. VOC의 조직과 교역, 정보 네트워크 174
3. 아시아 각지에서 본 VOC 179
끝으로 195

바다의 아시아 2 몬순 문화권

| 제3장 | 삶과 바다

마다가스카르와 보르네오 | 우치보리 모토미쓰 內堀基光 201
1. 6,000킬로미터의 인도양 201
2. 언어의 유연성(類緣性) 207
3. 인간은 왜 이동하는 것일까? 214
4. 사람과 문화의 혼합 방법 218
5. 문화에 남겨진 것과 사라진 것 226

인도양의 카누 문화 | 이이다 다쿠 飯田 卓 230
1. 마다가스카르로의 이민과 인도양 교역 232
2. 인도—태평양 지역에 퍼진 카누 문화의 공통성 236
3. 베즈의 카누 제작 기술 241
4. 베즈의 카누 조종 기술 246
5. 베즈의 생활과 카누 252
6. 베즈의 카누 문화 256

바다의 아시아 2 몬순 문화권

| 제4장 | **이동과 교류**

인도양 세계에 진출한 인도계 회사 | 나이토우 마사오 內藤雅雄 263
1. 인도인의 해외 이민 265
2. 인도양과 인도계 회사 273
끝으로 288

하드라미 네트워크 | 아라이 가즈히로 新井和広 291
1. 왜 하드라미 네트워크가 중요한가 294
2. 하드라마우트 지방과 동남아시아의 관계 296
3. 하드라미 네트워크의 기능과 영향 303
4. 유럽 여러 나라와의 관계 307
5. 하드라미 네트워크의 쇠퇴 310
6. 인도양을 무대로 한 경제 네트워크의 종언 313
끝으로 316

| 사진으로 읽는 바다 | **봉황은 바닷길로 건넜다** | 오오무라 쓰구사토 大村大郷 319
감수를 마치며 324

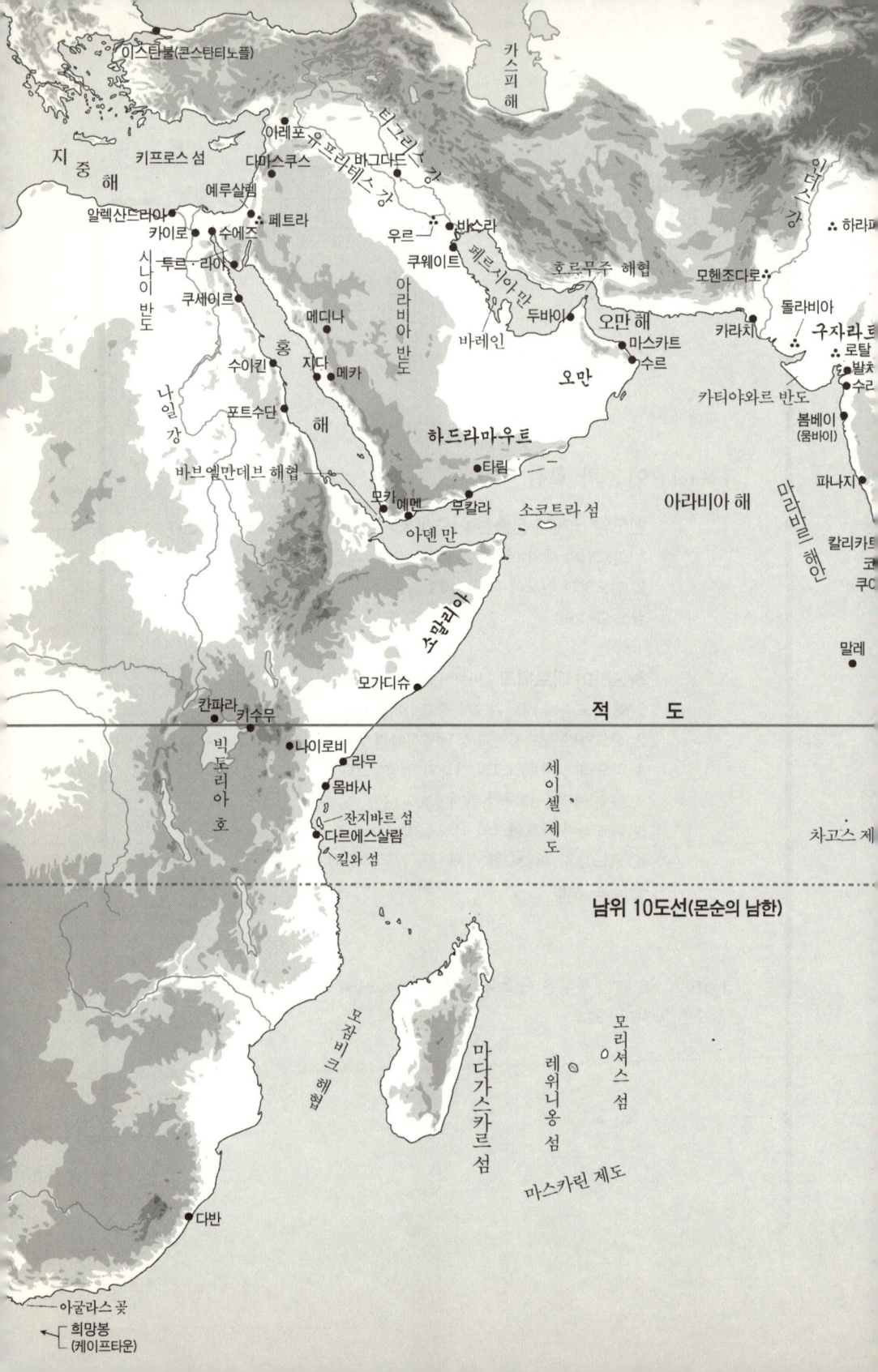

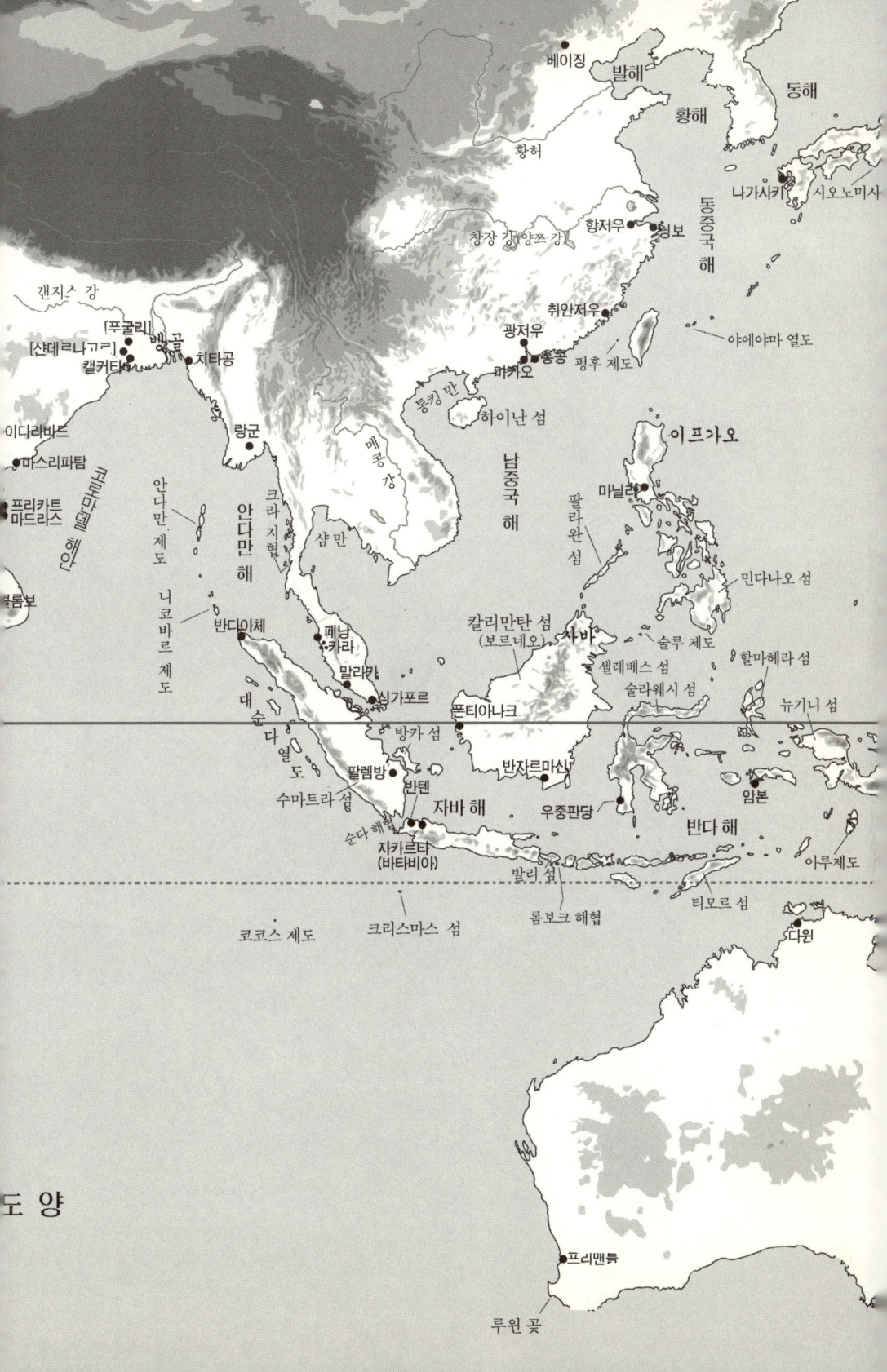

제1장
인도양의 몬순

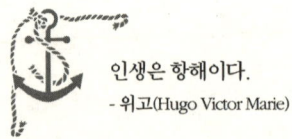

인생은 항해이다.
- 위고(Hugo Victor Marie)

앞 사진 | 인도 케랄라 해안의 내수로(內水路)와 바타마르(인도의 다우 선)

몬순이 탁월한 인도양

마쓰야마 마사지 松山優治

몬순이란 아라비아 어로 계절에 따라 변하는 바람을 뜻한다. 최근에는 그 뜻이 넓어져 계절적으로 크게 변하는 탁월풍(卓越風. 일정 기간의 바람을 평균해 볼 때 특정 풍향의 출현 빈도가 높은 바람-역주)과 이와 함께 발생하는 우기와 건기의 기후 현상을 가리킨다.

몬순은 세계 각지에서 나타나는데, 동남아시아에서 인도양 북부에 이르는 지역에서는 눈에 띄게 바람의 방향이 역전(逆轉)하는 것을 볼 수 있다. 여름에는 대륙이 해양에 비해 상대적으로 기온이 높고, 겨울에는 반대로 기온이 낮아진다. 이 때에 생기는 대륙과 해양의 온도차가 기압차를 만들어내기 때문에 여름에는 바다가 고기압, 육지가 저기압이 되고, 겨울에는 반대로 바다가 저기압, 육지가 고기압이 된다. 바로 이 기압차가 몬순을 형성한다. 몬순은 인도양의 해양 환경뿐만 아니라 그곳에 사는 사람들의 생활과 문화에도 많은 영향을 주었다. 여기에서는 몬순의 특징을 포함해서 인도양의 해양 현상에 대해 자세히 살펴보고자 한다..

1. 지리

　인도양은 태평양, 대서양과 함께 3대양으로 불리는 광대한 바다이다. 최근에는 지질학이나 해양학에서 새로운 사실들이 발견되면서 사람들의 이목(耳目)이 집중되고 있는 해역이기도 하다.

　인도양은 아프리카 대륙과 아라비아 반도, 인도 아대륙, 말레이 반도, 인도네시아 제도, 오스트레일리아 대륙, 남극 대륙에 둘러싸인 광대한 면적을 차지하고 있다. 인도양은 동쪽으로 태평양과 접하고 있으며, 인도네시아 제도에서 뉴기니 섬과 오스트레일리아 대륙, 태즈메이니아 섬(Tasmania. 오스트레일리아 남동쪽에 있는 섬-역주)에서 동경 147도 선을 따라 남하(南下)하는 선을 경계로 하고 있다. 서쪽으로 대서양과 맞닿아 있으며 경계선은 아프리카 남단의 아굴라스 곶(Cape Agulhas. 아프리카 최남단 희망봉의 남동쪽에 있는 곶-역주)이다. 남쪽 한계선은 남극 대륙이고, 북쪽 한계선은 열대 또는 아열대 지역의 유라시아 대륙이다.

　인도양의 총 면적은 7,600만 평방 킬로미터이며, 평균 수심은 약 3,900백 미터로 전 해양의 평균 수심과 거의 비슷하다. 인도양에 부속한 만(灣)과 해(海)(부속해(육지 또는 반도나 섬으로 둘러싸인 바다)라고 한다)는 북부 해역에 몰려 있으며, 홍해, 아덴 만, 아라비아 해, 페르시아 만, 오만 만, 벵골 만, 안다만 해 등이 있다. 인도양은 아열대 지역인 유라시아 대륙과 맞닿아 있는데, 아라비아 반도, 인도 아대륙, 말레이 반도를 따라 동서로 길게 늘어선 해안선은 태평양과 대서양에서는 찾아볼 수 없는 인도양의 특징 중 하나이다. 또한 인도양이 갖고 있는 지리적 특징은 북쪽 한계선이 북위 25도 부근의 아열대 지역이라는 것이며, 이것이 몬순 발달의 주요 원인이기도 하다.

2. 해상풍

　1-1은 1월과 7월에 부는 해상풍(海上風)의 평균 분포도를 나타낸 것이다. 북반구에서 겨울과 여름(남반구에서는 여름과 겨울)에 바람이 부는 방향을 대표적인 형태로 표현한 것이다. 해수면의 10미터 위에서 부는 바람을 1950년부터 1979년까지 30여 년에 걸쳐 배를 타고 조사한 뒤 평균값을 낸 것이다. 따라서 값이 크지 않기 때문에 바람의 방향과 공간 분포에 주의해서 살

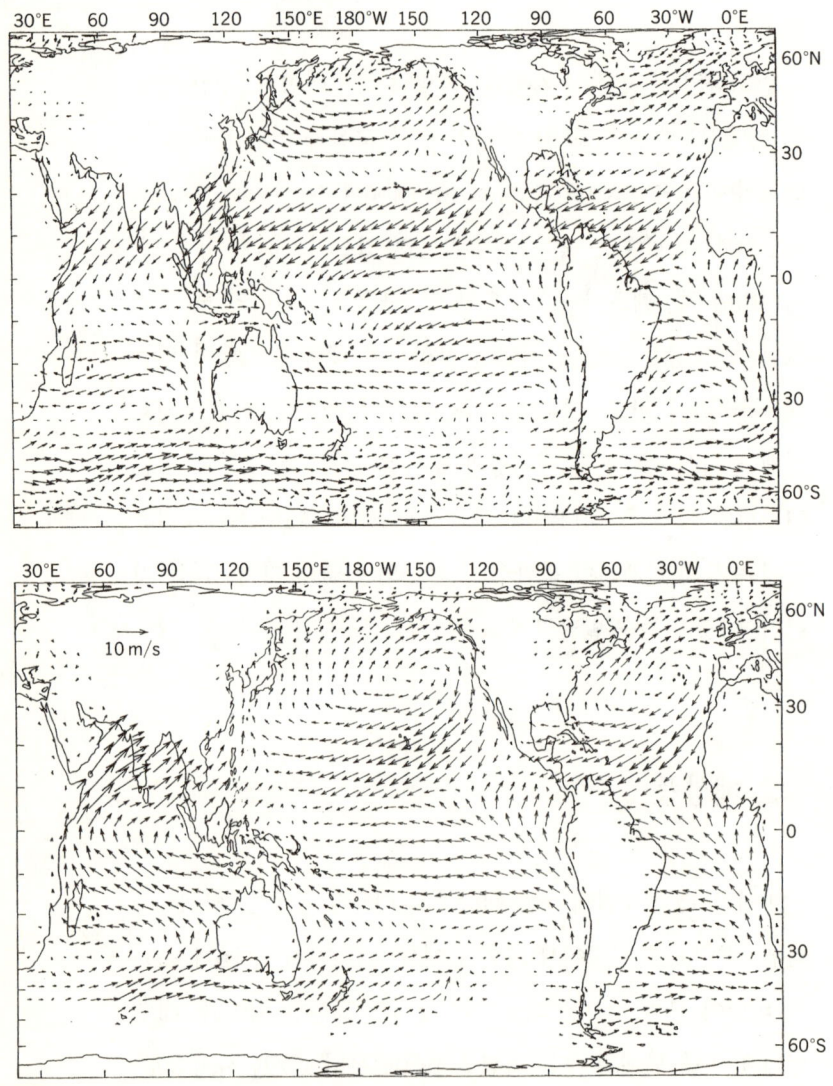

1-1 해면 위에 부는 바람의 평균 분포도(위 : 1월, 아래 : 7월)
출전) M. Tomczak /J. S. Godfrey. 1993

펴볼 필요가 있다.

  여름과 겨울에 풍향이 바뀌는 몬순 해역은 주로 아시아에 몰려 있다. 여기서 살펴보고자 하는 인도양의 북부 해역에서는 겨울(1월)에 북동풍이, 여름(7월)에 남서풍이 탁월하다. 바람의 방향과 속도에서 알 수 있듯이 7월에 남쪽에서 부는 남동풍이 1월의 북서풍보다 압도적으로 강한 것을 알 수 있다. 동아시아 지역의 몬순은 이와 대조적으로, 1월에 북쪽에서 부는 바람이 7월의 남풍보다 강하다는 것이다. 인도양 북부 해역에서 남풍이 강한 것은 겨울 북동 몬순이 히말라야 산맥의 영향을 받아 비교적 세력이 약해지기 때문이다. 또한 7월의 남서 몬순이 중앙보다 육지 해안에 가까운 북부의 아라비아 해나 벵골 만에서 더 강한 것도 주의 깊게 살펴보아야 할 것이다.

  인도양 남부로 시선을 돌려보면, 남위 20~30도 부근에서는 계절에 상관 없이 항상 남동풍(무역풍)이 불고 있다. 오스트레일리아의 서쪽 해안에서도 1월과 7월 모두 남풍이 탁월한 것을 알 수 있다. 더 남쪽으로 내려가면 남위 40도 부근부터 60도에 이르는 지역은 남대양(南大洋)의 폭풍권으로, 강한 서풍(편서풍)이 지구를 휘감고 있다. 특히 편서풍은 남반구의 겨울인 7월에 매우 강하다. 이 해역에서는 폭풍이 거세게 휘몰아치기 때문에 관측 자료가 적어 **1-1**의 그림에 벡터(vector)가 나와 있지 않는 해역이 많다. 또한 남위 10도 주변의 남쪽 해역에서는 풍속의 강약은 있어도 방향은 거의 바뀌지 않는 것을 볼 수 있다.

인도양의 바람 분포를 정리하면 강한 편서풍이 탁월한 남부 해역과 마다가스카르에서 오스트레일리아에 이르는 광범위한 남동무역풍 해역, 계절에 따라 눈에 띄게 바뀌는 몬순 해역으로 나눌 수 있다. 이 중 몬순 해역은 남위 10도 이북으로 한정한다.

3. 해면 온도와 해면 염분

온도와 염분은 해수의 성질을 알기 위한 가장 기본적인 요소이다. 열대에서 온대 지역에 이르는 해양의 해수 온도는 해면이 가장 높고, 심층으로 내려갈수록 낮아진다. 표면에서 1천 미터 깊이에 이를 때까지는 온도가 급격히 낮아지지만, 그 보다 더 깊이 내려가면 온도차가 천천히 내려간다.

해면 온도를 관측하는 가장 일반적인 방법은 항해하는 배 위에서 바닷물을 퍼 올려 막대 모양의 온도계로 측정하는 방법이다. 최근에는 취수구(取水口)에 연속으로 측정할 수 있는 온도계를 달아 관측하는 경우도 많다.

1-2는 북반구의 겨울과 여름을 대표해서 2월(겨울)과 8월(여름)의 해면 온도를 나타낸 것이다. 2월과 8월 모두 적도 부근에서 28℃를 넘는 고온 지역이 펼쳐져 있는데, 특히 인도네시아 주변의 온도가 높은 것을 알 수 있다. 인도양뿐만 아니라 태평

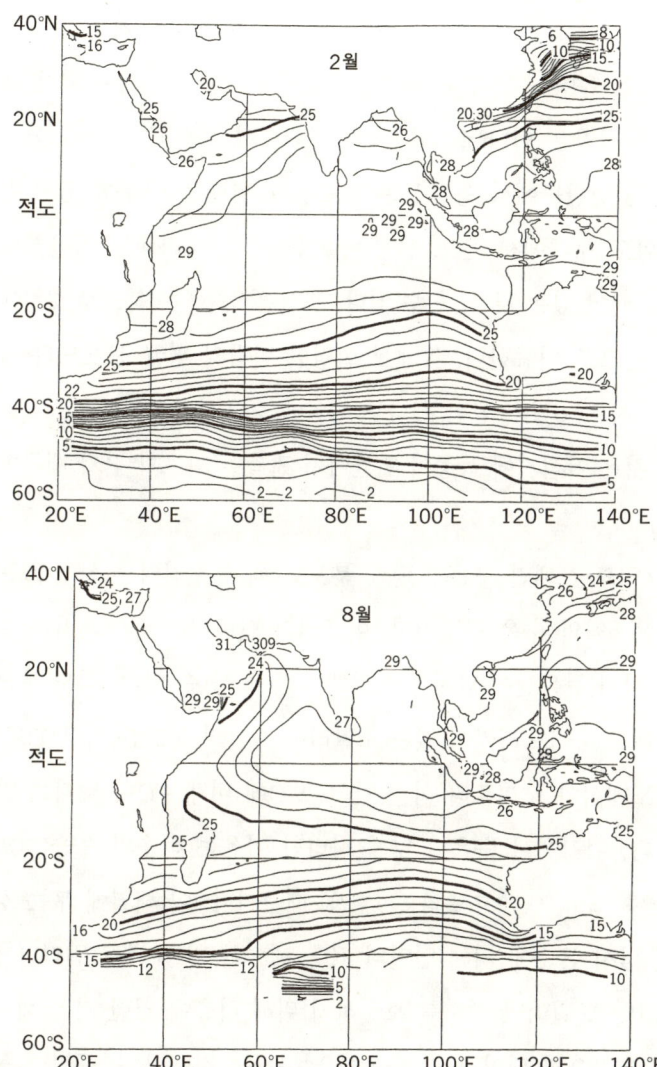

1-2 인도양 해면 수온의 평균 분포도(위 : 2월, 아래 : 8월 / 단위 : ℃)
출전) 과학 기술청 보고서. 1994년

양을 포함해서 인도네시아 해역은 세계에서 가장 해면 온도가 높기로 유명한 곳이다. 태평양에서 나타나는 이 고온수의 분포와 움직임은 엘니뇨, 라니냐와 관련해서 관심의 대상이 되고 있다. 남반구에서 등온선은 위도선과 평행을 이루고 있으며, 중위도 부근에서 온도 전선(前線, front)을 나타내는 등온선이 집중되어 있는 것을 볼 수 있다. 전선은 8월에는 북으로, 2월에는 남으로 이동한다. 앞에서 설명한 바람의 평균 분포도와 마찬가지로, 8월의 남반구 남부 해역에 등온선이 그려져 있지 않은 것은 이시기에 폭풍이 휘몰아쳐 관측한 자료가 적기 때문이다.

〈인도양 해면 수온의 평균 분포도〉에서 우리의 시선을 끄는 것은 8월의 수온 분포이다. 아프리카 난바다에서 아라비아 해에 걸쳐 등온선이 남북으로 평행한 것을 볼 수 있다. 적도 부근인데도 동아프리카에 있는 소말리아 연안의 온도는 약 25℃로, 인도네시아 수마트라 섬 연안의 29℃에 비해 4℃나 낮다는 것이다. 여기에서 수온이 낮게 나타난 이유는 해수의 용승(湧昇, 하층의 물이 표면으로 올라오는 현상) 때문이다. 이 해역에 부는 강한 남서 몬순에 의해 연안의 표층 해수가 먼 바다로 밀려나게 되고, 또 밀려난 해수를 보충하기 위해 하층에 있던 저온 해수가 올라오게 되어 표면 수온이 낮아지는 것이다. 아프리까 동쪽 연안의 용승 현상은 남서 몬순기(期)에만 볼 수 있다.

이와 유사한 용승 현상은 남미 태평양 연안의 페루나 에콰도르 난바다에서도 나타난다. 남아메리카 연안에 부는 남풍이 용승 현상을 일으키기 때문에 이 해역의 연간 해면 수온은 태평양 서부 해역인 인도네시아 주변보다 5~6℃나 낮다. 또한 이 용승 현상으로 하층에서 영양 염류가 보급되어 멸치가 대량으로 증가하기도 하며, 갈라파고스 섬 주변에서는 보기 드문 희귀하고 다양한 생물군을 볼 수 있다.

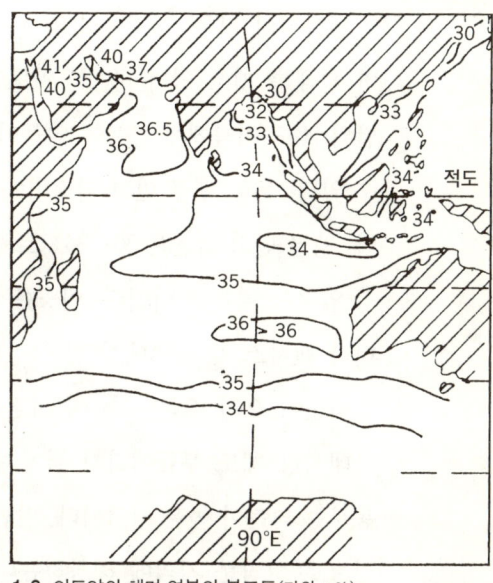

1-3 인도양의 해면 염분의 분포도(단위 : ‰)
출전) G. L. Pickard / W. J. Emery, 1990

다음으로는 인도양의 염분에 대해 살펴보고자 한다. 일반적으로 바닷물에는 3.0~3.7%의 염류가 포함되어 있다. 바닷물에 녹아 있는 염류의 양을 염분이라고 하는데, 간단하게 말해서 바닷물 1킬로그램 속에 녹아 있는 염류의 전체 양을 그램으로 표시한 것이다. 더욱 알아보기 쉽게 하려고 천분율(퍼밀=‰)로 나타낸다. 모든 해양의 평균 염분은 약 35‰인데, 이는 1킬로그램의 바닷물 속에 35그램의 염류가 녹아 있다는 것을 나타낸다. 최근에는 ‰을 빼고 숫자만 표기하는 경우가 많지만, 이해를 돕기 위해 ‰로 표시하였다.

난바다의 경우, 해표면의 염분은 증발량이나 강수량과 밀접한 관계를 맺고 있다. 우선, 인도양의 해면 염분을 살펴보면, 남위 20도 이북에서 동부는 염분이 낮고, 서부는 높은 것을 알 수 있다. 특히 벵골 만과 아라비아 해의 염분 차이가 두드러진다. 벵골 만의 염분은 30~34‰로, 베링 해와 함께 세계에서 가장 염분이 낮은 바다이다. 이곳은 지역 강수량이 많을 뿐만 아니라 갠지스 강 유역에서 많은 양의 하천이 벵골 만 안쪽으로 흘러들어 오기 때문이다. 이 저염분 지역은 강수량이 많은 인도네시아 제도 부근에까지 펼쳐져 있다. 이와 반대로 인도양 동부는 염분이 높은 지역이다. 남반구의 아열대 지역은 36‰ 이상으로 고염분 지역에 해당하는데, 이것은 이 해역에 비교적 비가 적게 내린다는 것을 반영하고 있다. 또한 아라비아 해를 빼놓을 수 없는데, 이 해역의 염분은 대부분 36‰ 이상으로 대서양의 중서부와 함께 높은 수치를 나타내고 있다. 증발이 활발한 인도양 북부의 부속해는 그 수치가 더욱 높은 것을 볼 수 있다. 홍해 40~41‰, 페르시아 만 37~40‰를 기록하고 있다. 계절과 장소에 따라 더 높은 수치가 관측되기도 한다.

전에 카타르 연안에서 44‰를 관측한 적이 있다. 염분이 높아지면 바닷물의 밀도(비중)도 높아지는데, 당시 잠수부가 "부력이 크면 잠수하기 힘들어요. 잠수하는 데 바닷물이 짜다는 것이 가장 큰 장애 요인이에요"라고 말하던 모습이 떠오른다.

4. 해류

해류는 대기의 바람과 마찬가지로 한 방향으로 이동시키는 중요한 역할을 담당한다. 예를 들면, 해양 속의 열기, 부유 생물, 오염 물질 등을 동서와 남북으로 운반한다. 열의 경우, 열대에서 남는 열기를 부족한 한대로 운반해 주기 때문에 지구에 사는 생물들이 쾌적한 환경을 누릴 수 있다. 한편, 인간이 만들어낸 PCB(porychlorinated biphenyl. 무색 액체로 잘 분해되지 않는다-역주)와 같은 환경 오염 물질이 해류나 바람을 타고 이동하여 남극 주변에 사는 생물들의 몸 속에 계속 쌓여 가는 현상이 벌어지고 있다. 바닷물의 이동, 즉 해류의 분포나 구조, 변동을 조사하는 일이 얼마나 중요한지 짐작할 수 있을 것이다.

인도양은 대서양이나 태평양에 비해 해양학에 관한 지식이 극히 미비한 상태였다. 이러한 이유에서 제2차 세계대전이 끝난 후, 국제 인도양 공통 관측에 관한 계획이 수립되었고, 많은 나라들이 이 해양 관측에 참가했다. 특히 1962년부터 1965년에 걸쳐 집중적으로 관측이 진행되었는데, 이 때 새로운 사실들이 보고되었다. 여기에서는 이러한 새로운 사실들을 포함해서 인도양의 표층 해양 순환에 대해 알아보고자 한다.

인도양의 해양 순환이 태평양이나 대서양과 크게 다른 점은 적도 부근과 북반구의 해류 방향이 계절에 따라 바뀐다는 것이다. 표층 해류는 해면 위에 부는 바람에 의해 형성되기 때문에 해류의 방향이 역전된다는 것은 곧 풍향의 역전을 의미한다.

먼저 인도양의 해류를 대략적으로 살펴보면, 1-4는 북동 몬순기(11월~3월)와 남서 몬순기(5월~9월) 때의 해류 분포를 나타내고 있다. 북동 몬순기가 되면, 북위 8도 부근에서 적도 부근까지는 서쪽으로 향하는 북적도 해류와 적도에서 남위 8도 부근까지는 동쪽으로 향하는 적도반류, 그리고 남위 8~20도 부근에서는 서쪽으로 향하는 남적도 해류가 형성된다. 이 해류들은 북에서부터 서향류(西向流), 동향류(東向流), 서향류(西向流)를 형성한다. 이에 비해 남서 몬순기가 되면 적도 북부를 흐르는 해류의 방향이 바뀌어 동쪽을 향해 흐르게 된다. 그래서 적도 남쪽에서 동쪽으로 향하던 적도반류와 합쳐져 북위 15도에서 남위 7도에 걸친 폭 넓은 동향류를 형성한다. 이 동향류를 특히 몬순 해류(혹은 남서 몬순 해류)라고 부른다. 남적도 해류는 계절에 관계 없이 서쪽으로 흐르는데, 남서 몬순기일 때는 북동 몬순기일 때에 비해 그 흐름이 거세지는 것을 볼 수 있다.

다음으로는 바람과 해류의 관계를 살펴보고자 한다. 몬순 지역에서 탁월풍의 역전은 4~6주 동안의 비교적 짧은 기간에 일어난다. 북동 몬순에서 남서 몬순으로 바뀌는 시기는 4월이다. 기압이 바뀌면 단기간에 바뀌지만, 해류는 이보다 1개월 정도의 시간을 더 필요로 한다. 해류는 탁월풍의 방향이 확실하지 않은 시기에 서부 적도 인도양 부근에서 중간 규모의 따뜻한 소용돌이(고기압성 소용돌이)나 차가운 소용돌이(저기압성 소용돌

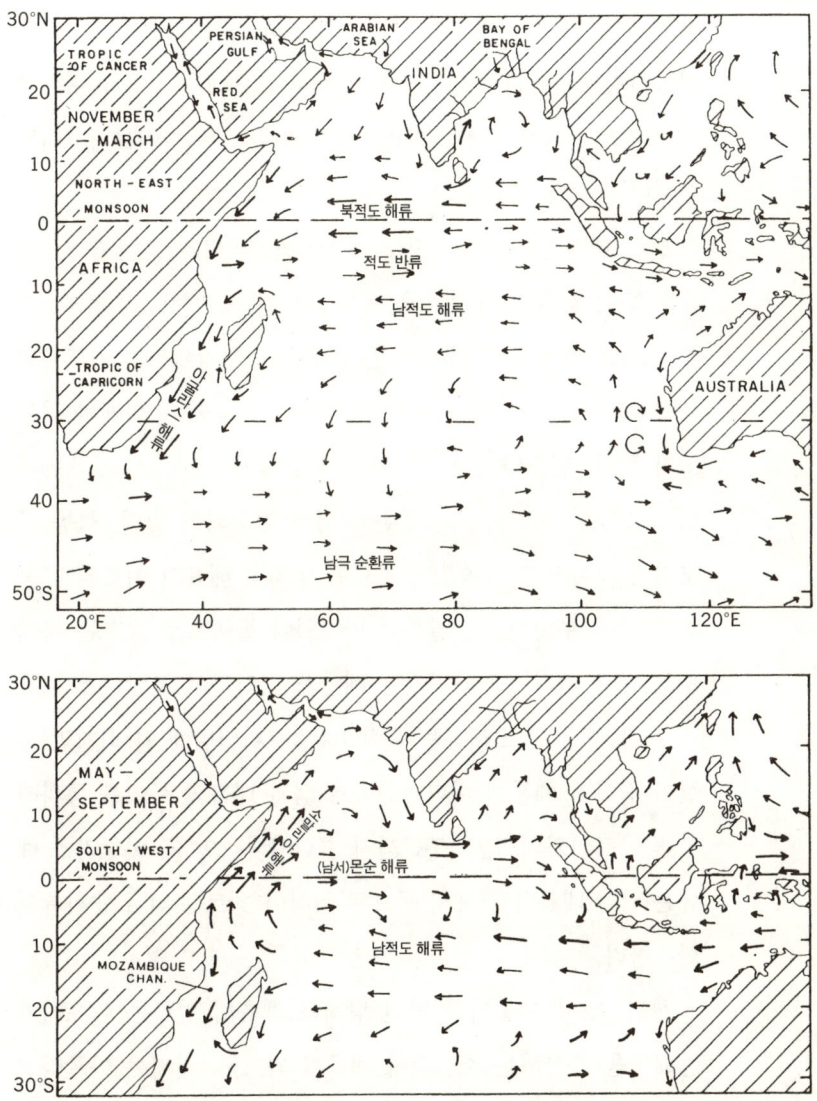

1-4 인도양의 표층 해류 모식도(模式圖)(위 : 11월~3월, 아래 : 5월~9월)
출전) G. L. Pickard／W. J. Emery, 1990

이)를 형성했다가, 바람의 방향이 완전히 바뀌면 해류도 서서히 지금까지의 방향을 바꾸게 된다. 남서 몬순에서 북동 몬순으로 풍향이 역전되는 시기는 10월이며, 역시 해류는 이보다 1개월 후에나 방향이 바뀐다.

한편 태평양의 쿠로시오(黑潮. 일본열도를 따라 태평양을 흐르는 난류-역주) 해류와 대서양의 멕시코 만류(灣流)처럼, 대양의 서쪽 끝에는 매우 강한 해류가 존재하는데, 여기에서는 인도양의 서쪽 끝을 흐르고 있는 해류에 대해 두 몬순기와 함께 살펴보고자 한다. 인도양에서도 아프리카 동해안에 쿠로시오 해류나 멕시코 만류와 견줄만한 강한 해류가 형성되어 있다. 북동 몬순기가 찾아오면 서쪽으로 흐르던 남적도 해류가 아프리카 동쪽 연안에 부딪힌 후, 일부는 반전하여 동쪽으로 흐르는 북적도 반류가 된다. 그 나머지는 해안을 남하하여 아굴라스 해류가 된다. 아굴라스 해류는 폭이 100킬로미터밖에 안 되지만 물살이 강하기 때문에 마다가스카르 섬과 대륙의 사이를 통과해서 남아프리카의 남단 부근까지 흘러간다. 그 후, 아굴라스 해류는 남극 대륙을 서에서 동으로 휘감아 흐르는 남극 순환류와 합류한다.

한편, 남서 몬순기가 되면 남적도 해류의 일부는 아프리카 동해안을 북상하는 소말리아 해류가 되고, 나머지는 아굴라스 해류가 되어 북동 몬순기와 똑같은 경로를 걷게 된다. 소말리아 해류의 특징은 초당 2미터(4노트)가 넘는 속도로 흐른다는 것이다. 이 속도는 아메리카 동해안을 북상하는 플로리다 해류, 시오노미사키(潮岬)의 난바다를 흐르는 쿠로시오에 견줄만 하다.

남서 몬순기를 맞이한 인도양 북부 해역의 특징은 남적도 해류, 소말리아 해류, 몬순 해류에서 볼 수 있듯이, 남쪽에서 부는 강한 바람 때문에 해류가 시계 방향으로 흐른다는 것이다. 또 하나의 특징은 용승 현상이다. 강한 바람 때문에 소말리아 해안이나 아라비아 해안을 따라 발생한 용승 현상이 기온의 상승을 막고, 동시에 영양 염류를 보급해 준다. 영양 염류가 공급되면 식물 플랑크톤이 증식하게 되고, 또한 동물 플랑크톤과 작은 어류도 번식하게 되어 먹이 사슬이 만들어진다. 결국에는 해양 생물이 풍부하게 되어 귀중한 수산 자원을 생산할 수 있게 된다.

인도양의 동부와 접하고 있는 오스트레일리아 서해안에는 남위 22도 부근부터 35도에 걸쳐 연안을 따라 남하한 뒤 남단에 있는 루윈 곶에 이르는 해류가 형성한다. 최대 유속은 초당 60센티미터(1.2노트)로, 남하하는 해류는 표층 150미터까지의 낮은 층으로 한정되어 있다. 1970년에 처음으로 루윈 해류라는 이름을 갖게 된 새로운 해류이다. 그 바로 아래 수심 300미터에서는 최대 유속이 초당 40센티미터에 달하며 상층과 달리 적도를 향해 흐르는 해류가 있다. 태평양이나 대서양의 동쪽 가장자리와 맞닿은 아프리카 서해안에서나 남아메리카의 페루 난바다, 남아프리카 대서양 연안 등에서는 심층수가 용승하여 영양 염류가 풍부한 덕분에 좋은 어장을 형성하고 있다. 그러나 인도양의 동쪽 가장자리에 놓여 있는 오스트레일리아 남쪽 연안에서는 이러한 용승 현상을 찾아볼 수 없다.

인도양의 남쪽인 남대양 지역을 서에서 동으로 흐르는 남극 순환류는 강한 편서풍의 영향으로 발생한 해류이다. 비록 빠르지는 않지만 남위 40도에서 55도에 걸쳐 있으며, 해면과 해저가 한 방향으로 흐르고 있기 때문에 세계 최대의 해류 양을 자랑한다.

5. 파랑

파도는 해면 위에 부는 바람에 의해 일어나며, 바람의 속도가 파도의 높이를 좌우한다. 1-5는 2월과 8월에 인도양에서 나타나는 파고(波高, 파도의 높이)의 분포를 나타낸 것이다. 이 분포도를 보기 전에 '파고'라는 말의 뜻에 대해 알아보면, 파고는 파도의 골에서 마루까지의 수직 거리를 말한다. 그러나 먼 바다에서는 일반적으로 높이나 주기가 서로 다른 파도들이 한꺼번에 몰아치곤 한다. 그래서 배가 안전하게 항해를 하는 데 필요한 정보를 알려주기 위해 일기 예보에서는 더욱 자세하게 파고를 정의하고 있다. 특히 높은 파도만을 가지고 정의하는 방

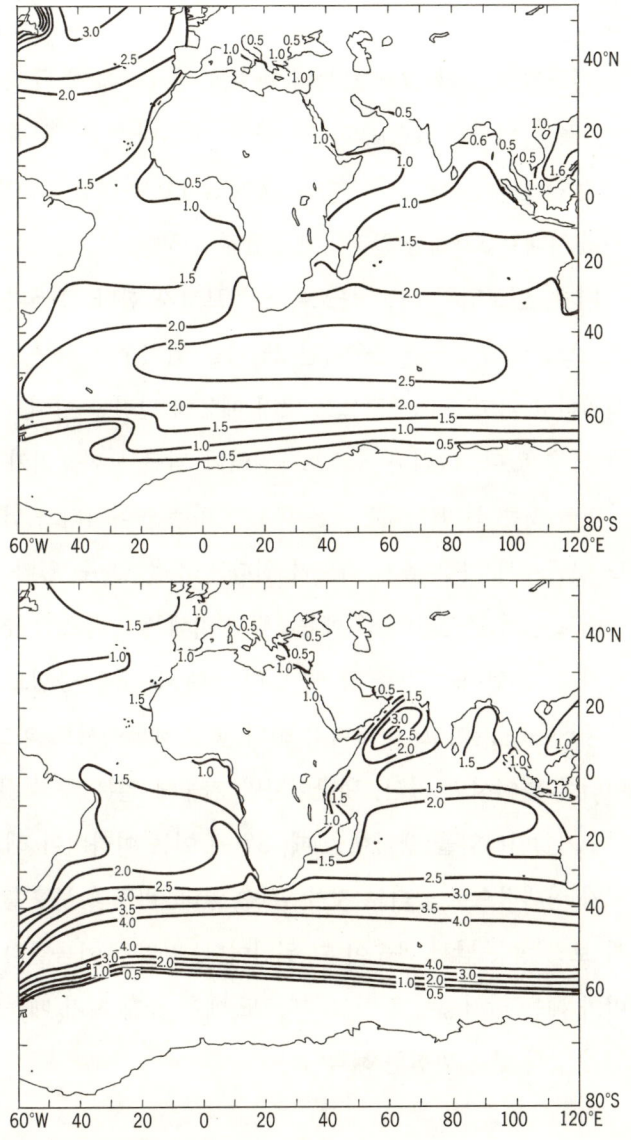

1-5 인도양의 파고 분포도(위 : 2월, 아래 : 8월 / 단위 : m)
출전)《해양대사전》1987년

법으로, 실제 관측한 파도 중에서 전체의 3분의 1 내에 있는 높은 파도만을 골라 그 파도들의 파고를 평균한 값을 구하는데, 이것을 유의파고(有意波高)라고 한다. 예컨대, 어느 일정한 시간 동안 관측한 파도의 수가 1,000개였다고 한다면, 파고가 높은 순서대로 333개를 골라내어 평균값을 구한다.

이제, 인도양의 파고 분포를 알아보고자 한다. 1-5의 파고 분포도를 보면 북동 몬순기인 2월에는 남반구의 남부 해역을 제외하고 파고가 대체적으로 낮기 때문에 안전한 항해를 보장받을 수 있다. 그러나 오스트레일리아 남단과 아프리카 대륙 남단을 잇는 선의 아랫부분은 파고가 차츰 높아지다가 남위 50도 부근에서 가장 높게 파도가 친다는 것을 알 수 있다. 이와 반대로 남서 몬순기인 8월에는 2월에 비해 상대적으로 높은 파도가 치고 있다는 것을 알 수 있다. 남위 50도를 중심으로 한 폭풍권은 물론이고, 아라비아 해의 중앙 해역에서도 파고가 3미터를 넘어서고 있다. 덧붙이자면 겨울에 일본 주변 해역의 파고가 2미터임을 생각했을 때, 8월에 이는 아라비아 해의 파도가 상대적으로 높다는 것을 알 수 있다. 바람의 분포를 통해서 보았듯이, 남서 몬순이 그 원인이다. 따라서 여름철의 아라비아 해는 남서풍이 강하고, 파도도 매우 높게 치기 때문에 항해가 쉽지 않은 위험한 해역이다.

6. 조석과 조류

조석(潮汐)은 달과 지구, 태양과 지구의 관계에 의해 발생하는 기조력(起潮力) 때문에 나타나는 현상이다. 이것은 조수 간만이라 부르는 해면의 높이 변화와 조류(潮流)라 부르는 주기적인 흐름을 일으킨다. 주기는 지구의 자전과 관계가 있기 때문에 기본적으로는 하루에 두 번, 또는 한 번 꼴로 일어난다. 달, 지구, 태양이 거의 일직선상에 놓이는 보름과 그믐 무렵이 한사리 때이고, 반달이 뜰 무렵이 조금(한사리는 해면이 가장 높을 때를 말하고, 조금은 해면이 가장 낮을 때를 말한다-역주) 때이다.

간만은 지형의 영향을 크게 받기 때문에 해역에 따라 크게 달라진다. 간만의 차가 10미터를 넘는 항구가 있는가 하면, 고작 10센티미터에 불과한 항구도 있다.

난바다에서는 조류가 매우 약하지만 좁은 해협에서는 물살이 거세지기 때문에 항해하기 힘든 곳도 많다. 일본에서는 주로 세토나이카이(瀬戸內海. 혼슈(本州)와 시코쿠(四國) 규슈(九州)에 둘러싸인 긴 내해-역주)에 이런 곳이 많다. 간몬(関門) 해협, 구루시마(来島) 해협, 아카시(明石) 해협, 나루토(鳴門) 해협 등에서도 때때로 배의 속도만큼 빠른 조류를 만날 수 있다. 이럴 때는 조류에 의해 충돌하고 좌초당하기 쉽기 때문에 신호를 보내서 배의 통행을 막거나 조류가 약해질 때까지 기다린다. 이른바 '물때를 기다리는' 일은 오늘날까지 계속 이어지고 있다.

이제 인도양에서 한사리일 때 간만의 차가 어떻게 나타나는지 알아보고자 한다. 아프리카 동해안에서는 간만의 차가 1.5~2미터이지만 아프리카 대륙과 마다가스카르 섬 사이에 있는 모잠비크 해협은 그 두 배가 되는 3~4미터에 달한다. 아라비아 해 주변을 보면, 홍해 입구인 아덴은 2.5미터, 무스카트는 3미터, 카라치는 3.4미터, 봄베이는 4.7미터로 해안을 따라 동쪽으로 간만의 차가 커지는 것을 볼 수 있다. 그러나 인도 아대륙의 서해안을 따라 코친에 이르면 1.1미터로 작아진다. 한편 벵골 만에 들어서면 남서 해안 쪽은 1미터 정도로 작지만, 만 안쪽으로 들어갈수록 점차 커져(4~5미터) 양곤에서는 7미터를 넘게 된다. 말레이 반도 동쪽에 위치한 싱가포르, 수라바야는 3미터를 넘지 않는다. 오스트레일리아 북서 해안에 들어서면 간만의 차가 커져 연안 지역에서는 6미터를 넘어서고, 다윈 지역에서는 8미터, 그 주변 만에서는 10~12미터에 달한다. 그러나 오스트레일리아 서해안을 남하하면 이와 대조적인 양상을 띤다. 남서안의 프리맨틀에서는 0.5미터로 매우 작은데, 남해안을 따라 동쪽으로 향한다 해도 1~2미터에 지나지 않는다.

다음은 조류에 대해 살펴보면, 조류는 난바다에서는 약하지만 해협에서는 매우 세다. 홍해 입구인 바브엘만데브 해협(Bab el-mandeb Strait. 아라비아 반도 남서부와 아프리카 해안 사이에 있는 해협-역주)에서는 강할 때에는 3노트에 달하며, 페르시아 만의 호르무즈 해협(Hormuz Strait. 페르시아 만과 오만 만을 연결하는 해협-역주)은 3~4노트, 말라카 해협에서는 2~2.5노트이고, 물살이 센 싱가포르 해협에서는 5~5.5노트에 달하는 곳도 있다. 싱가포르 해협에서 물살이 거세지는 이유는 해협을 통과한 해류에 조류가 더해지고, 해저에 호상 구조(banded structure. 색이 다른 광물이 줄무늬처럼 반복되어 겹친 구조-역주)가 형성되어 있기 때문이다. 해협의 바다 밑에는 모래로 만들어진 산과 골짜기의 차이가 10미터에 달하는 곳도 있다. 이런 곳에서 배를 타고 조사한다는 건 그리 쉬운 일이 아니다. 그래서 해협 주변의 조류에 관해서는 상세한 자료가 그리 많지 않다.

이와는 달리 최근 연구를 통해 새롭게 알려진 사실도 있다. 바다 내부에는 진폭이 매우 큰 물결이 일어나기도 하는데, 이를 내부파(內部波)라고 한다. 내부파는 해면에 치는 파도와 다르게 10분에서 반나절 간격으로 좀 느긋하게 일어나는 편이며, 바다 밑이 급격히 달라지는 경사면 위에서는 조류에 의해 일어난다. 인도양에서는 수마트라 섬 북서부의 안다만 해와 오스트레일리아 북서부 지역이 유명하다. 평온한 바다를 항해하던 배가 갑자기 일렁이는 파도를 맞닥뜨리는 것으로도 잘 알려져 있는데, 내부파는 레이더를 통해서도 확인이 가능하다. 1970년대 후반에 안다만 해에서 석유 시굴 조사를 하고 있던 엑슨(Exxon Corporation)의 파이프가 절단된 적이 있다. 그 원인을 조사할 무렵, 파고가 60~100미터에 달하는 거대한 내부파가 발견되었다. 내부파가 파이프를 파손했다고 하여 내부 솔리톤(soliton. 입

자처럼 행동하는 고립파-역주)이라 불렀다.

7. 페르시아 만과 홍해

페르시아 만과 홍해는 인도양의 대표적인 부속해이며, 인도양과는 아라비아 해를 통해 연결되어 있다. 홍해는 최대 수심이 3천 미터를 넘는 깊은 바다이고, 페르시아 만은 가장 깊은 곳이 70미터 밖에 되지 않는 매우 얕은 만이다. 홍해의 해상풍에 대해 살펴보면, 여름에는 안쪽에서 입구 쪽으로 부는 북서풍이 홍해 전역을 뒤덮는다. 그러나 겨울이 되면 북위 20도 이북에서는 북서풍이 불고, 그 이남에서는 남동풍이 분다. 겨울에 북서풍과 남동풍이 서로 만나는 북위 20도 부근에는 상승 기류가 발달한 수렴대가 형성되어 있다. 이에 비해 페르시아 만은 연간 북풍, 또는 북동풍이 불고 있다.

페르시아 만과 홍해는 강수량이 매우 적기 때문에 증발량이 강수량을 훨씬 웃돌아, 일 년 동안 증발하는 양을 물기둥으로 환산하면 1~5미터에 달한다. 아라비아 해에서 들어온 해수는 만 내부를 순환하는 동안 증발하여 염분의 농도가 차츰 올라가게 된다. 염분 농도가 높아지면 해수의 밀도(비중)도 증가하게 되어 무거워진 해수가 가라앉으면서 상하층 사이에 대류(對流)가 일어난다. 따라서 이 지역의 염분 농도는 표층에 비해 저층

이 더 높은 편이다. 페르시아 만과 홍해의 해류를 형성하는 주역은 바로 이 대류이다. 관측된 염분 분포에서 해수의 이동을 추측할 수 있다.

홍해의 입구인 바브엘만데브 해협에서는 비교적 염분이 낮은 해수가 상층 부분을 통해 홍해 쪽으로 들어오고, 염분이 높은 해수가 하층을 통해 아라비아 해로 빠져나간다. 수심 100미터를 겨우 넘는 얕은 해협을 통과한 고염수(高鹽水)는 인도양 주변의 해수와 섞이면서 깊이 500~700미터 부근까지 내려가 인도양 중앙으로 흘러간다. 이것은 인도양의 염분 분포에서 확인할 수 있다. 페르시아 만으로 들어오는 아라비아 해의 해수도 이와 비슷한 과정을 밟는다. 해수는 호르무즈 해협의 상층을 통해 들어오고, 하층을 통해 아라비아 해로 나간다. 일단 페르시아 만으로 들어온 해수는 이란 쪽에서 만 안쪽에 있는 쿠웨이트나 만 중앙까지 흘러갔다가 더운 열기에 의해 증발하여 고염분화가 이루어지게 되어 염분이 높은 해수는 밑으로 가라앉는다. 그러면 아라비아 반도 가장자리로 해서 호르무즈 해협으로 흘러가게 되고, 해협의 하층을 통해 빠져나간다. 역시 홍해의 해수처럼 인도양으로 퍼져 나가는 모습을 확인할 수 있다. 이런 해협을 통한 해수 교환 과정은 지중해와 대서양을 잇는 지브롤터 해협이 가장 유명하다.

페르시아 만과 홍해가 비록 부속해이긴 하지만, 그 길이가 상당히 길기 때문에 조석(潮汐) 현상이 매우 뚜렷하게 나타난다. 사실 달과 태양의 기조력이 홍해와 페르시아 만에 직접 작용하여 일으키는 수위 변화는 크지 않다. 오히려 기조력이 난바다의 해수에 영향을 주어, 그곳에서 일어난 수위 변화가 파동이 되어 바브엘만데브 해협과 호르무즈 해협으로 진입해 오는 편이 훨씬 크다. 반나절 또는 하루를 주기로 일어나는 파동이 해협을 통해 진입해서 만 안쪽까지 들어오는데, 이 때 반사(反射)하고 입사(入射)하는 파동(波動)이 만나 간섭(干涉) 현상이 나타난다. 파동의 마루와 마루가 만나는 곳에서는 해면의 높이 변화가 크고, 마루와 골이 만나는 곳에서는 그 변화가 작다. 홍해 지역의 간만의 차를 알아보면, 만 안쪽에 있는 수에즈에서는 2미터, 중앙의 투르는 0.4미터, 쉐도원 섬은 0.8미터, 지다는 0.4미터, 포트수단은 0.2미터, 그리고 입구인 아덴은 2.5미터이다. 이에 비해 페르시아 만의 해안에 위치한 항구에서는 1.5~3미터에 이르는 간만의 차를 보이는데, 이는 아라비아 해와 거의 같다.

홍해와 페르시아 만의 수위 변화에 대해 살펴보면, 홍해와 페르시아 만의 해수 총량은 각각 22만 4,000 세제곱 킬로미터와 6,000 세제곱 킬로미터이다. 이에 비해 양자의 입구 단면적은 홍해가 1.7평방 킬로미터, 페르시아 만이 4평방 킬로미터이다. 해수의 양은 많은데 입구가 좁은 홍해는 해수 교환이 적게 일어나고, 해수의 양은 적은데 입구가 넓은 페르시아 만은 해수 교환이 많이 일어난다는 것을 쉽게 짐작할 수 있다. 밀물과 썰물의 차가 작아서 항구로 발달했는지에 대해서는 알 수 없지만, 이 차이가 작은 항만이 배가 정박하는 데 있어서 더 안전하다는 것은 틀림없는 사실이다.

8. 엘니뇨와 인도양

엘니뇨란 페루와 에콰도르 난바다의 적도 지역에 이상난수(異常暖水)가 진입하여 평년보다 2~3℃ 정도 수온이 상승하는 현상이다. 난수가 진입하는 시기가 크리스마스 무렵이기 때문에 이 지역 사람들은 이 현상을 엘니뇨(신의 아들. 에스파냐 어로 '어린애' 라는 뜻이다. 물고기가 많이 잡혀 페루 어민들이 하늘의 은혜에 감사한다는 뜻으로 크리스마스와 연관지어 아기예수의 의미를 가진 '엘니뇨' 라 하였다-역주)라 불렀다. 이 말이 주로 난수의 세력이 강한 해에 쓰이게 되면서 지금과 같은 뜻을 지니게 되었다. 이 해역에서는 특정 어종인 멸치가 연간 600~800만 톤이나 잡히지만, 엘니뇨가 나타날 때는 200만 톤 내의, 혹은 그 이하가 되어 어업에 큰 타격을 준다. 라니냐(에스파냐 어로 '여자아이' 라는 뜻으로 엘리뇨의 반대 현상으로 동태평양의 해수면 온도가 5개월 이상 0.5도 이상 낮아지는 경우를 말한다-역주)는 이와 반대로, 동부 태평양 적도 지역에서 평년보다 수온이 낮아지는 현상을 가리킨다.

엘니뇨는 이 해역뿐만 아니라 태평양 중부 및 서부의 해수

온도나 남태평양 및 인도양의 기압과도 깊은 관계를 맺고 있다. 대기의 압력을 조사해 보면, 남태평양 동부 지역(타히티 섬)과 오스트레일리아 북부 지역(다윈 지역)의 기압이 시소처럼 변하는 모습을 볼 수 있다. 즉, 타히티 섬 상공의 기압이 낮아지면 다윈 지역의 기압은 높아지고, 타히티 섬의 기압이 높아지면 다윈 지역의 기압은 낮아진다. 이 현상을 남방 진동(southern oscillation, 인도양과 남반구의 적도 태평양 사이의 기압 진동-역주)이라 한다. 이 남방 진동 지수가 높을 때는 페루 난바다의 해수 온도가 낮아지고, 지수가 낮을 때는 해수 온도가 높아진다. 동부 태평양 적도 지역의 수온이 평년보다 높아지는 엘니뇨 현상이 나타날 때는 적도 태평양의 동서 기압차가 작아지는데, 이것은 곧 무역풍이 약해지는 것을 의미한다.(타히티 섬의 고기압이 약해지고 다윈 지역 상공의 저기압 세력이 커지게 되면 적도를 따라서 서쪽으로 부는 무역풍이 약해진다. 따라서 무역풍을 타고 서쪽으로 이동해야 할 난류가 이동하지 못하고 동태평양에 머물게 되어 이곳의 해수 온도가 1~5℃가량 상승한다-역주) 기압장이 변하면 바람이 변하듯, 엘니뇨도 지구의 대기 및 해양의 순환과 밀접한 관계를 맺고 있다. 따라서 적도 태평양에서 저 멀리 떨어져 있는 아메리카 동해안이나 아프리카 대륙에서도 엘니뇨의 영향을 피할 수가 없다.

이어서 엘니뇨 현상이 나타날 때 인도양 주변에서는 어떠한 기상이변이 나타나는지 알아보자. 먼저 인도 남단이나 스리랑카에서는 10월부터 12월까지 강수량이 증가한다. 동남아시아에서는 10월부터 다음해 6월까지 기온은 높지만 비가 적게 내리는 현상이 계속된다. 1997년 가을, 수마트라 섬과 보르네오 섬에서 발생한 산불이 가뭄 때문에 거대한 면적을 태워 주변 지역까지 연기로 인해 피해를 끼친 적이 있다. 또 아프리카 남동부에서도 역시 같은 시기에 날은 더운데 비가 잘 오지 않아 심한 가뭄을 겪어야만 했다. 기온과 강수량의 변동이 규칙적인 몬순 지역에서는 평년보다 편차가 매우 클 경우, 어느 한쪽이 가뭄이라면 다른 한쪽에서 대홍수가 일어나 피해를 볼 수 있음을 잊지 말아야 한다.

9. 표류 부표 실험

오늘날 인공위성은 다양한 용도로 사용되고 있다. 특히 자신의 위치를 정확하게 알 수 있는 GPS(Global Positioning System. 위성항법장치)가 배는 물론 자동차에까지 적극 활용되고 있다. GPS를 탑재하고 해상을 표류하는 부표가 배의 위치를 정기적으로 인공위성에 알려주고, 그 위치를 다시 위성에서 육상에 있는 기지국으로 통보하는 시스템이다. 1990~1993년에 일본 해상보안청 수로부(海上保安庁 水路部)가 이 시스템을 이용해 인도양의 표층 해류를 측정하는 실험을 했다. 표류 부표는 가능한 한 바람의 영향을 받지 않도록 설계했고, 깊이 15미터의 해류를 측정할 수 있도록 했다.

1-6에 나와 있듯이 1990년 2월에 스리랑카의 남서부에 방류된 몇 개의 부표가 서쪽으로 향했다. 4월에는 U턴해서 동쪽으로, 9월경에는 수마트라 섬의 남쪽으로, 다시 서쪽으로 흘러갔다. 12월에서 1월경에는 인도양 서부에 도달하였고, 이 중 한 개는 4월에 마다가스카르 섬의 북쪽을 둘러 5월에 섬의 서북부에 표착했다. 방류 초기에는 북적도 해류를 따라 서쪽으로 흘러갔지만, 도중에 해류의 방향이 역전하여 몬순 해류 혹은 적도 반류를 타고 동쪽으로 흐르게 되었다. 그러다 수마트라 섬의 남쪽에서 남적도 해류에 들어가 다시 서쪽으로 흘러갔던 것이다. 해류가 반전하는 시기에서는 약간의 차이는 있지만, 앞에서 설명했던 해류의 이야기와 일치하고 있다는 것을 알 수 있다.

이에 비해 1991년 5월에 자바 섬 남쪽에서 방류된 부표들은 몇 개월간 주변을 떠돌다가 10월 무렵에 서쪽을 향해 움직이기 시작했다. 어떤 부표는 아프리카 동해안에 도달한 것도 있었다. 남적도 해류를 탔지만 부표의 위치는 남북으로 넓게 퍼졌고, 각각의 이동 거리도 크게 달랐다. 1993년 11월에 1991년 5월과 거의 같은 위치에서 다시 방류해 보았다. 이번에는 롬보크 해협을 빠져나가 인도네시아 섬들 사이로 흘러 들어갔다. 같은 해역에 방류해도 시기에 따라 해류의 영향이 다르게 나타

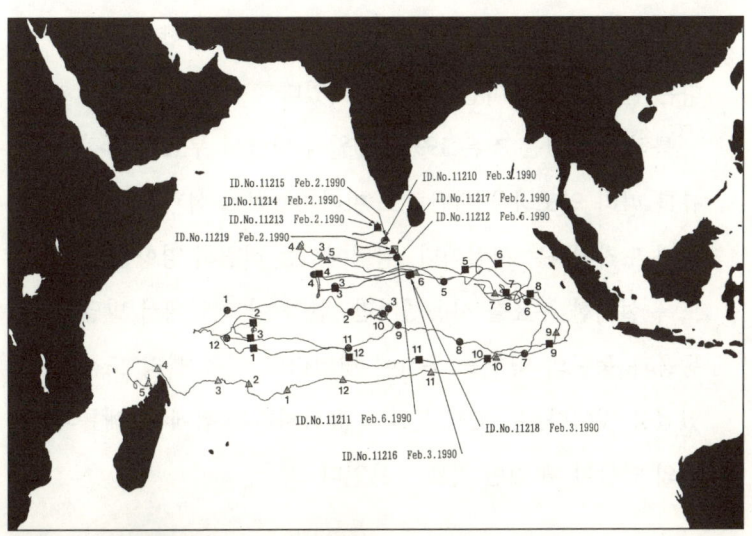

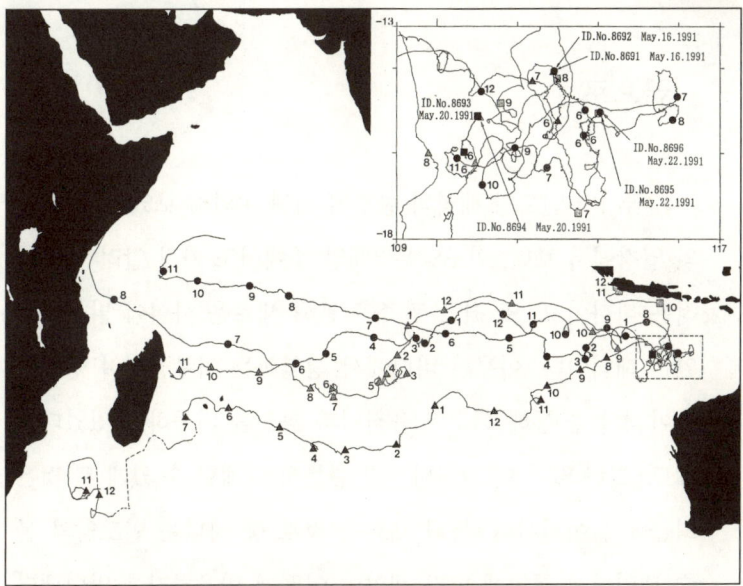

1-6 표류 부표의 궤적(위 : 1990년 2월, 아래 : 1991년 5월에 각각 방류된 부표 / 표기한 마크와 숫자는 매월 첫날에 부표가 있었던 곳을 나타낸다) 출전) 과학 기술청 보고서, 1994년

난다는 걸 알 수 있었다. 몬순이 표류에 강한 영향을 미치고 있다는 걸 알려준 흥미진진한 실험이었다.

특히 재미있는 것은 1991년 5월에 방류된 부표가 남적도 해류를 따라 인도양을 횡단하고 마다가스카르 섬과 아프리카 대륙에 도착했다는 사실이다. 실험에서는 바람의 영향을 받지 않도록 설계한 부표를 사용했지만, 만약 이 해역에서 발달한 남동풍과 동풍의 영향을 동시에 받았다면 더욱 빨리 도착할 수 있었을 것이다. 두 곳의 문화가 유사하다는 점에서, 해류와 바람의 역할이 꽤 컸던 것으로 보인다.

끝으로

지금까지 인도양 해역의 환경에 대해 논의해 보았다. 해양학의 입장에서 보면, 인도양은 3대양 중에서도 가장 알려진 것이 적은 바다이고, 또 최근 관측을 통해 새로운 사실이 밝혀지고 있는 해역이다. 아무리 바다에서 생활하는 어부들이나 항해자들이 경험을 통해 해수의 움직임과 파도를 터득하고 있었다고 해도, 그런 일이 왜 일어나는지 충분히 이해할 수 있게 된 것은 최근에 들어서이다. 특히 새로운 정보 중 하나는 인도양의 몬순 해역에서 풍향에 따라 해양이 어떻게 반응하지를 알아냈다는 사실이다. 이제 우리는 해마다 몬순의 강약이 달라지고 풍역(風域)도 조금씩 바뀐다는 사실을 알게 되었다. 이렇게 조금씩 달라지는 몬순이 대기나 해양과 어떻게 상호 작용을 하고 있는지를 밝혀내는 일은 앞으로 우리가 해야 할 과제인 것이다.

계속되는 지구 온난화와 엘니뇨, 라니냐와 관련한 이상 기후 현상은 지구에서 사는 생물들에게 위험 신호를 보내는 것과 같다. 모든 살아 있는 생명에게 쾌적한 환경을 제공해 주던 대기와 해양이 서서히 변하고 있고, 그 변화가 우리에게 꼭 쾌적할 것이라고는 아무도 장담할 수 없다. 우리는 지금껏 자연에게 많은 짐을 지게 했고, 그것이 너무 과도했는지도 모른다. 대기와 해양이 어떻게 맞물려 돌아가는지를 밝혀, 자연 현상을 정확하게 예측하는 것이 급선무다. 전 세계가 다 함께 대책을 강구하지 않으면 지구는 기능을 잃게 될 것이다. 커다란 관성은 일단 움직이기 시작하면 아무도 저지할 수 없다. 서둘러야 한다.

인도양 전통선의 세계

후카마치 도쿠조우 深町得三

　인도양 계절풍에 관한 가장 오래된 기록은 기원전 1세기 전으로 거슬러 올라간다. 그 기록은 일정하게 부는 바람을 이용해서 난바다를 항해했던 지혜의 시초로 잘 알려져 있다.

　기원전 1세기경에 그리스와 로마 사람들은 여름의 남서풍을 타고 홍해의 출구, 즉 현재의 모카와 아덴 주변에서 곧바로 인도 서해안으로 횡단하는 항해법을 발견한 영국 선원의 이름을 따서 이 계절풍을 '히파로스의 바람'이라 불렀다. 그 때까지 이집트, 아라비아, 인도, 아프리카와의 해상 교역을 거의 독점하고 있었던 고대 인도인과 아라비아 인은 이 발견에 위협을 느꼈을 것이다. 하지만 홍해로 진출한 그리스나 로마의 지중해 세력은 동방과 더욱 가까워진 교역 노선을 자신들이 독자적으로 개척했다는 데 자부심을 느꼈을 것이다.

사실 메소포타미아와 인더스 문명 사이에 이미 해상 교역이 이루어지고 있었으므로 히파로스가 몬순을 이용한 항해술을 발견했다고는 단정지을 수 없다. 그러나 적어도 기원전·후에 지중해 세계와 인도를 잇는 해상 교역이 존재했었다는 것만은 확실히 알 수 있다.

그 후 로마 제국이 쇠퇴의 길을 걸어감에 따라 그들 가슴 속에 타오르던 인도 무역의 불길도 차츰 사그라지게 되었다. 이 해역은 포르투갈 인이 진출하기까지 약 1200년 동안, 페르시아, 아랍, 인도의 상인들이 주로 활약했다.

히파로스가 활동했던 당시의 그리스, 로마의 배에 대해서는 다른 지역에서 발견된 유적과 자료를 통해 이미 밝혀진 적이 있다. 사실 히파로스가 인도로 항해를 떠날 때 그가 탄 배는 그리스나 로마 배가 아닌, 홍해나 페르시아 만의 배였을 것이다. 그러나 배 몸통에 못을 사용하지 않고 끈으로 봉합해서 배를 만들었다는 몇 가지 단편적인 기록 외에는 홍해나 아라비아 반도에서 사용했던 배에 대한 기록은 남아 있지 않다. 그 배가 어떻게 생겼고, 크기가 어느 정도였는지, 또 어떤 돛을 달았는지는 전혀 알려진 바가 없다.

그 후 1000년 가까이 정보의 결핍 상태가 계속되었다. 인도양의 상선(商船)에 대해 자료다운 자료가 나온 것은 13세기 무렵이었는데, 우리들이 놀란 것은 그들의 배가 그 때부터 800년이 흐르는 동안 외관상이 그다지 크게 변한 것 없이 현대에 이르렀다는 사실이다. 예컨대, 히가키가이센(檜垣廻船. 일본에서 에도(江戶) 시대 말기까지 연안 항구를 왕래하면서 여객 화물 수송을 담당한 배-역주)이나 기타마에부네(北前船. 에도 시대 가이센의 일종-역주)가 그 상태 그대로 엔진만 덧달아 현대 일본의 연안 항로를 달리고 있는 모습과 비교해 보면 별반 다를 것이 없다. 실제로 페르시아 만이나 아라비아 해에서 돛에 바람을 받아 물 위를 항해하는 아랍과 인도의 전통 상선을 본 사람이 있다면, 누구라도 살아 있는 실러캔스(살아 있는 화석이란 별칭을 갖고 있는 고대 어류로 인도네시아가 서식지로 알려져 있다-역주)를 보는 듯한 흥분과 감동을 금치 못할 것이다.

몬순을 이용한 항해 기술의 한 예로써, 유럽 인에게 '다우'라는 이름으로 알려진 아라비아 상선에 대해 이야기를 하려 한다. 그러나 그 전에 넓은 인도양 해역 전체에 아직도 남아 있는 몇몇 전통선의 실태와 그 조선 기술의 특징을 먼저 살펴보고자 한다.

1. 인도양의 조선 기술

인도양 해역이라고 딱 잘라 표현하고는 있지만, 사실 그 범위는 무척 넓다. 여기에서 소개하고자 하는 것은 아프리카 대륙 동해안에 인접한 마다가스카르 섬과 코모로 제도에서 동쪽

방글라데시 해안선까지이다. 일찍이 FAO(유엔 식량 농업 기구)의 임시 연구원으로서, 또 어선의 설계자로서 그곳에 거주하며 보았던 해변의 모습이나 옛날 방식 그대로 만들던 뗏목과 나무배에 대해 이야기하려 한다.

가장 원시적인 '띄우기'에서 시작하여 인류가 물 위를 이동하는 수단으로 발전해 온 1만 년 이상의 역사에 대해서는 거론하지 안더라도 배다운 형태를 갖춘 나무배가 출현한 것은 지금으로부터 5000년 전이었다. 지금으로부터 약 100년 전까지는 그런 나무배를 세계의 여러 해변에서 흔히 볼 수 있었다는 얘기다.

사실, 현대 기술에 의해 그 수천 년간 이어내려 온 기술이 단지 이 반세기 동안 급속히 자취를 감추고 구석진 해변에 간신히 남아 있는 상태로 전락했다. 그런데 이 해역에는 다른 곳에 비해 나무배의 전통 기술이 아직 많이 남아 있고, 더욱이 배의 기원에까지 거슬러 올라간 듯한 뗏목과 통나무배의 실물도 심심치 않게 찾아볼 수가 있다. 연구자에게 있어서는 정말로 자료의 보고와 같은 곳이다.

그러나 이런 배를 이용하는 사람들의 입장에서 보면 이야기는 또 다를 것이다. '전통'이란 말에는 시대에 뒤떨어지고 퇴색된 이미지가 따라 다닌다. 배를 만드는 전통 기술도 경제 활동이란 점에서 본다면 그런 인상을 지울 수가 없다. 이 해역에 남아 있는 보기 드문 전통선과 그 기술도 '타 지역 사람', 즉 연구자만이 소중히 여기는 것처럼 보인다. 그것을 사용하고 있는 대부분의 현지 사람들은 결코 좋아서 '전통'을 고수했던 것은 아닐 것이다.

이 해역의 작은 배들에게도 현대화, 동력화의 바람이 불고 있다. 바다와 배로 먹고사는 현지 사람들의 입장에서 보면 그 변화는 실로 반가운 일이 아닐 수 없다. 전통 기술의 보존은 보존대로 확실히 하고, 사람들은 사람들 나름대로 풍요로운 생활을 영위할 수만 있다면 금상첨화일 것이다. 그러나 이 바람은 일단 마음 속에 접어 두고, 서둘지 않으면 영원히 우리 눈앞에서 자취를 감출 배가 적지 않으므로 뗏목에서 어떻게 나무배로 진화했는지 순서대로 정리하고자 한다.

지금부터 여러 가지 배에 대해 언급할 것이다. 전문 용어는 되도록 쓰지 않겠지만 그래도 어쩔 수 없이 써야 하는 용어가 몇 가지 있다. 따라서 들어가기에 앞서 용어 몇 가지를 정리하려 한다. 일반적인 배를 가리킬 때는 '선(船)'을 사용하고, 이보다 작은 배를 가리킬 때는 '주(舟)'를 사용한다. 영어의 ship과 boat를 떠올리면 이해가 빠를 것이다. 실제로는 '주(舟)'의 종류가 많이 나오지만 그냥 '배'라고 지칭한 경우도 많다. 배의 형태에 따라 '뗏목(筏)', '통나무배'(큰 통나무의 가운데를 파서 만든 배-역주), 그리고 '판주(板舟. 판을 접합해서 만든 배-역주)가 나오는데, 아마 판주는 좀 생소할 것이다. 하지만 판주는 우리가 가장 흔하게 볼 수 있는 나무배이다. 판주를 만들 때 판(板)과

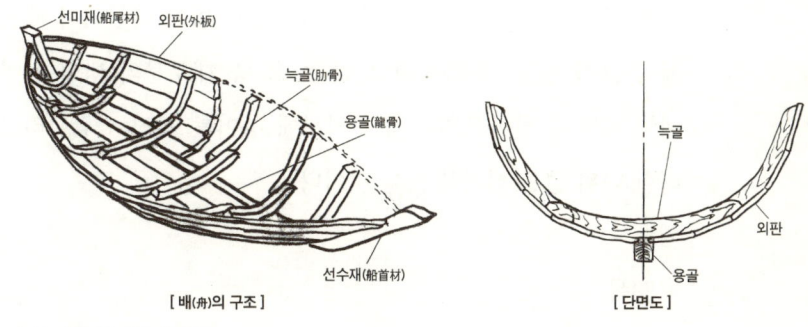

1-7 배의 구조와 단면도

판을 어떻게 붙이지는 뒤에서 자세히 설명하려 한다.

대부분의 판주는 보강재(補强材)를 사용한 '구조선(構造船)'의 범주에 들어간다. 구조를 '뼈대'라는 말로 대체해도 무방하다. 이 뼈대를 넣는 방법이 문제가 되는데, 일반적인 나무배는 우선 배 밑의 중심에 척추에 해당하는 용골(keel)을 두고, 이와 직각으로 늑골(frame)을 세워 나간다. 그런 다음 선체 바깥 부분에 판(선체 외판)을 둘러 못이나 나사로 고정한다. 이것은 '늑골 우선 공법'이라 하며, 2세기경 지중해에서 시작되어 10세기에 거의 정착되었다고 한다. 이 방식은 보통 판과 판을 붙이지 않고, 그 틈에 '뱃밥'이라는 충전재(充塡材)를 채워 물이 세지 않도록 한다.

이와 달리 '외판 우선 공법'이 있다. 이 방법은 우선 외판을 붙인 다음 그 안에 뼈대를 넣는 방법이다. 늑골 우선 공법보다 훨씬 오래되었는데, 대략 5000년 정도 거슬러 올라간다. 외판 우선 공법은 판의 가장자리를 접합하는 방법이 다양하기 때문에 중요한 연구 주제가 되고 있다. 그 중 대부분의 방법이 이 해역 주변에 남아 있다. 배의 역사에 흥미를 가진 사람이라면 더할 나위 없는 매력을 느낄 것이다.

뗏목

〔오만의 대추야자 뗏목〕

페르시아 만의 호르무즈 해협을 나와 코끼리 발처럼 생긴 아라비아 반도의 발끝 부분을 반 정도 차지하고 있는 나라가 오만 왕국이다. 아라비아 상인의 주 무대였던 이 나라는 우리에게 《신밧드의 모험》으로 잘 알려져 있다. 근대에 들어와 쇄국정책(鎖國政策)을 폈던 영향으로 연안 무역의 중심이 아랍에미리트연방(UAE. 아라비아 반도 동부에 있는 7개 에미리트(아랍 토후국(土侯國))의 나라. 서쪽으로부터 차례로 아부다비(Abu Dhabi), 두바이(Dubay), 샤르자(Sharjah), 아지만(Ajman), 움알카이와인(Umm al-Qaiwain), 라스알카이마(Ras al-Khaimah), 푸자이라(Fujairah)의 7개 에미리트로 이루어져 있다. 원래 9개 에미리트가 있었으나 카타르와 바레인은 분리, 독립하였다-역주)으로 넘어갔지만, 해운이나 어업 등의 산업은 아직 옛날 그대로의 모습을 유지하고 있다. 이 지역에서는 주로 인도와 파키스탄에서 수입하는 '호리'라는 통나무배를 사용하였으며, 사람들은 제2차 세계대전 이후에도 통나무배를 사용하였다. 그러다 최근 30년 동안의 근대화 정책으로 이 통나무배에 동력이 도입되면서 지금은 거의 모든 배가 고물에 엔진을 달고 있다. 최근에는 일본 기술의 도움으로 좀 더 안전한 유리섬유로 만든 배를 생산하고 있다.

이렇게 전통과 현대가 뒤섞인 배들이 모여 있는 해변 한 구석에서 대추야자의 잎자루를 묶어 만든 '샤샤'라는 전통 뗏목을 만날 수 있다. 대추야자는 아라비아 반도에서 오랫동안 자생해 온 식물로, 보통 나무와 달리 잎이 떨어진 흔

1-8 발포 스티롤을 부력재로 사용한 오만의 샤샤

적이 울퉁불퉁하게 남아 있어 배의 재료로 쓰기에는 그리 적당하지 않은 나무다. 또한 야자나무는 바깥 부분이 가장 견고해서 이 부분을 잘라버리면 재목으로서 강도가 떨어지기 때문이다. 한편 사람들은 사막에서 어렵게 자란 이 나무의 열매를 먹거리로 사용하고 있었을 뿐만 아니라, 수출품으로서도 가치가 있었기 때문에 쉽게 베어낸다는 것이 너무나 아까운 일일 것이다. 사람들은 대추야자 나무 대신 줄기를 자르지 않고도 손에 넣을 수 있는 잎자루만 모아 끈으로 묶어 뗏목을 만들었다.

이 뗏목을 보고 있으면 나일 강 상류에서 사용했던 안바치라는 나무로 만든 뗏목과 이란 호수에서 사용했던 파피루스 뗏목이 생각난다. 이것들은 모두 수천 년 전에 배를 만드는 데 적합한 목재를 손에 넣을 수 없었던 땅에서 살아가는 사람들이 생각해 낸 생활의 지혜인 것이다.

오만의 야자나무 뗏목은 오랜 시간 잠겨 있으면 잎자루의 섬유가 물을 머금어 가라앉기 때문에 어부는 그 때를 가늠하여 해안으로 돌아가야 했다. 지금 우리가 보는 샤샤는 짐을 꾸릴 때 쓰는 발포 스티롤을 바닥에 채워 이 문제를 해결했다. 수천 년 이상 내려온 전통은 개인이 손쉽게 개량하고 발전시킬 수 있는 한, 근대적인 도구가 생겨나도 그리 쉽사리 사라지지 않는다는 것을 보여준 한 예라 할 수 있다.

〔인도 코로만델 해안의 카타마란 뗏목〕
인도 아대륙의 동해안, 코로만델 해안에서는 지금도 '카타마란' ('연결한 나무'라는 의미) 뗏목을 사용하고 있다.

요트 등의 쌍동선(雙胴船), 즉 두 개의 선체(船體)를 서로 평행하게 연결한 배를 뜻하는 캐터머랜(catamaran)이라는 영어는 이 '카타마란'에서 유래한 말이다. 타밀 나두 주(州)의 주도(州都)인 마드라스 교외(郊外)에 있는 마리나 해변에는 수천 개의 카타마란이 줄지어 있어, 보는 이로 하여금 감탄을 자아내게 하고 있다. 망고나 인도 푸조 나무를 네모지게 켜서 3~7개 정

1-9 마드라스의 카타마란

도 짜 맞춰 야자나무로 만든 끈을 이용해 단단히 고정한다. 그리고는 간단한 삼각돛을 달거나 그냥 맨손으로 저어 바다로 나가 그물로 고기를 잡는다. 타밀 족 어부들은 몇백 년, 혹은 천 년 이상 이어져 내려오며 이 일을 하고 있다. 파도가 부딪치는 모래밭에서 직접 바다로 나가기 때문에 북동 몬순의 계절인 11월에서 다음해 3월에는 쉽게 배를 띄울 수가 없다. 그러나 이 시기에 바다가 거칠게 휘몰아쳐 물이 탁해지는데, 바로 이 때가 만선할 수 있는 절호의 기회다. 그래서 옛날에는 무리하게 배를 띄웠다가 돌아오지 못하는 어부들이 참 많았다고 한다.

뗏목을 이용한 고기잡이가 이렇게 위험한데 왜 여태껏 바꾸지 않았을까? 누구나 이런 궁금증을 가질 수 있지만, 한 마디로 딱 잘라 대답하기는 어렵다. 어부에게 있어 배는 생활의 도구인 것이다. 그러나 그 선택에는 물리적, 경제적 제약이 따른다. 난바다로 나가 고기잡이를 할 수 있는 필요 조건과 충분 조건이 갖추어지지 않았다는 것, 즉 적은 수입과 항만 설비도 없는 모래사장에서의 고기잡이와 인력에 의존해 배를 이동해야 한다는 것이 뗏목을 버리지 못하는 이유일 것이다. 한때 개발도상국에 기술 원조를 하면서 '적정 기술(appropriate technology)'이란 말을 사용했던 적이 있다. 이 말을 듣고 조건 반사처럼 떠올린 말이 바로 카타마란이다. 이 뗏목을 대신할 수 있는 배를 만드는 기술, 그것이야말로 '적정 기술'인 것이다. 그러나 아직 흡족한 답을 찾지 못했다.

이러한 나무 뗏목은 이웃 국가인 스리랑카 북부에서도 찾아볼 수 있다. 한편, 같은 인도라 해도 서해안에는 뗏목보다 통나무배나 판주를 주로 사용하는 것을 볼 수 있다. 어쩌면 뗏목과 타밀 족 사이에 어떤 깊은 연관이 있을 지도 모르겠다.

통나무배

〔코모로의 아우트리거 카누〕

인도양의 서쪽 끝인 아프리카 대륙의 동해안과 세계 최대의 섬 마다가스카르 사이에 모잠비크 해협과 코모로 제도가 있다. 이 지역 사람들은 통나무배를 사용하고 있었는데, 이 통나무배는 '아우트리거'라는 가로대를 덧대어 더욱 안전하게 균형을

1-10 양옆에 아우트리거가 붙어 있는 코모로의 카누, 가라와

잡을 수 있도록 만들어졌다. 때때로 살아 있는 화석, 실러캔스를 낚아 올렸던 사람들이 바로 '가라와'라는 아우트리거 카누를 타고 고기잡이를 하던 이 지역 어부들이었다. 그들의 카누는 완전한 통나무배이다. 작은 섬나라이기 때문에 카누에 적합한 큰 나무가 많지 않아서였는지 옆으로 휘어진 줄기를 그대로 깎아 만든 배도 있었다. 곧게 나아갈까 의심스러웠지만 실제 사용하는 데는 아무런 불편을 느끼지 못하는 듯 했다.

그리고 마다가스카르 연안에서는 베즈(베조)라고 불리는 사람들이 카누를 타고 고기잡이를 하는 모습을 볼 수 있다. 이들의 선조는 멀리 인도네시아 주변에서 카누를 타고 인도양을 건너왔다고 한다(이이다 논고 참고). 스리랑카를 경유해서 아프리카 동해안을 타고 건너오는 바닷길 이외에, 해류를 이용해 직접 5,000킬로미터 이상을 항해하여 왔을 가능성도 있다.

    이 해역은 태평양과 인도양에 널리 퍼져 있는 아우트리거 카누의 분포 지역 중 서쪽 끝에 해당한다. 아우트리거에 대해서 이야기하자면 끝이 없지만, 이런 형태의 배는 말레이시아와 인도네시아의 주변에서 시작되어 동쪽으로는 태평양, 서쪽으로는 인도양으로 퍼져 나갔다고 한다. 그런데 코모로와 마다가스카르의 카누를 자세히 비교해 보면, 이 두 곳이 지리적으로 매우 가까운데도 불구하고 돛이 서로 다르게 생겼다는 것을 알 수 있다. 코모로의 가라와는 다우 선과 흡사한 삼각돛(라틴 릭)을 달고 있다. 코모로의 가라와는 아랍의 영향을 받은 것으로 보인다. 이에 비해 마다가스카르의 카누는 V자(字) 모양의 두 돛대에 사각돛을 달고 있다. 이는 다음에 소개할 스리랑카의 카누와 매우 흡사하다. 이것은 코모로가 15세기 무렵에 이슬람화한 것에 비해, 마다가스카르의 어부들은 아시아 계의 이민을 기원으로 하고 있으며, 그 문화를 고수하여 아랍의 영향을 되도록 배제해 왔기 때문일 것이다.

〔스리랑카의 카누, 오르와〕

    스리랑카는 인도 최남단의 코모린 곶에 바싹 붙어 있는 섬나라이다. 이 섬의 사람들은 대부분 불교신자다. 인도 문화권에 속해 있지만, 연안에서 사용하고 있는 고기잡이배는 이웃 나라 인도나 아랍의 배와 다른 점이 있다. 본래 불교 국가이기 때문에 사람들은 살생을 해야 하는 어업을 그리 달가워하지 않았다. 그래서 조금 떨어진 몰디브에서 가공된 생선을 수입해 오고 있었는데, 동물 단백질의 자급자족과 외화 절감을 위해서라도 어업은 활성화해야 하는 산업이었다. 근대화 정책에서 어업을 본격적으로 장려하고, 또 유엔의 기술 지도에 힘입어 제2차 세계대전 후에는 유럽 기술로 만들어진 목조 동력 어선과 엔진을 단 유리섬유 보트가 널리 보급되기 시작했다. 그러나 예부터 내려온 작은 고기잡이배도 아직 많이 남아 있다.

그 중에도 유명한 것은 '오르와'라고 부르는 아우트리거 통나무배일 것이다. 수도 콜롬보에서 북쪽으로 조금 떨어진 네곰보의 모래사장에서 독특한 평행 사변형 돛을 단 오르와가 죽 늘어서 있는 모습을 본 적이 있는데, 정말 장관이었다.

이 오르와는 길이가 9미터에 달할 만큼 꽤 긴 배지만, 그 폭은 매우 좁다. 통나무배 위에 판을 덧붙여 깊이만 늘린 형태로 앞과 뒤는 대칭을 이룬다. 이 배는 한쪽에만 아우트리거를 장착하였고, 돛으로 달릴 때는 언제나 아우트리거가 있는 쪽에서 바람을 맞도록 했다. 또한 앞과 뒤가 똑같기 때문에 어느 방향이나 자유롭게 나아갈 수 있다. 이런 방향 전환은 오르와 이외에도 미크로네시아의 플로아라는 카누에서도 볼 수 있다. 플로아도 앞과 뒤가 똑 같이 생겼지만, 돛의 형태는 오르와와 다르다. 오르와의 경우, 방향 전환을 하기 위해서는 돛의 위치와 돛

1-11 평행 사변형의 돛을 달고 있는 스리랑카의 오르와

대의 경사를 반대로 바꿔주는 작업이 필요하다. 키는 양쪽에 각각 마련되어 있으므로 조타수는 돛의 위치를 바꾼 후, 새로 고물이 된 부분에서 폭이 넓은 키를 수면에 내려 방향을 잡는다. 한편 여태껏 사용했던 키는 선체와 나란하게 올려 둔다.

  인도의 몬순은 오르와로 고기를 낚는 어부들의 삶과 긴밀한 관계를 유지하고 있는 것을 볼 수 있다. 엔진이 장착된 배와 달리 오르와와 같은 카누는 모래사장에서 배를 띄운다. 그런데 몬순 계절에는 이 모래사장으로 높은 파도가 치기 때문에 배를 띄우기가 어려워진다. 그래서 서해안 각지에 있는 오르와는 남서 몬순이 부는 여름만큼은 항만 시설이 갖춰져 있어 바람을 피할 수 있는 네곰보와 치라우에 모여들었다가 가을이 오면 다시 자신들의 마을로 돌아간다.

한편 스리랑카는 섬나라이기 때문에 남서 몬순과 북동 몬순의 영향을 받는다. 옛날에는 이를 피해서 동서 해안으로 이동하는 어부가 많았다고 한다. 하지만 타밀 계 반정부 게릴라의 활동이 활발해지면서 동서의 왕래가 곤란해졌기 때문에 어부들의 이동도 옛날처럼 자유롭지는 못한 모양이다.

오르와의 돛은 참으로 독특한데, 돛대는 배 중앙부에서 V자형으로 서 있고, 평행사변형 돛이 돛대 위의 두 정점을 지지하는 형태로 달려 있다. 이와 유사한 V자형 돛대는 앞에서 언급했던 마다가스카르나 오세아니아의 카누에서 찾아볼 수 있다. 플로아의 돛에서 볼 수 있는 크랩 크로오(게 발톱)라는 돛도 V자형 돛대의 변형이라고 볼 수 있다. 싱글 아우트리거와 V형 돛대가 방향 전환과 밀접한 관계가 있는 듯하다.

구조선—(1) 봉합선

〔말라바르 해안의 토니〕

말라바르 해안은 인도 최남단의 코모린 곶에서 서쪽으로 아라비아 해에 면한 케랄라 주에서 카르나타카 주에 이르는 해안의 이름이다. 이곳은 예로부터 후추 및 기타 향신료의 생산지이자 집산지(集散地)로 유명하다. 카지코데(카리카트)와 코친, 쿠이론이란 항구가 아라비아, 나아가 지중해 지역과의 교역 기지로서 역할을 담당해 왔다. 덧붙이자면 바스코 다가마가 1498년

희망봉을 경유하여 처음 인도에 도달한 곳이 바로 카지코데 항구였다. 또 이 지방 내륙 지역에는 배와 카누를 만드는 데 적합한 티크나 망고 등의 목재가 많아 예로부터 목재 수출과 조선(造船) 활동이 활발했고, 유능한 목수도 많았다고 한다. 카누와 목재의 주요 수출국은 당연히 사막의 나라, 아라비아 반도였다. 말라바르 해안은 동쪽의 코로만델 해안과는 달리 해안선에 평행한 수로를 많이 가지고 있는데, 이 수로는 배가 바람을 피해 정박하기에는 안성맞춤이다.

이곳은 봄부터 가을까지 남서 몬순의 영향을 많이 받는다. 그러나 이런 지형의 영향 탓인지, 아니면 민족의 특성 때문이지, 이 곳에서는 코모린 곶과 가까운 지역을 제외하고는 동해안과 같은 뗏목을 거의 구경할 수가 없다. 대신에 '토니'나 '바라무' 등의 통나무배와 그와 유사한 카누가 많다. 통나무배는 다른 곳에서도 흔히 볼 수 있는 형태이지만, 카누는 자세히 보면 꽤 흥미로운 것을 발견할 수 있다. 언뜻 통나무배로 착각하기 쉬운 대나무 잎 모양의 카누가 실은 판자와 판자를 서로 봉합해서 만든 것이기 때문이다.

최근에는 이런 통나무배와 카누에도 소형 엔진을 달고 있는 추세여서, 그에 대한 기술과 그 방법을 알려주기 위해 코친을 방문했을 때 처음으로 이 봉합 카누를 볼 수 있었다. 봉합 카누에 대해서는 이후에 다시 언급하겠지만, 사실 이 카누는 뗏목에서 배로 변화(진화)한 최초의 형태를 띤다는 점에서 중요한 의미를 가지고 있다. 어쨌든 코친의 카누, 즉 '토니'는 두께가 3센티미터 정도 되는 판자를 야자나무의 섬유에서 뽑은 가는 끈으로 이은 것으로, 그 방법은 봉합식(縫合式) 다우 선과 거의 똑같다.

〔마스라와 파르와 그리고 야토라 도니〕

다시 동해안의 마도라스를 살펴보면, 카타마란이 늘어선 마리나 해변에 많지는 않지만 '마스라'라고 하는 배가 있다. 이 배도 예전의 다우 선과 마찬가지로 현재 봉합선의 귀중한 자료가 되고 있다.

또한 스리랑카의 남서해안에서는 땅에서 그물을 끌 때 주로 사용하는 '파르와'라는 배가 있다. 이 배는 앞서 말한 아우트리거 카누인 오르와를 세로로 딱 반을 갈라 폭을 넓혀 놓은 것처럼 생겼다. 목재의 크기가 곧 배의 크기가 된다. 실을 수 있는 짐의 양도 늘 똑같은 통나무배의 결점을 극복한 배이다. 즉 생활의 지혜가 듬뿍 담겨 있는 배이다. 통나무배 위에 판자를 덧붙여 깊이를 더한 오르와를 세로로 잘라 중간에 판자를 넣어 폭을 넓힌 것이다(파르와). 통나무배에서 판주(板舟)로 변화하는 과정을 이것만큼 명백히 보여준 예도 없다. 폭이 넓어진 탓에 안정성이 높아져 오르와에 붙어 있는 아우트리거는 파르와에서는 더 이상 필요하지 않게 되었다. 각각의 판자를 덧붙일 때 야자나무 끈을 사용하여 봉합한다. 파르와 역시 훌륭한 봉합선

1-12(위) 오르와의 폭을 넓힌 형태로 되어 있는 스리랑카의 파르와

1-13(아래) 배 안에는 늑골이 전혀 보이지 않는 마도라스의 봉합선 마스라

의 한 예라 할 수 있다. 파르와 외에도 일찍이 스리랑카에는 야토라 도니라는 아우트리거 봉합선이 있었지만, 불행히도 실물은 존재하지 않는다.

말라바르의 토니, 코로만델의 마스라, 그리고 스리랑카의 파르와와 야토라 도니는 일찍이 봉합선 문화가 남인도를 중심으로 해양 지역에 널리 존재했었다는 것을 잘 보여준다. 그러나 이 기술이 어디에서 왔는지는 아직 명확히 밝혀진 바가 없다.

구조선—(2) 다보를 계승한 배

〔파키스탄의 호라〕

파키스탄의 해안선은 크게 인더스 하구의 신드 지역과, 카라치(파키스탄 남부 신드 주의 주도-역주) 교외에서 서쪽으로 거의 일직선으로 뻗은 발루치스탄 지역으로 나눌 수 있다. 신드 지역의 해안선은 인더스 하구의 삼각주를 중심으로 맹그로브 숲이 무성한 진흙 바닷가이지만, 발루치스탄의 해안선은 험한 낭떠러지와 모래 해변이 즐비하며 이란 국경에 가까울수록 마을의 수도 줄어들고 본격적인 사막이 펼쳐져 있다.

이 해역의 어촌에서는 '호라'라는 전통배를 사용한다. 호라는 늑골과 수직한 선수재(船首材), 그리고 뒤쪽으로 기울어진 선미재(船尾材)를 가진 더블 엔더(double ender. 양두형의 선체를 말한다. 이물과 고물이 똑같은 모양을 한 배-역주)로 평평하게 지붕을 씌운 배이다. 이와 달리 '베디'라는 배는 고물에 횡목(橫木)을 덧대고, 이물도 앞으로 기운 형태를 하고 있다. 마치 다우 선의 축소판 같은 모양이어서 아라비아와의 공통점을 찾을 수 있다. 지금은 모두 디젤 엔진을 달았지만 삼각돛도 병용하고 있다.

카라치 교외에 라트라는 마을이 있는데, 이곳 바닷가에서 한창 만들고 있는 호라를 본 적이 있다. 외판을 덧대는 방법은 외판 우선 공법을 사용하고 있었는데, 늑골, 선수재에 이어서 배 바닥에 외판을 붙인 상태였다. 판자와 판자를 붙일 때는 이른바 다보라는 둥근 나무 막대기를 사용한다. 판자 끝에 둥근 구

1-14 선체의 외판과 외판을 다보로 연결한 파키스탄의 호라

멍을 같은 간격으로 몇 개 뚫어 거기에 다보를 박아 넣은 뒤, 그 위에 다른 판자를 올린다. 다보의 위치에 맞춰 이 판자의 끝에도 구멍을 뚫어, 그 구멍으로 다보를 끼워 넣으면 위와 아래 판자가 서로 맞물리면서 접합이 완성된다.

사실 외판이 활처럼 휘어 있기 때문에 불에 말리거나 판자를 맞출 때는 세심한 노하우가 있어야 한다. 라트에서는 보지 못했지만 인도 서해안에 있는 봄베이 근처, 마노리라는 어촌에서는 판자와 판자 사이에 솜을 끼워 접합하는 것을 본 적이 있다. 어촌에서 멀리 떨어진 가건물 작업장에서 한 어부가 묵묵히 배를 만들고 있었는데, 그가 쓰는 도구라고는 큰 자귀와 톱, 해머, 끌 정도였다. 물론 전동 공구 등은 볼 수가 없었다.

이 방법은 인도의 서해안과 몰디브, 나아가 인도네시아에도 주로 사용되고 있는 것을 볼 때, 외판 우선 공법이 꽤 보편적인 기술이라는 것을 알 수 있다.

〔몰디브의 마스도니〕

코모린 곶에서 남서쪽으로 약 500킬로미터 떨어진 해상에 약 1,200개의 크고 작은 산호초 섬으로 이루어진 몰디브가 있다. 이 나라는 인구가 20만 명밖에 되지 않는 이슬람 국가로, 주요 산업은 어업과 관광업이다. 가다랑어를 한 마리씩 낚아 올리는 고기잡이가 주된 어업으로, '몰디브 피시'라는 가다랑어포를 스리랑카에 수출하고 있다.

고기를 잡을 때 이용하는 배는 '마스도니'라는 전통배이다. 1970년대 초반까지는 전부 무동력 범선이었지만, 그 후 동력화가 추진되어 지금은 거의 모든 마스도니가 디젤 엔진을 장착하고 있다. 여기에서도 역시 다보를 이

1-15 구조는 호라와 같지만 목재는 야자나무를 사용한 몰디브의 마스도니(돛은 라틴 세일)

용한 외판 우선 공법을 사용하고 있으며, 파키스탄 배와 닮은 점이 매우 많다. 아마도 아랍의 목수 기술을 서로 공유하고 있었기 때문이라 생각된다. 그러나 사용하고 있는 목재는 독특했다. 이 섬에서 자생하는 유일한 고목인 야자나무의 줄기를 톱과 자귀로 다듬어 판재(板材)로 쓰고 있었다. 현재 몰디브에서는 봉합선이나 통나무배를 만드는 조선술을 찾아볼 수 없다. 통나무배를 만들 수 없는 이유는 야자나무 이 외에 다른 목재가 없었기 때문이다.

한편 봉합식(縫合式) 다우 선을 복원해서 오만에서 중국으로 항해했던 T. 세베린은 몰디브의 바로 북쪽에 있는 래카다이브 제도의 목수에게 배를 야자나무의 실로 봉합하라고 시켰다고 한다. 그렇다면 몰디브에도 일찍이 봉합 기술이 존재했다가 어느 시점에서 다보를 이용한 방법으로 바뀌었는지도 모르겠다.

구조선—(3) 걸쇠로 이은 배
〔방글라데시〕

방글라데시 남부에서는 오늘날에도 바다나 강을 이용한 교통 수단에 의존도가 높은 나라이다. 메구나 강 하구의 광대한 삼각주 지역은 몬순 때마다 범람을 되풀이하고 있는데, 강의 범람은 크고 작든 간에 도로 교통에 영향을 미치기 때문에 서민의 발 노릇을 해 주는 작은 배가 꼭 필요하게 되었다. 또한 강줄기를 따라 물건을 실어 나르는 주역으로서, 예로부터 배는 없어서는 안 될 존재였다. 예컨대, 이 지역 특산품인 황마는 둔 가라는 운반선을 이용해 도시로 운반한다. 쌀과 야채, 과일도 찬디와 딩기라는 작은 배를 이용해 시장으로 운반한다.

이 지역 사람들은 패들과 노를 이용해서 배를 움직이기도 하지만, 돛도 많이 사용하는 편이다. 그래서 여기저기 기워서 너덜너덜해진 스프리트 세일(sprit sail. 원래 선수재(船首材) 밑의 활대에 친 가로돛-역주)이나 스퀘어 세일(square sail. 가로로 치는 돛. 가로돛이라고도 한다-역주)을 흔히 볼 수 있다. 그런데 어찌된 영문인지 라틴 릭(Lateen Rig. 삼각돛을 장착한 배-역주)은 보이지 않았다. 종교적으로 이슬람 국가이기 때문에 아랍이나 주변 이슬람 문화와 가까울 것이라 생각했는데, 이들의 배가 주로 내수면(內水面)에서 사용되는 탓인지 돛 모양은 매우 간단했으며 배의 늑골도 충분하지 않았다.

이곳에서도 외판 우선 공법으로 배를 만든다. 그런데 외판을 접합할 때는 아연을 도금한 철판을 'ㄷ'자(字) 모양으로 구부려, 마치 걸쇠처럼 판자의 이음새를 걸어 고정하는 간단한 방법을 사용했다. 이 방법이 이 지방의 독자적인 방법인지, 아니면 중국의 정크(junk) 선에서 볼 수 있는 걸쇠 사용에 영향을 받은 것인지 실로 궁금하다. 또 이웃 국가인 미얀마의 이라와지 강 주변에도 이런 공법의 배가 존재하는지 모르겠다.

직접 보지는 못했지만, 카르나폴리 강 하구의 치타공에도 봉합선이 있다고 한다. 이 봉합선은 통나무배를 우선 가로 방향

1-16(위) 황마를 가득
싣고 강을 내려가고 있
는 방글라데시의 짐배
둔가

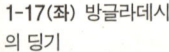

1-17(좌) 방글라데시
의 딩기

1-18(우) 다카시
(市)에 있는 사다
루가토 어시장.

으로 펼친 다음 그 가장자리에 목재를 붙여 깊이를 더한 타입으로, 스리랑카의 오르와처럼 다른 또 하나의 진화가 아닌가 싶다.

2. 다우의 역사와 현재

현대의 다우 조선소

호르무즈 해협을 사이에 두고 반대편에 위치한 이란을 발로 차고 있는 듯한 장화 모습의 아라비아 반도가 있다. 그 끝에 있는 무산담 반도에서 장화의 발등 주변이 아랍에미리트연방(UAE)이다. 두바이, 아부다비 등 7개의 수장국(首長國)이 해안을 따라 줄지어 있다. 하나의 수장국이 하나의 마을이라고 생각하면 된다. 가장 큰 두바이 수장국에서 20킬로미터 정도 북동 지역으로 가다보면 아지만 수장국이 나오는데, 이곳 해안의 황량한 모래사장에 아라비아 최대의 다우 조선소가 있다.

조선소라고 해야 일본의 조선소처럼 선창과 암벽이 있어 커다란 기중기가 줄지어 있을 리 만무하다. 해안의 모래사장을 따라 바다를 향해 뱃머리를 나란히 한 서른 척 남짓의 목조 화물선인 '다우'가 어느 것은 선체가 거의 완성된 모습으로, 또는 아직 용골과 몇 개의 늑골만 짜 맞춘 해골 같은 모습으로 놓여 있을 뿐이다. 일하고 있는 사람들의 대부분은 인도에서 온 노

1-19 UAE 아지 만의 다우 조선소

동자로, 말라바르 해안의 케랄라 주에서 온 사람이 많다. 사용하는 목재도 주로 인도와 타이에서 수입한 것들이다.

다우(Dhow)라는 영어는 영국인이 아랍의 돛단배(商船)를 통틀어 지칭하는 말로, 특정 배의 형태를 나타내지는 않는다. 어원은 스와힐리 어나 중국어로 추측된다. 딱히 이름이 구분되어 있지 않으므로, 이곳에 사는 아라비아 인은 배 모양과 크기의 따라 붐, 간자, 슈아이 등의 개별 이름을 지어 부르고 있다. 이 곳을 방문했을 때 아지 만의 조선소에서 만들고 있던 다우 선은 대부분이 소형 산부크와 슈아이였다.

이들 다우 선은 지금도 페르시아 만 해안을 중심으로 어업과 교역에 사용되고 있다. 어떤 다우 선은 동쪽으로는 파키스탄과 인도까지, 서쪽으로는 예멘에서 홍해, 아프리카 동해안까지 몬순을 이용해서 항해를 계속하고 있다. 물론 그 수가 많이 줄었지만 라틴 세일이라는 특징적인 삼각돛을 달고 달리는 모습을 보고 있노라면 몇백 년의 역사와 전통의 무게가 가슴에 와 닿는다.

몬순을 이용한 인도양의 항해는 처음에 언급했던 것처럼 그 역사가 기원전으로 거슬러 올라간다. 그 중에서 아랍의 상인들과 선원들의 주 무대였음에도 불구하고 바스코 다가마 이후 활동했던 유럽 인에 비해 아라비아 인의 기록이 적은 탓인지 사람들에게

1-20 주로 고기잡이배로 쓰이는 소형 다우, 슈아이

는 잘 알려지지 않았다.

다우의 형태는 크게 두 종류가 있는데, 하나는 이물과 고물이 모두 뾰쪽하게 생겼으며(더블 엔더. double ender), 다른 하나는 고물이 각진 형태(트랜섬. transom)를 하고 있다. 전자에는 붐, 바단(베담)이라는 이름이 붙어 있고, 역사적으로는 이 형태가 더 오래되었다. 후자에는 바그라, 간자, 산부크, 슈아이 등의 이름이 붙어 있는데, 이들은 유럽 배의 영향을 받았다고 한다.

다우의 구조—왜 봉합선인가?

16세기 초에 유럽 인과 접촉한 이후, 지금까지 다우의 건조 공법으로 쓰이고 있는 것은 늑골 우선 공법이다. 그러나 그 이전엔 배 몸통에 외판을 붙여 야자나무 끈으로 이은 '봉합선'이었다는 이야기는 이미 앞서 서술한 바가 있다. 이것은 13~14세기의 마르코 폴로와 이븐 바투타 등의 기록에도 나와 있다. 더 거슬러 올라가면 9세기의 한 이슬람 여행자가 남긴 기록에서도 찾아볼 수 있다. 13세기 하리리의 《마카마트》에는 다우 선으로 추정되는 봉합선의 그림이 실려 있다.

다우를 비롯한 인도양에서 활약했던 대부분의 배가 왜 봉합 구조를 선택했는지, 마르코 폴로 시대 때부터 내려오는 몇 가지 기록을 살펴보고자 한다. 먼저, 인도양에는 자력(磁力)이 강한 해역이 있는데 철 못을 사용한 배가 그곳을 지나면 자력 때문에 못이 빠져나가 배가 분해 된다고 한다.

또 다른 설명에 의하면, 목재가 너무 단단해서 못이 박히지 않기 때문이라고 한다. 또한 이 해역은 바다 밑이 암석으로 되어 있기 때문에 못을 사용한 배는 선체가 너무 단단해서 오히려 부서지기 쉽지만, 봉합선은 선체가 부드러워 설령 부서진다 해도 손상이 적다는 설명도 있다.

1-21 하리리의 《마카마트》에 나오는 삽화(봉합선)

첫 번째 설명은 상상력이 아주 풍부해서 이야기로 즐기기에 안성맞춤이다. 이런 이야기는 인도양뿐만 아니라 유럽에도 남아 있다. 아마도 자석의 성질이 당시 일반 사람들에게 막 알려지기 시작했던 때라 독자의 호기심을 채워줄 재미있는 이야기가 필요했던 모양이다. 두 번째 설명은 예나 지금이나 주로 티크 나무가 재료로 쓰이고 있으므로 도저히 납득이 안 간다. 티크 나무는 철 못과 매우 궁합이 잘 맞는 재료로 알려져 있기 때문이다.

마지막 설명에는 나름대로 과학적인 근거가 있다. 인도의 마드라스에서 봉합선 마스라의 선체를 흔들어 보기도 하고, 또 코친에서 엔진이 달린 봉합선 도니를 운전해 보기도 했는데 늑골이 하나도 없는 봉합선이 꽤 유연하다는 느낌을 받았다.

마스라는 일찍이 항구가 없는 모래사장과 그 앞바다를 연결하는 다리 역할을 했지만, 지금은 주로 땅에서 그물을 끌 때 사용되고 있다. 인도 최남단인 코모린 곶의 동쪽, 코로만델 해안의 부서지는 파도를 건너 먼 바다로 왕래하는 배는 선체가 가벼울수록 모래사장에 대기가 수월하다. 그런 점에서 마스라는 충분한 조건을 갖추고 있는 셈이지만, 바다 밑에 쓸려 선체에 손상을 준다는 점에서는 늑골로 얼개를 짜서 만든 배와는 큰 차이가 없는 듯하다. 한편 철 못으로 박은 배는 부서질 때 반드시 판자가 부서지게 돼 있지만, 봉합해서 만든 배는 끈이 쓸려 끊어진다 해도 판자는 멀쩡하게 남을 수 있다. 기계 설계를 예로 들면, 무리한 힘이 가해졌을 때 제일 먼저 부서지는 부품을 결정해 두었다가 그 부품만 쉽게 교환할 수 있도록 해 두는 경우가 있다. 전기 회로의 퓨즈를 떠올리면 이해가 빠르다. 어쩌면 야자나무 끈이 봉합선에서 '퓨즈' 역할을 하고 있는지도 모른다.

봉합선의 역사

이제 이러한 봉합선이 인도양 해역에서만 볼 수 있는 특이한 기술이 아니라, 고대의 선박에서 광범위하게 나타났던 보편적인 기술이었음을 알아보고자 한다.

1954년, 이집트의 기제(이집트 수도인 카이로 교외에 있는 도시로 기자라고도 한다-역주) 지역에 있는 약 4500년 전의 쿠푸 왕 (Khufu. ?~BC 2566?. 이집트 제4왕조의 제2대왕-역주)의 피라미드 옆에서 한 척의 배를 해체해 놓은 듯한 목재가 발견됐다. 그 후 14년에 걸친 복원 작업 결과, 이 배는 고대 이집트의 파피루스 배와 형태가 유사한 전체 길이 44미터의 기다란 봉합선이었다. 또한 1938년에는 영국의 동부 지방에 있는 페리비 강가의 진흙 속에서 커다란 배 유적이 몇 점 출토되었다. 이를 조사를 해 보니 약 3500년 전에 선채를 봉합해서 만든 배임이 밝혀졌다.

위의 두 경우만큼 오래되지는 않았지만, 오세아니아나 일본의 홋카이도에서도 유럽 인들이 방문하기 전에 이미 봉합 기술을 사용하고 있었다는 사실이 입증되었다. 물론 실물이 가장 많이 존재하는 곳은 역시 인도양 해역이다. 어떤 특정 기술이 여러 곳, 그것도 서로 멀리 떨어진 곳에 존재할 경우, 전파에 대해서 두 가지를 생각해 볼 수 있다. 하나는 그 기술을 가장 먼저 사용한 곳에서 다른 곳으로 전파되었다는 생각(전파설傳播說)이고, 다른 하나는 같은 기술이 같은 필요에 의해 각 지역에서 자생적으로 생겨났다는 생각(복수기원설複數起源說)이다.

봉합선의 경우에는 이집트의 기술이 1000년 후의 영국이나, 대항해 시대 이전의 오세아니아에 전해졌다고 보기에는 증명할 방법이 매우 부족하다. 그러나 아라비아 반도를 거쳐서 인도 주변 지역에까지 전해졌다고 보면, 비록 알렉산더 대왕의 원정 등을 생각했을 때 학문적으로 입증하는 것은 무리일지 몰라도, 상상력을 자극하는 그 무언가가 있다.

아랍에서 봉합선에 대한 가장 오래된 기록은 1세기경으로 거슬러 올라간다. 하지만 그 이전부터 봉합선을 사용하고 있었다는 사실을 쉽게 짐작할 수 있다.

포르투갈의 영향

외부 영향이 인도양의 조선 기술에 영향을 끼친 것은 15세기 말이었다. 바스코 다가마의 인도 도착을 시작으로 당시 유럽의 카라벨 선(caravel)이나 카락 선(carrack)과 같은 배가 인도양에 진출했다. 16세기 초기에는 인도양의 배에서도 그런 배들의 영향이 눈에 띄게 나타났다는 것이다. 그무엇보다 가장 커다란 영향은 '봉합을 이용한 외판 우선 공법'에서 '철 못을 사용한 늑골 우선 공법'으로의 변화일 것이다.

유럽, 특히 지중해에서는 이 공법 교체가 2세기 무렵에서 11세기 초기에 끝이 나지만, 인도양에서는 500년 정도 늦게 공법 교체가 행해졌다고 한다. 이 밖에 포르투갈의 영향으로 외판 틈에 뱃밥을 넣게 되고 고물의 형태가 더블 엔더에서 각진 트랜섬으로 바뀌게 되면서 선체의 외관이 유럽 배와 거의 흡사하게 되었다. 이로써 선체에 관한 신비로움은 사라지고 말았다.

라틴 릭과 그 기원

현대 다우 선에서 아직까지 신비로움을 느끼게 해 주는 부분은 바로 그 독특한 돛이라고 해도 과언이 아니다. 사실 다우 선에서 삼각돛과 독특한 선수재를 빼버리면 그냥 평범한 나무배와 다를 것이 없다. 이 삼각돛이야말로 다우 선의 트레이드 마크인 것이다.

이 특징적인 돛에 대해 이야기하기 전에 먼저 돛의 역사에 대해 살펴보고자 한다.

지금으로부터 약 5000년 전, 이집트의 벽화에 묘사된 배는 가운데에 돛대(mast)가 하나 있고, 그 윗부분에 수평으로 매단 활대(yard)에서 아래로 펼쳐지는 돛을 가지고 있다. 고대 이집트 인은 이 돛을 사용해 나일 강 특유의 북풍을 타고 강을 거슬러 올라갔다.

아무리 지중해의 지배자가 이집트에서 페니키아, 그리스, 로마로 바뀌었어도, 지금으로부터 약 2000년 전까지는 줄곧 이런 형태의 돛만을 사용해 왔다. 아직까지 그 밖의 돛을 사용했다는 증거가 없다. 가장 오래된 이 돛은 일반적으로 배와 거의 직각이 되게 펼쳐지기 때문에 가로돛(橫帆, square sail)이라고 한다. 일본의 키타마에부네(北前船)과 같은 형태로, 뒤에서 바람을 받아 달리는 데는 가장 적절한 형태라 할 수 있다. 이에 비해, 2세기 무렵부터는 작은 배에 세로돛(縱帆 Fore and aft sail)이 주로 쓰이게 되었다.

그 중 하나가 바로 스프리트 세일(sprit sail)이다. 돛의 형태는 거의 사각형인데, 마치 깃발처럼 돛의 한 변을 돛대에 고정시킨다. 돛대 밑 부분에서부터 고물 쪽으로 비스듬하게 위로 향하여 긴 막대(스프리트sprit)를 돌출시키고, 그것이 대각선이 되도록 사각형의 돛을 편다. 돛의 끝 부분에 매어진 끈으로 방향을 조절하는 형식으로, 오늘날에도 세계 각지에서 소형 돛단배에 사용되고 있다. 방글라데시의 딩기에서도 이런 돛을 많을 볼 수 있다. 또 스리랑카의 오르와와 마다가스카르 카누의 V자형 돛대는 이 형태의 변형으로 보인다.

라틴 릭은 아랍 릭?

라틴 릭에 대해 이야기해 보고자 한다. 먼저 비교적 짧은 돛대에 돛대 길이의 약 두 배 정도 되는 활대를 비스듬히 장착하고, 이 활대를 사변으로 해서 직각 삼각형에 가까운 돛을 아래로 펼친 것이 바로 라틴 릭이다. 이 이름은 중세 유럽에서 당시 가로돛을 사용하고 있던 북해와 발트 해 지방의 사람들이 지중해의 갤리 선이나 베네치아 형 코그 선의 삼각돛을 보고 '라틴(사람의) 릭'이라 부른 데서 유래했다고 한다.

라틴 릭의 가장 오래된 기록은 기원전 2세기경의 그리스 묘석(墓石의) 장식이라는 설이 있다. 이 외에 아라비아가 기원이라는 설도 있다. 그러나 다른 의견도 많지만, 아직까지 정해진 정설은 없다.

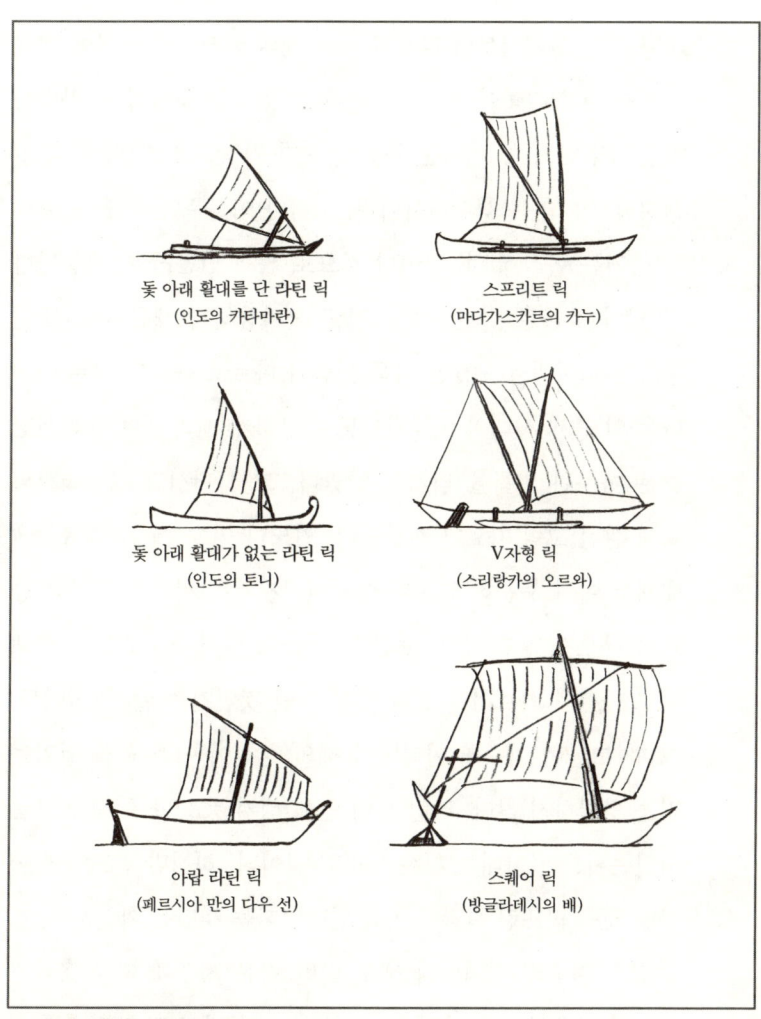

1-22 전통 돛단배(세일 릭)

확실한 것은 인도양에서는 아라비아 해를 중심으로 아직도 대형 다우 선에서부터 각지의 작은 배와 카타마란 뗏목에 이르기까지 이 삼각돛이 폭넓게 사용되고 있다는 것이다. 아라비아 기원설의 근거 중 하나는 분포 밀도가 가장 높은 지역이 곧 발생지일 것이라는 생각에서이다. 그러나 이를 뒷받침해 줄 확실한 증거는 아직 없다. 천이나 짚으로 짜서 만든 돛이 오늘날까지 남아 유물로 발견된다는 것도 불가능하기 때문이다. 또한 봉합선에 대해서는 많은 기록을 남긴 마르코 폴로와 이븐 바투타 등의 중세 시대의 여행자들도 이상하게 배의 돛에 대해서만큼은 아무런 기록을 남기지 않았다. 그저 단서라고는 벽화와 책에 실린 그림 자료가 전부인데, 인도나 이슬람권의 자료들에 대해서 아직 충분히 연구가 이루어지지 않아서인지 결정적 증거가 나오지 않고 있다. 예컨대, 바스코 다가마가 인도를 향해 타고 나갔던 가브리엘 호의 돛이 어떤 것인지는 알 수 있어도, 그 때 그들이 마주친 아라비아 해의 상선이 어떤 돛을 달았는지는 명확하지 않다. 라틴 릭이 언제 생겨났고, 또 어떻게 보급되었는지를 알아내는 것은 무리일 것이다. 하지만 인도양에 이 라틴 릭을 퍼뜨린 사람이 아랍 인이었다는 것만은 확실하다.

같은 지중해 지역이라 해도 라틴 릭은 지역에 따라 조금씩 다르게 사용되었다. 유럽 쪽에서는 가로돛과의 절충 시대를 거쳐 15세기 이후 더욱 진화한 형식의 가로돛으로 대체된다. 그 후, 오늘날 항해 연습선에서 볼 수 있는 세련된 전장범선(全裝帆

船. full rigged ship)에 이른다. 그러나 아프리카 북쪽 해안에서 이베리아 반도를 지배한 이슬람교 사회에서는 상당히 오랫동안 계속되던 갤리 선 시대의 영향으로 17세기 무렵까지는 라틴 릭을 단독으로 사용했다.

다시 인도양으로 돌아와서, 어째서 유럽 인과 접촉한 후에도 500년 동안이나 라틴 릭을 계속 사용할 수 있었을까? 어부들이 보수적이어서 그럴 수도 있고, 라틴 릭이 가로돛과 세로돛의 장점을 모두 갖추고 있기 때문일 수도 있다. 그러나 역시 몬순의 영향을 빼놓을 수가 없다. 일단 사람들의 기질 문제는 제외하고, 라틴 릭이 갖고 있는 장점에 대해 먼저 알아보고자 한다. 돛을 조작하려면 여러 종류의 끈이 필요하다. 라틴 릭은 가로돛보다 끈의 종류가 적어 돛을 조작하기 쉬운 세로돛의 장점을 살리면서도, 돛이 배에 비해 크기 때문에 상당한 추진력을 얻을 수가 있다. 따라서 가로돛이 뒤에서 부는 바람을 맞으며 나아갈 때 맞닥뜨리기 쉬운 돛의 불균형을 피할 수가 있다. 또한 돛이 삼각형이라 면적의 중심을 낮출 수 있기 때문에 바람이 옆에서 불어도 가로돛보다는 덜 흔들리게 된다. 그 외에도 활대가 길어 돛을 유지하기가 좋고, 돛대도 높이 올릴 필요가 없는 등 많은 장점을 가지고 있다.

그러나 라틴 릭의 최대 결점은 바람의 방향이 바뀌어서 돛을 바꿀 때, 그 긴 활대를 돛대의 반대쪽으로 옮겨야 한다는 것이다. 그런데 정기적으로 일정한 바람이 부는 몬순 지역에서는 큰 문제가 되지 않았다. 한편 나침반이 보급되기 전, 아라비아 상인들은 야간 항해를 할 때면 북극성의 높이로 방향을 알아내는 등위도 항법을 사용했다고 한다. 따라서 아라비아와 인도를 왕복하던 다우 선의 경우, 갈 때나 올 때나 불어오는 바람을 오른쪽 현(舷)에서 받았기 때문에 돛을 바꾸지 않고도 항해할 수 있었을 것이다. 낮에는 바람만 일정하게 불어준다면 돛의 방향에 키를 맞추기만 해도 목표했던 바닷길을 크게 벗어나지 않고 전진할 수 있었을 것이다.

그러나 대항해 시대를 누비고 다녔던 유럽의 범선도 라틴 세일(삼각돛)을 달다가 후에 몇 개의 가로돛으로 바꾸었다는 점에서 본다면, 다우 선이 과연 언제까지 몬순을 이용한 항해를 계속할 수 있을지 걱정이 먼저 앞선다. 오늘날에는 거의 모든 다우 선이 엔진을 장착하고 있다. 짐을 싣고 내리는 데 번거로운 활대와 커다란 돛을 떼어내는 다우 선이 나날이 늘어가고 있다.

500년 이상의 역사도 이 시대의 흐름은 어찌할 수가 없는 것 같다. 다우 선이 사라지기 전에 그 용맹했던 라틴 릭의 모습을 한 번 더 보고 싶다.

끝으로

　다우 선을 중심으로 몬순에 순응하며 살아온 인도양 사람들이 아직까지 쓰고 있는 전통선과 그 전통선의 조선술에 대해 알아보았다. 이 지역에 남아 있는 봉합선 기술과 고대 이집트, 오세아니아와의 관계, 외판 우선 공법의 계보, 라틴 릭의 전파 과정, 아우트리거 카누와 인도양의 또 다른 주인공인 중국 정크 선 등 아직 조사해 보고 싶은 주제가 산더미처럼 쌓여 있다. 그러나 이들 배와 배를 만드는 기술이 급속도로 사라지고 있어 초조한 마음을 감출 수가 없다. 근대화를 추진할 때는 주민들의 생활 향상과 전통 기술의 보존을 같이 생각해야 할 것이다.

　예로부터 내려오는 유산을 잘 갈무리해 두었다가 후손에게 물려줘야 함을 잊지 말아야 한다. 사실, 인도와 이슬람의 전통선에 대한 연구는 자료가 부족해서 좀처럼 앞으로 나아가지 못하고 있다. 이 해역 언어에 능통한 연구자에 의한 자료 발굴 작업과 물 속에서도 유럽 못지 않은 고고학적 조사가 행해지기를 기대해 본다.

제2장
역사 속의 바다 세계

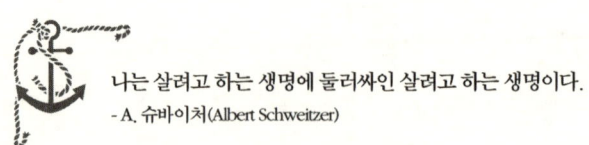
나는 살려고 하는 생명에 둘러싸인 살려고 하는 생명이다.
- A. 슈바이처(Albert Schweitzer)

앞 사진 | 하늘 위에서 내려다 본 투르 항구(중앙이 1990년대의 어항이고 그 동쪽이 13세기 이후의 어항이며 오른쪽 위가 19세기 중반의 어항이다.)

이슬람 이전의 인도양 세계

시토미 유우조우 蔀 勇造

인도양 서부에 소코트라(아라비아 어 Suqutra에서 와전된 말)라는 섬이 있다. 아프리카의 동쪽 끝 갈다히 곶에서 동북동으로 약 240킬로미터(이하 수치는 대략적인 것이다) 떨어진 곳에 위치해 있으며, 아라비아 남쪽에 있는 팔타크 곶에서는 남남동으로 약 300킬로미터 떨어진 해상에 자리잡고 있다. 크기는 문헌에 따라 다소 차이가 있지만, 동서로 약 130킬로미터, 남북으로 20킬로미터 정도이므로 상당히 큰 섬이다. 한편 같은 인도양에 떠 있는 몰디브나 세이셸만큼 관광지로 유명한 곳이 아니라서 극히 소수의 사람만이 알고 있는 곳이다.

그러나 몬순을 타고 인도양을 누볐던 많은 배들은 이 섬을 항해의 표적으로 삼았다. 이곳에서 물자도 보급하고, 장사도 하고, 바람의 때를 기다리는 배들도 적지 않았다. 인도와 홍해를 잇는 동서 항로 이외에, 오만과 아프리카 동해안(고대에는 아자니아, 중세 이후엔 스와힐리 지방)을 연결하는 항로가 이 소코트라 섬을 지나고 있다. 또한 갈다히 곶 주변을 경계로 항해에 이용할 수 있는 바람과 조류의 방향이 계절에 따라 역전되었으므로, 홍해 및 아덴 만 연안의 여러 항구와 아프리카 동해안에 있는 항구를 오가던 배들은 어느 쪽으로 가든지 주변의 항구나 소코트라 섬에서 계절이 변하기를 기다려야만 했다. 15세기 말 이후, 인도양으로 진출한 유럽의 배들도 바닷길목인 이 섬의 중요성을 인식하고 있었다. 결국, 1507년에 포르투갈, 1835년에 영국에게 점령당하고 만다.

    지도에서는 망망대해에 떠 있는 외로운 섬처럼 보이지만, 고대로부터 내려오는 문헌 속에 간간이 등장하기도 한다. 대부분 짤막한 언급에 지나지 않지만, 그 속에는 이 섬뿐 아니라 당시 인도양 세계가 어떠했는지를 엿볼 수 있는 흥미진진한 기록도 포함하고 있다. 그래서 여기에서는 문헌에서 볼 수 있는 소코트라와 관련된 기록을 모아, 기록의 이해를 돕는 다른 역사 자료를 참고하여 이슬람 이전의 인도양 세계가 어떠했는지, 한 단면을 엿보고자 한다.

1. '히파로스의 바람' 이전

소코트라 섬과 관련된 문헌의 시대적 특징

우리에게 소코트라 섬에 관한 정보를 알려준 정보원들은 대부분 인도양을 건너는 길에 이곳을 방문한 선원과 상인들이다. 그런데 시대에 따라 교역의 담당자가 바뀌었던 것처럼 소코트라 섬을 언급한 문헌에도 그 특징을 잘 반영하고 있다.

먼저, 6세기까지의 문헌은 대부분이 그리스 어로 쓰여 있다. 알렉산더 대왕의 원정 이후 그리스 인의 시야에 인도양이 들어왔고, 그 후 로마 제정기에 들어서면서 이집트를 본거지로 한 그리스 상인들이 남해 교역에서 활약한 결과이다. 그러나 이슬람 세력이 점점 커지면서 그리스 상인들은 인도양에서 쫓겨나게 된다. 결국 이 때부터는 아라비아 어가 사료(史料)의 중심으로 우뚝 선다. 13세기 이후부터는 라틴어로 쓰인 문헌을 볼 수 있는데, 국제 상업에서 이탈리아 인의 대두를 여실히 반영한 것이다. 대항해 시대의 도래를 알리는 포르투갈 인의 진출 역시 소코트라에 대한 문헌에 영향을 끼쳤다. 이 때부터 포르투갈 어가 중심이 되다가 이어 동인도회사와 관련 있는 영어 문헌이 다른 언어를 압도하기 시작한다. 이것은 영국이 소코트라를 점유하면서 더욱 두드러진다.

이처럼 소코트라에 관한 문헌은 사용 언어에 따라 크게 세 가지로 나눌 수 있으며, 이는 인도양 교역이 어떻게 바뀌고 변하였는지를 잘 반영한다. 그러나 여기에서 주의해야 할 점은 이슬람 이전 시대에 실제로 인도양 교역에서 커다란 역할을 한 인도인을 필두로, 현지의 여러 민족들은 아무런 기록도 남기지 않았다는 점이다. 따라서 이 시기에 그들이 어떤 활동을 해 왔는지에 대해 살펴보려고 할 때, 대부분 타 민족, 특히 그리스인이 남긴 기록에 의존할 수밖에 없다. 상황이 이렇다 보니, 실태를 객관적으로 올바르게 파악하기 위해서는 고고학 조사에서 얻은 성과를 받아들일 수밖에 없다.

이야기 속의 소코트라 섬

소코트라 섬을 언급한 최초의 사료로 추정되는 것은 이집트 중 왕조 시대 초기(기원전 2000년 초기)에 기록된 파피루스 문서(P. Leningrad 1115)로, 그곳에는 난파선을 탔던 선원의 표류담이 적혀 있다. 이것은 고대 이집트 문학 작품집(Anthology)을 편찬할 때 거의 빼놓지 않고 수록하는 유명한 이야기로 내용은 다음과 같다. 주인공 선원이 표류하다 이집트에서 배로 두 달 거리에 있는 아펜엔카(Aa-pen-en-ka. 정령의 섬?) 혹은 파앙크(Pa-anch)라 부르는 섬에 도착했다. 그 섬은 푼트 왕이라고 자칭하는 큰 뱀이 지배를 하고 있었고, 몰약(沒藥. myrrh)과 유향(乳香. frankincense. 모두 수지성 향료이다. 몰약은 미라를 만들 때 방부제의 재료로, 유향은 분향으로 사용됐다-역주)을 비롯한 각종 향료와 진기한 물건을 많이 생산했다고 한다. 여기에 등장하는 섬이 소코트라 섬으로 추정된다. 즉, 중 왕조 시대의 파라오들은 때때로 교역 선단을 남쪽 나라(현재의 에리트레아나 소말리아 주변일 것이라는 설이 유력하다)로 파견했는데, 향료를 구하기 위해 바브엘만데브 해협 밖으로까지 건너간 이집트 배가 몬순의 강풍을 만나 난파하여 그 배에 탔던 선원이 소코트라 섬에 표착했다고 상상해보면 이해하기 쉬울 것이다.

또한 표류담으로 더욱 유명한 호메로스의 《오디세이아》(제5권 말~제6권)에서 주인공 오디세우스가 표류하다 도착한 스케리아 섬의 이야기가 사실은 이 이집트 이야기를 원형으로 한 것일 수도 있다는 것이다. 섬 주민인 파이아케스 족(Phaiakes)의 이름과 파앙크 섬의 이름이 서로 유사한 점부터 시작해서 다양한 식물이 사는 섬의 모습, 그리고 두 표류담의 줄거리가 닮았다는 점 등에서 이 주장을 지지하는 사람이 적지 않다.

더욱이 그리스와 라틴 문헌에 종종 등장하던 판카이아(Panchaia) 섬으로 인하여 파앙크 섬과 소코트라 섬이 서로 관련이 있는 것으로 지적받아왔다. 이 둘의 관계에 대해 근거가 되는 문헌상의 출처는 기원전 300년경에 그리스 메세네의 에우헤메로스가 저술한 《성기록(聖記錄) *Hiera Anagraph*》이라는 책인데, 시칠리아의 디오도루스가 쓴 《역사총서》에 가장 자세한 인용글이 담겨 있다(제5권 제41~46장, 제6권 단편 제1장). 이 책을 보면 에우헤메로스는 스스로 아라비아 남해에 떠 있는 섬들을 방문했는데, 그 중 판카이아(별명 히에라) 섬은 몰약과 유향 등의

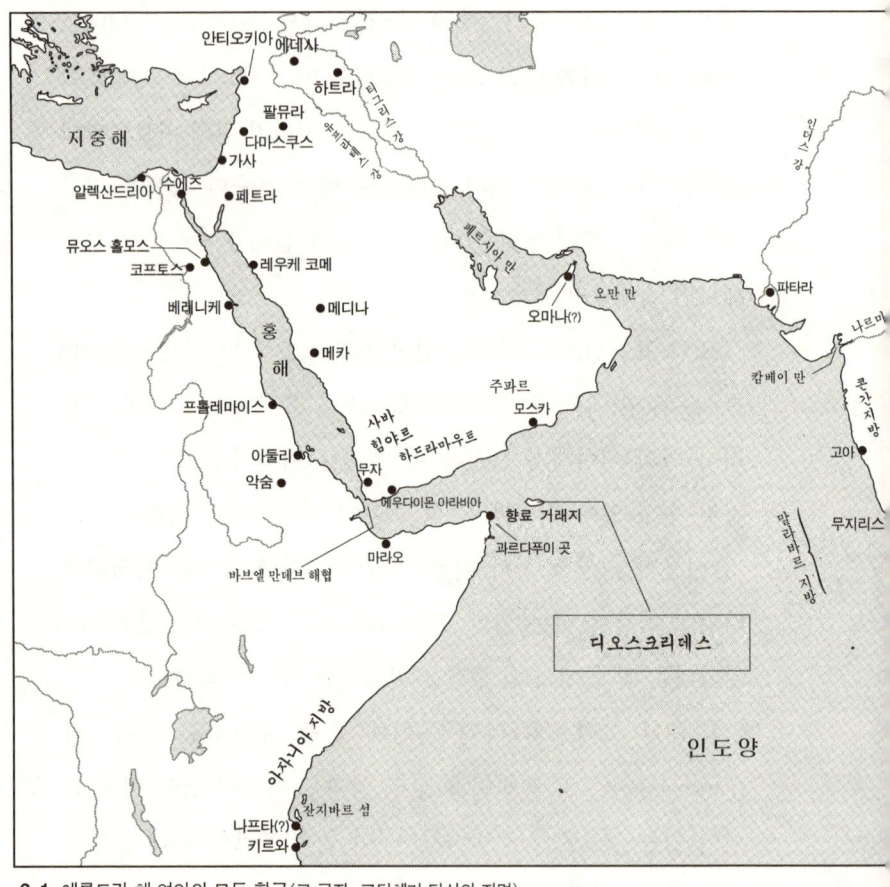

2-1 에류토라 해 연안의 모든 항구(큰 글자, 고딕체가 당시의 지명)

향료를 대량으로 산출하는 성지(聖地)로, 이들 향료는 바다 건너에 있는 본토로 운반되어 아라비아 상인에게 매각된 뒤, 시리아와 페니키아, 이집트의 여러 지방으로 운송되었다고 한다. 그 후에 이어지는 공상적인 이야기를 읽다보면 과연 에우헤메

로스가 실제로 이 섬을 방문했는지 의심스러워지지만, 지리적 위치와 산물(産物)을 놓고 봤을 때 여기에서 말하는 판카이아가 소코트라나 그 주변 섬들일 가능성이 매우 높다.

또한 에우헤메로스와 동시대 사람인 테오프라스토스가 쓴 《식물지(植物誌)에 대하여》(제9권 제4장 제10절)에는 아라비아 인이 지배하는 이웃 섬들의 유향나무가 아라비아 본토의 것보다 더 훌륭하다고 기록되어 있다. 이 이웃 섬들 역시 소코트라를 중심으로 그 주변 지역의 섬들일 것이라 생각했었는데 1990년, 이 섬을 방문했을 때 이를 직접 확인해 볼 수 있었다. 아라비아 반도의 가장 남쪽에 있는 즈파르 지방에서 자라는 유향나무는 뿌리 밑 가까이에서 줄기가 몇 개로 나뉘는 관목인데 비해, 소코트라의 유향나무는 소말리아나 에티오피

2-2 녹음이 우거진 소코트라 섬

아의 것과 똑같은 종자로 줄기 하나가 높이 뻗어 있는 교목이었다.

알렉산더 대왕의 동방 원정을 계기로 그리스의 많은 사람들이 인도양으로 진출하였고, 따라서 이 방면에 관한 지식이 차츰 정확해졌다는 것을 에우헤메로스와 테오프라스토스의 기록에서 엿볼 수 있다. 이제 허황한 이야기는 빼고, 좀더 자세한 소코트라 섬의 역사 속의 세계로 들어가 보고자 한다.

섬 이름의 유래

소코트라 섬을 언급한 많은 기록 중, 인정받은 최초의 문헌은 아가타르키데스의 《에류토라 해에 대해》라는 책이다. 이 책의 저자는 기원전 2세기, 프톨레마이오스 왕조기에 이집트에서 활동한 학자이지만, 그가 이 책을 쓸 때 주로 이용한 자료는 1세기보다 더 오래된 자료였다고 한다. 따라서 기록의 절반은 기원전 3세기 초의 상황을 전달하고 있는것으로 보아야 한다. 당시 시리아를 차지하기 위해 세레우코스 왕조와 싸우고 있던 프톨레마이오스 왕조는 세레우코스가 내세운 인도 코끼리 부대에 맞서기 위해 독자적으로 아프리카 코끼리 부대를 편성하기로 했다. 그래서 코끼리 사냥용 기지 건설을 위해 홍해 연안을 적극적으로 탐사했는데, 그 조사 결과의 보고서나 나중에 실제로 코끼리 사냥에 종사했던 군인, 관리인이 가져온 정보가 알렉산드리아의 공문서관에 보관되어 있었다는 추측이 가장 일반적이다. 아가타르키데스는 바로 이 자료를 이용했던 것이다.

2-3 소코트라 섬의 유향나무

'에류토라 해'란 글자는 사실 '홍해'를 뜻하지만, 당시에는 홍해뿐 아니라 인도양이나 페르시아 만을 포함한 '남해'를 가리키는 말로 사용됐다. 그러나 《에류토라 해에 대해》의 원본이 이미 소실되어 현재는 제1권과 제5권밖에 전해지지 않는다. 이 부분에 대한 기술은 홍해 및 아덴 만의 연안과 그 후배지로 국한되어 있다.

그 제105절(103절로 되어 있는 교정본도 있다)에 아라비아 남해에 떠 있는 네소이 에우다이모네스, 즉 '행복한 섬들'에 대한 기사가 있는데, 이 섬들은 알렉산더 대왕이 인더스 강가에 건축한 항구(파타라)를 비롯하여, 페르시아, 카르마니아(이란 남부의 케르만 지방), 그 밖에 주변 여러 지방에서 상인들이 방문한 곳으로 묘사하고 있다. 이 섬이 소코트라와 그 주변 섬들을 가리키고 있다고 해석하는 이유는 아가타르키데스가 전하는 섬 이름이 후에 '소코트라'라는 이름의 어원이 된 산스크리트 어 '드비파 스카다라(dvīpa sukhādhāra. 행복의 섬)'를 그리스 어로 번역한 것이라 생각되기 때문이다. 덧붙여서 말하자면, 그리스 및 라틴어 문헌 속에 이 섬을 지칭하는 호칭으로 가장 일반적인 디오스크리데스(Dioskūridēs)는 위의 산스크리트 어 이름이 와전된 것으로, 아마도 그리스 신화에 나오는 선원의 수호신인 디오스크로이(Dioskūroi. 쌍둥이 신 카스토르과 폴리데우케스)의 영향을 받았을 것이라 추측하고 있다. 그 외에도 아라비아 어의 스쿠트라 또한 스카다라의 와전이라는 것을 쉽게 알 수 있다.

이 '소코트라'라는 이름의 유래 하나만 봐도 그리스 인이 진출하기 훨씬 전부터 특히 인도인이 소코트라 섬을 포함하여 인도양에서 활동하고 있었다는 사실을 쉽게 상상할 수 있다. 그러나 앞에서도 언급했듯이 그 실태, 특히 연대를 구체적으로 나타낸 사료가 적다는 것이다. 인더스 문명이 번영을 구가하던 시대에 인도 북서부 사람들이 서방 세계, 즉 페르시아 만 연안까지 항해해서 교역을 했다는 사실을 엿볼 수 있는 사료 역시 존재하지 않는다.

2. 《에류토라 해 안내기》

《에류토라 해 안내기》의 시대적 배경

소코트라 섬을 포함해서 이슬람 이전의 인도양 세계가 어떠했는지를 가장 잘 전해주는 문헌은 1세기 전, 혹은 그보다 약간 뒤쳐진 시기에 이집트에 사는 무명 그리스 교역자가 저술한 《에류토라 해 안내기》이다. 원래는 《에류토라 해 주항기(周航記)》라고 번역해야 올바르겠지만, 에류토라 해안에 있는 여러 지방의 산물과 각 항구의 교역 실상을 자세히 담고 있는 일종의 상업 안내서이기 때문에 오늘날에는 일반적으로 《에류토라 해 안내기》(이하 줄여서《안내기》)라고 부른다.

1세기 전이라면 이집트(당시 로마 제국령)를 본거지로 그리스 인들이 인도양 교역에서 가장 활발하게 활동하던 시기로, 이 책 역시 그 당시의 시대적 흐름을 타고 세상에 나왔을 것이다.

그리스 인들이 널리 인도양 위에서 활약할 수 있었던 계기는 크게 기술적인 면과 정치·경제적인 면으로 나누어 생각할 수 있다. 다음은 전자의 경우를 잘 소개한 《안내기》 제57절이다.

앞에서 설명한 카네와 에우다이몬 아라비아에서 상술한 모든 항해(周航) 길을 옛날에는 (지금보다) 작은 배를 타고 만(灣)을 따라 항해했었지만, 처음으로 조타수였던 히파로스가 상업지(商業地)의 위치와 바다 모양을 감안해서 난바다를 횡단하는 항법을 발견했다. 우리가 있는 곳의 에테시아 계절에는 대양으로부터 국지적으로 바람이 분다. 인도양에서는 남서풍이 일어나는데, (그 바람은) 횡단 항법을 최초로 발견한 사람의 이름을 따서 (히파로스라) 부른다. 그로부터 오늘날까지, 어떤 배는 직접 카네에서, 또 어떤 배는 향료(의 곶)에서 출항한다. 리뮬리케이로 항해하는 배는 (항해 중) 거의 대부분을, 바류가자와 스큐티아로 가는 배는 3일 동아만 고물 쪽에서 바람을 받도록 진로를 유지한다. 그 이후에는 각각 항로에 따라 방향을 잡는다.

이 글은 히파로스라는 전설상의 항해사와 관련지어 몬순을 이용해서 인도양을 횡단하는 방법의 발견에 대해 말하고 있다. 글 속의 에우다이몬 아라비아는 현재의 아덴을 말하고 있는 것이며, 카네는 그 동쪽에 있던 유향 집산지로서 중요한 교역 항구를 말하는 것이다. 또한 향료의 곶은 갈다히 곶을 말하는 것

2-4 카네 풍경(예멘)

으로, 이곳을 출항한 배가 여름의 남서 계절풍을 타고 인도양으로 항해하는 방법에 대해 설명하고 있다. 리뮤리케이는 인도 남서부, 바류가자는 캄베이 만으로 흐르는 나르마다 강의 하구 근처에 있는 현재의 발치, 스큐티아는 인도 북서부를 각각 가리키고 있다.

몬순을 이용한 항법의 발견으로 이집트의 그리스 인들은 중개자를 거치지 않고 인도의 여러 항구로 나아가 교역을 할 수 있다. 그 이전의 교역 상태를 말해주는 내용은 같은 《안내기》의 제26절에 잘 나와 있다. 여기에서는 에우다이몬 아라비아가 인도양 세계와 지중해 세계의 거점이 되어, 인도와 이집트에서 온 상인들이 그곳에서 거래를 했던 모습을 엿볼 수 있다.

이밖에 인도 항로의 발달사에 관해서는 1세기 말에 플리니우스가 4단계로 나누어 설명하고 있다(《박물지(博物誌)》제6권 제26절). 그는 먼저 연안 항해법을 제1단계로 정한 뒤, 그 후 남서 계절풍을 이용한 항법의 발견으로 인더스 강 하구의 파타라에 이르는 항로와 콩캉 해안의 시겔스(《안내기》의 메리제가라)에 이르는 항로, 남서 해안의 무지리스에 이르는 항로로 나누었다. 또한 인도양에서 돌아올 때는 겨울의 북동(그는 실수로 남동으로 기록했다) 계절풍을 이용했다고 기록했다.

최근 들어서는 그 시기를 기원전 2세기 말 무렵으로 보는 견해가 많아졌다. 그러나 그런 경우에도 플리니우스의 말을 존중하여 인도의 남서 해안에 이르는 마지막 단계가 달성된 시기를 다른 세 단계보다 훨씬 뒤늦은 클라우디우스 황제(재위 기간 41~54년) 시대로 보는 사람이 많았다. 그러나 최근 남인도 고고학을 연구하는 한 학자는 이 마지막 단계가 몬순을 이용하던 초창기 때부터 이미 열려 있었을지도 모른다고 주장한다.

물론 이것은 이집트에서 나온 배가 언제 어떠한 경로를 거쳐 인도로 도달하게 되었는지를 문제 삼은 것이다. 인도인과 아랍인이 그 이전부터 이미 몬순 이용법을 알고 있었을 것이라 보는 견해가 일반적이다.

한편 로마가 이집트를 포함하여 지중해 세계를 통일하고, 아우구스투스 황제(재위 기간 기원전 27년~기원후 14년)의 지배하에서 평화와 안정이 보장된 새로운 세계가 펼쳐지자, 상인들은 크게 동요했다. 로마와 여러 주(州)는 예전과 비교할 수도 없을 만큼 부를 쌓아갔고, 사람들은 값비싼 동방의 산물에 눈을 돌렸다. 이것이 바로 이집트의 그리스 인들이 인도양으로 나아가 활약하게 된 두 번째 계기이다.

특히 로마 제정기 때에는 이집트에서 인도양 연안의 여러 항구로 떠나는 상선이 급증하게 된다. 적어도 1세기경에는 그들이 인도양 교역의 주도권을 잡고 있었다고 해도 과언이 아닐 정도였다.

《안내기》의 세계

다시 《안내기》로 돌아와서, 제66절를 모두 훑어보면 처음 4분의 1은 아프리카 동해안, 다음 4분의 1은 아라비아, 나머지는 인도 및 기타 동아시아 대한 설명으로 구성되어 있다는 걸 알 수 있다. 그런데 아프리카와 아라비아에 대한 내용 중에 인도와의 거래에 대해 언급한 부분이 있는데, 전체의 절반 정도가 인도에 관한 이야기로 되어 있다는 것을 알 수 있다. 당시 서방 상인에게 인도가 얼마나 중요했는지를 짐작할 수 있는 대목이기도 하다. 《안내기》에 나온 내용과 각 지역의 거래 특징에 대해서는 다른 논문[蔀, 1999a]에서 해설하고 있으므로 상세한 내용은 그 쪽에 양보하고, 여기에서는 글 속에 상업지를 열거한 지도(2-1)와, 여러 항구에서 거래했던 상품의 일람표(표 1~3)를 통해 1세기경에 인도양에서 활동했던 서방 상인의 활동 범

표1 아프리카 동해안에 있는 여러 항구의 수출입품

절	항구	수출품	수입품
3	프톨레마이스	각종 거북 등딱지, 상아 소량	
6	아두리와 그 주변	상아, 무소뿔, 거북 등딱지	이집트 제(製) 축융(縮絨)하지 않은 바르바로이 (야만인-역자)용 상의, 알시노에 산(産) 옷, 색을 입힌 혼방 외투, 아마포, 이중으로 가장자리를 덧댄 물품, 여러 종류의 색유리, 디오스폴리스 산 유리, 놋쇠, 봉밀동(蜂蜜銅), 철, 소형 도끼, 손도끼, 단도, 구리 식기. [체류자를 위한] 소량의 로마 화폐, 라오디케이아 산과 이탈리아 산 포도주 소량, 올리브 유 소량. [왕에게 보내는 헌상품인] 은그릇과 금그릇, 정품이지만 값을 매길 수 없는 외투와 모직 외투, [인도 북서부로부터] 철과 강철, 인도의 포(布)(모나케나 사그마토게나이), 띠, 모직 외투, 고급 면포 소량, 착색 직물
7	아우아리테스	향료, 상아 소량, 거북 등딱지, 고급 몰약 소량	각종 색유리, 디오스폴리스 산 미숙성 올리브, 각종 바르바로이용 상의, 보리, 포도주, 주석 소량
8	마라오	몰약, 유향 소량, 육계, 두아카, 캉카몽, 때때로 노예	앞서 말한 품목들 외에 대량의 하의, 알시노에 산 염색 외투, 컵, 봉밀동 소량, 철, 소량의 로마 금화와 은화
9	문두	앞서 말한 품목, 모크로투로 불리는 훈향	앞서 말한 품목들
10	모슈론	다량의 계수나무, 향료, 거북 등딱지 소량, 모크로투 훈향, 유향, 상아, 때때로 몰약	앞서 말한 품목, 은제 및 소량의 철제 기구, 귀석(貴石)
12	향료 거래지	계수나무, 기제이르, 아슈페, 아로마, 마그라, 모토, 유향	앞서 말한 품목들
13 14	오포네	계수나무, 아로마, 이집트를 위한 양질의 노예, 다량의 고급 거북 등딱지	앞서 말한 품목들 외에 보리, 쌀, 버터, 참깨 기름, 비단포(모나케나 사그마토게나이), 띠, 사탕수수로 만든 설탕
17	라프타까지의 아자니아 여러 항구	다량의 상아, 무소뿔, 거북 등딱지, 앵무조개 소량	무자 특산품인 창, 소형 도끼, 단도, 송곳, 각종 색유리, [원주민과의 우호를 위한] 포도주와 보리

표2 아라비아 여러 항구의 수출입품

절	항구	수출품	수입품
24	무자	정선(精選) 물방울 모양 몰약, 흰 대리석, 아두리(아우아리테스?)로부터의 앞서 말한 모든 상품	보라색 물을 들인 고급 및 일반 물품, 아랍 풍의 소매 달린 각종 의복, 사프란, 큐페로스, 포(布), 외투, 정품으로 이 산지를 위한 모포 소량, 띠, 향유, 다량의 화폐, 소량의 포도주와 보리 [왕과 수장에게 보내는 헌상품인] 말, 고무, 금 그릇, 은그릇, 고급 의복, 구리 식기
28	카네	유향, 알로에, 다른 상업지로부터의 전송품(轉送品)	보리 소량, 포도주, 다량의 각종 아랍 풍 의복, 구리, 주석, 산호, 스튜랙스, 무자에서 수입되는 잔여 품목 [왕에게 보내지는 헌상품인]은 그릇, 화폐(금 그릇?), 말, 코끼리 조각, 정품 고급 의복
30 31	디오스크리디스 섬	대량의 각종 거북 등딱지, [인도의] 킨나바리	[무자나 인도에서의]쌀, 보리, 면포, 여자 노예
32	모스카	유향	앞서 말한 품목
35 36	아폴로고스오(온)마나	다량의 진주, 보라색 물을 들인 물품, 전통 의복, 포도주, 다량의 대추야자, 금, 노예, [오마나에서 아라비아로]봉합선	[발류가자에서]구리, 티크, 교량 목재, 횡목, 흑단 [카네에서 오마나로]유향

위와 그들의 눈에 중요하게 비친 상품들을 확인해 보려고 한다.

다음의 그림과 표를 통해 우리가 파악할 수 있는 《안내기》의 세계는 어디까지나 그리스 상인의 눈을 통해 바라본 인도양 세계이다. 실제로는 그 동쪽에는 서방 상인의 활동이 아직 미치지 않은 벵골 만 통상권을 연결하고 있었고, 나아가 그 한편에는 더 이상 인도양의 일부는 아니지만 중국으로 연결되는 남중국해 통상권이 펼쳐져 있었다. 또한 인도의 서쪽 해역에서도 서방 상인이 진출했다고 해서 인도나 아랍 상선이 배제된 것은

표 3 인도 여러 항구에서의 수출입품

절	항구	수출품	수입품
39	바르발리콘	코스토스, 터키옥, 청금석, 케레스의 모피, 포(布), 생사, 인디고(청색염료)	대량의 정품 의복, 혼방 물품 소량, 비단, 감람석(橄欖石), 산호, 스튜랙스, 유향, 유리 그릇, 은 그릇, 화폐, 포도주 소량
49	발류가자	나루도스, 상아, 호마노, 마노(瑪瑙), 류키온, 각종 포(布), 비단포, 모로키논, 명주실, 후추, 다른 상업지로부터의 운송품	모든 국산 포도주, 구리, 주석, 아연, 산호, 감람석, 정품과 혼방의 각종 의복, 비단 띠, 스튜랙스, 유리, 계관석, 유화 안치몬, 로마의 금화와 은화, 값이 낮은 향유 〔왕에게 보내는 헌상품〕 고급 은 그릇, 음악에 소질 있는 소년, 후궁을 위한 처녀, 고급 포도주, 정품으로 값비싼 의복, 정선 향유
56	무자리스 넬균다	다량의 후추와 진주, 상아, 비단포, 간게스 산(産) 나루도스, 각종 투명석, 다이아몬드, 사파이어, 쿠류세 산(産)을 포함한 거북 등딱지	대량의 화폐, 감람석, 정품인 의복 소량, 비단, 유화 안치몬, 산호, 유리, 구리, 주석, 아연, 포도주 소량, 계관석, 웅황(雄黃), 선원에게 필요한 보리
59	아이키아로스	진주, 고급 면포	
60	카마라 포드케 소파트마		리류리케로 수입된 모든 품목, 이집트에서 받아들인 화폐, 리류리케 산(産) 각종 품목
61	팔라이시문두	진주, 투명석, 고급 면포, 거북 등딱지	앞서 말한 품목, 은제 및 소량의 철제 기구, 귀석(貴石)
62	마사리아 지방	대량의 고급 면포	
63	간게스	간게스산 나르도스, 진주, 고급 면포	
	쿠류세	최고급 거북 등딱지	

결코 아니었다. 멀리 떨어진 곳과의 교역이나 연안 항로에 의한 지역 내 교역이 활발히 이루어지고 있었다. 이른바 원주민 선원이나 상인들이 여전히 건재해 있었다. 《안내기》의 이곳저곳에서 그들의 크고 작은 배들로 넘쳐났던 여러 항구의 모습을 찾아볼 수 있다. 그러나 《안내기》에서는 원주민 상인끼리의 거래에 대해서는 대부분 언급하지 않았다.

《안내기》에서 전하는 소코트라 섬

그런데 이 《안내기》의 제30절과 제31절에 소코트라 섬에 관한 다음과 같은 이야기가 있다. 조금 길지만 소개해 보겠다.

그곳(슈아그로스 곶)과 맞은 편에 있는 항로의 곶 중간에 섬이 있는데, 그 섬은 슈아그로스에 근접 해 있으며, 디오스크리데스라 부른다. 매우 크지만 불모지이며 습도가 높다. 그곳에는 강도 있다. 악어나 수많은 독사, 매우 큰 도마뱀이 있는데, (주민들은 큰) 그 도마뱀의 살을 먹고, 지방은 녹여 기름 대신하여 이용할 정도이다. 한편 이 섬에서는 포도도, 보리도 키울 수 없다. 주민의 수는 적으며, 섬의 한 쪽 (즉) 북측의 육지에 면한 부분에 살고 있다. 그들은 외부에서 물건을 팔기 위해 들어온 사람들로, 아랍인이나 인도인, 그리고 몇몇 그리스 인까지 한데 모여 살았다. 이 섬에서는 육지 거북의 그 새하얀 등딱지를 대량 산출하고 있으며, 등딱지가 매우 크기 때문에 우량품이다. 또한 거대하고 매우 두꺼운 등딱지를 가진 산거북(山龜)(도 생산하고), 그 복부는 (그 상태 그대로) 유용한 것은 재단하지 않는다. 그러나 작은 상자나 작은 지폐, 작은 원반, 또는 이와 유사한 곳에 쓰이는 것은 모두 작은 조각으로 재단한다. 여기에는 '인도의 갓'라고 불리는 킨나바리가 생산되는데, 나무에서 배어 나오는 것을 채집한다.(제30절)

그런데 이 섬은 아자니아(사바와 힘야르의 왕)가 칼리바에르와 마파리티스의 수장에게 했던 것처럼 유향 산지의 왕에게 종속되어 있다. 여기에는 무자 사람들이나, 리뮬리케이와 바류가자에서 출항하여 때때로 들어온 사람들이 장사를 하는데, 쌀과 보리, 면포, 또는 여자 노예와 거북 등딱지를 교환하곤 했다. 그러나 지금 이 섬은 왕이 임대하였고, 또한 경호를 받고 있다.(제31절)

글 중에 슈아그로스는 팔타크 곶, 향료의 곶은 갈다히 곶이므로 섬이 슈아그로스에 가깝다는 이야기는 잘못된 것이다. 그러나 자연 묘사는 사실에 가깝다(단지, 현재의 소코트라 섬에는 악어도 거대한 도마뱀도 서식하고 있지 않다). 섬에는 해발 400미터 전후의 고원이 펼쳐져 있고, 동부에는 1,500미터에 달하는 험난한 산지가 이어져 있기 때문에 몬순 계절에는 많은 비가 내려 산 표면에 새겨진 와디(마른 계곡)를 세차게 흘러내린다. 산지대는 일 년 내내 푸르게 덮여 있어 별천지 같은 분위기를 풍기지만, 그 밖의 땅은 건기가 돌아오면 무척 심하게 메마른다. 환절기에는 바람이 가라앉고 고온 다습한 기후, 즉 건강에 좋지 않은 기후가 찾아오기 때문에 말라리아 모기가 대량으로 발생한다. 대부분의 섬 주민들은 북쪽에 거주하면서 어업과 상업, 소규모 농업에 종사해 왔다. 산악 지역에는 산양과 양을 사육하는 목축민이 동굴 생활을 했다. 목축과 농업이 모두 생산성이 낮은 데다가 바다가 거친 계절에는 어업도, 섬 밖으로부터의 식량 수입도 곤란해지기 때문에 최근에 이를 때까지 섬 주민들은 만성적인 식량 부족에 시달려야 했다.

《안내기》의 시대에 아랍, 인도, 그리스 상인들이 장사를 위해 섬의 북쪽에 모여 살았다는 것은 당시 인도양 교역에서 이 섬이 커다란 비중을 차지하고 있었다는 것을 잘 보여주는 것이다. 하지만 어쩔 수 없이 몇 년에 걸친 장기 체류를 해야 했던 사람들은 정말 고역이었을 것이다. 계절에 따라 말라리아가 극성을 부리고 언제나 식량이 부족했기 때문에, 특히 외부 사람이 이 섬에서 살아간다는 것은 목숨을 건 것과 다름없었다. 글의 앞에서도 언급한 포르투갈과 영국이 점령한 후에 어쩔 수 없이 곧바로 퇴각했던 이유도 사실은 이 두 가지 원인으로 사람들이 죽어나갔기 때문이었다.

섬의 특산품은 각종 거북 등딱지와 인도의 킨나바리, 즉 용혈수(龍血樹)에서 채집한 수지이다. 용혈수는 지금도 섬 안쪽의 고원 지대에서 군락을 이루며 자생하고 있다. 우산처럼 생긴

2-5 소코트라 섬의 용혈수

나무인데, 진한 붉은 색의 수지가 약이나 착색 염료로 쓰이기 때문에 영어로는 'dragon's blood'라 하며, 실제 원산지에선 기린혈이라 부른다. 이밖에 이 섬은 이미 언급한 유향과 나중에 영국의 동인도회사가 주로 구입한 알로에를 산출하고 있다. 당시 《안내기》에서는 알로에에 대해서 언급하지 않았는데, 바로 이 점이 이상한 것 중에 하나이다. 일반적으로 이들 산물은 소코트라에서 거래되지 않고, 일단 카네로 운송하여 그곳에서 주로 서방 상인에게 매각되었을 것으로 추측된다.

제31절에서는 당시 소코트라 섬의 교역 상태에 생긴 변화를 파악할 수 있다. 이전에는 무자(현재의 모카 부근)나 인도의 서해안에서 온 상인들이 자유롭게 거래를 하고 있었지만, 《안내기》가 쓰일 무렵에는 남아라비아의 하드라마우트 왕국의 왕(유향 산지의 왕)이 이 섬을 임대함과 동시에 경비를 강화했다고 전하고 있다. 당시 하드라마우트 왕은 인도양 교역의 급속한 확대,

특히 유향 수요의 급증에 대처하기 위해 카네 항구와 모스카(카네 동부에 있는 유향 집산지)의 시설을 확충했다. 또한 모스카를 식민지로 종속시켰는데, 이처럼 소코트라 섬에 대해 규제를 강화했던 것은 인도양 교역의 변화에 대응하기 위한 통상 정책의 일환으로써 채택한 조치일 것이다. 누가 섬을 임대하였는지는 알 수 없지만, 《안내기》 제16절에 카리바에르가 아프리카 동해안에 있는 아자니아 지방의 라프타 경영을 공납하는 대신 무자의 상인에게 위탁했다는 기록이 있으므로, 하드라마우트 왕도 같은 방법으로 소코트라 섬을 경영했을 것이라 추측해 볼 수 있다.

소코트라 섬이 수입한 쌀, 보리 등의 식량과 면포는 주로 인도 상인이 가져왔을 것이다. 상품 일람표를 보면, 아프리카 동해안에서 페르시아에 이르는 해역의 여러 항구로 인도가 수출한 물품을 볼 수 있다. 페르시아 만 안쪽의 상업지에 대해서는 각종 목재가 가장 중요한 위치를 차지하고 있는데, 이것은 인더스 문명 시대 때부터 중요한 수출품이었다. 에티오피아의 악숨 왕국으로 보낸 수출품은 공업 제품이 중심이지만, 다른 지역에 대해서는 쌀, 보리, 식용 기름, 설탕 등의 식량과 면포가 압도적으로 많았다. 당시 인도양 교역은 사치품을 위주로 교역이 이루어진 것처럼 보일 수도 있다. 그러나 그것은 주로 로마 쪽에서 보는 시각이고, 인도양 주변의 여러 민족에게 있어서는 그런 거래가 자신들의 의식주와 관련된 매우 중요한 물품이었음을 잊지 말아야 한다.

3. 그 이후의 시대

정보의 감소와 그 요인

그 후의 문헌에서 소코트라 섬에 관련된 내용을 찾아보면, 먼저 《안내기》보다 조금 늦게 저술된 플리니우스의 《박물지》(제6권 제32장 제153절)를 들 수 있다. 여기에서는 아자니아 해의 섬 이름으로 디오스크리데스가 나온다. 다음으로는 2세기에 프톨레마이오스가 쓴 《지리학》이다. 디오스크리데스(디오스콜리디스라는 이견(異見)도 있다)라는 마을(제6권 제7장 제45절)과 같은 이름의 섬(제8절 제22장 제17절)이 언급되어 있지만, 더 이상의 설명은 없다. 그 이후의 시대로 접어들면 인도양 방면에 관한 정보가 매우 부족하고 부정확한 것을 볼 수 있다. 소코트라 섬에 대해서도 4세기의 암미아누스 마르켈리누스가 쓴 《역사》(제23권 제6장 제47절) 속에 디오스크리데스라는 마을이 약간 언급되었을 뿐이다. 이 밖에 이 섬을 언급한 것으로 추정되는 5세기의 문헌이 있는데, 이에 관해서는 기독교 전래와 함께 뒤에서 다루고자 한다.

이처럼 사료가 부족해진 원인은 인도양에서 그리스 교역자들의 활동이 활발하지 못했기 때문이다. 그렇다면 언제, 어떠한 이유로 이와 같은 일이 발생한 것일까? 지금까지의 통설에 의하면, 3세기에 들어와 내우외환(內憂外患)에 시달렸던 로마 제국이 정치와 군사면에서 대외적인 영향력을 잃게 되면서 동시에 경제적으로도 쇠퇴하게 되었다는 것을 주요한 원인으로 꼽았다.

그런데 동아프리카, 남아라비아, 인도의 유적에서

2-6 베레니케에서 출토된 토기 파편에 그려진 1세기 무렵의 이집트 배
출전) S. E. Sidebotham and W. Z. Wendrich eds Berenike 1995, Leiden, 1996, PI. 18-1

출토된 로마 세계로부터의 수입한 물품을 살펴보면, 수입이 활발했던 시기는 고작 150년 정도였다는 것을 알 수 있다. 또 같은 세기 말에는 그 양이 뚜렷하게 줄어들고 있다는 것이 지적되고 있다. 최근에 있었던 베레니케 유적 발굴에서도 이런 견해와 일치하는 결과가 나왔다. 로마 시대에 최대의 교역 기지였던 이집트의 항구가 가장 번영했던 시기는 1세기 말까지의 제정 초기와, 여기에서는 언급하지 않았지만 4세기 말로, 2세기에 들어서는 눈에 띄게 침체했다고 한다. 이러한 최근의 고고학적 견해를 종합해 보면, 지중해 세계와 인도양 세계와의 교역은 이미 1세기 말에 쇠퇴의 길을 걸었고, 이집트 배가 인도

양 연안의 여러 항구를 방문해 거래하는 횟수 역시 2세기 들어 눈에 띄게 줄어들었다고 말할 수 있다. 그 이유에 대해서는 아직 알려진 바가 없지만, 현재 몇 가지의 가설이 보고되고 있을 뿐이다.

어쨌든 3세기에는 위에서 언급한 이유로 로마의 영향력이 감소한 건 분명하다. 로마 세력이 후퇴하면서 이와 동시에 홍해 남부의 제해권(制海權)과 그곳을 지나 인도로 향하는 항로의 주도권을 잡은 것은 에티오피아의 악숨 왕국이었다. 그 후에 이 왕국과 이란의 사산 왕조가 인도양의 상권을 둘러싸고 경합을 벌이게 된다. 로마도 이 시기에는 디오클레티아누스 황제에 의해 제국이 재건되어 동방 물품에 대한 수요가 상당히 회복되었지만, 일단 잃은 홍해의 제해권과 인도 항로의 주도권을 탈환하기란 그리 쉬운 일이 아니었다. 예컨대, 4~6세기의 사료를 보면 이집트에서 인도나 스리랑카로 가기 위해서는 악숨의 아둘리스 항구까지 가서, 그곳에서 악숨의 배로 갈아타야만 했다고 한다.

코스마스가 말하는 소코트라 섬

6세기 초에 코스마스 인디코플레우데스가 쓴 《기독교 지형학》에서 소코트라 섬에 관한 매우 흥미롭고도 중요한 이야기를 발견할 수 있었다. 코스마스는 젊었을 때 인도양에서 상인으로 활약했던 기독교도인데, 후에 네스토리우스 교파의 수도사가 되어 은거하며 이 책을 저술했다. 그는 소코트라 섬에는 잠시 정박한 경험밖에 없지만, 그 주변 바다를 항해한 적도 있었으며, 에티오피아에서 이 섬을 거쳐서 온 사람과 만나 이야기를 나눈 적이 있다고 한다. 그런 코스마스가 기록한 부분(제3권 제65절)을 읽어보면, 소코트라의 섬 주민은 일찍이 프톨레마이오스 왕조의 여러 왕에 의해 지배당하고 있던 사람들로 그리스어를 사용했다. 또한 그 속에는 많은 기독교도들과 페르시아에서 임무를 임명받고 파견 나온 성직자들이 있었다고 한다.

프톨레마이오스 왕조 이전부터 이 섬을 오고가던 그리스 인이 있었다는 사실은 납득할 수 있다. 그러나 그들은 《안내기》에 기록된 것처럼 상인의 입장에서 섬에 들렀던 것이지, 식민지를 관리하기 위해 보내졌다는 것은 코스마스 자신이나 정보 제공자의 오해일 것이다. 그러나 6세기 초에는 이 섬에 기독교가 뿌리내리고 있었고, 더욱이 그것이 페르시아 교회(당시 사산 왕조에서의 기독교 역사를 봤을 때, 네스토리우스 파 교회였다고 추측된다)의 관할하에 있었다는 것을 명시하고 있다는 점에서 코스마스의 증언은 귀중한 것이다. 그렇다면 기독교는 언제, 어떤 경로를 통해 소코트라 섬에 전해진 것일까?

디부스 섬은 소코트라 섬인가?

이 문제를 논의할 때 우선 맨 처음 언급해야 할 문헌은 5세기 초에 히로스톨기오스가 쓴 《교회사》(제3권 제4~6장)이다. 여기에는 340년대에 로마 황제 콘스탄티우스 2세가 테오피로스 인도스를 포교를 위해 남쪽으로 파견했다는 기록이 있다. 그가 인도스라고 불렸던 이유는 어렸을 때 채무의 담보로서 인도인이 사는 디부스(Dibūs) 섬에서 로마 인에게 보내졌기 때문이다. 우선, 그는 남아라비아의 힘야르 왕국에 가서 포교를 성공적으로 마쳤다. 그리고는 다음 목적지인 에티오피아의 악숨 왕국에 가기 전에 태어난 고향인 디부스 섬으로 건너갔고, 다시 그곳에서 인도의 여러 지방으로 건너가 그곳 기독교 신도 사이에 나타났던 문란한 교의나 의례를 바로잡았다고 한다(제5장).

그런데 바로 이 디부스 섬의 위치가 문제가 된다. 인도라는 말을 문자 그대로 받아들인 사람은 디부스 섬이 그 근처에 있을 것이라 생각하기 때문에 스리랑카나 몰디브 제도를 유력한 후보지로 꼽는다. 그런데 4세기라면 지중해 세계의 사람들이 인도로 가기 위해서는 에티오피아의 악숨에서 배를 타야 하는 불편함을 겪어야 했던 시기였다. 따라서 남방 세계에 대한 지식도 1~2세기에 비해 눈에 띄게 후퇴하고 있던 때였다. 남아라비아 및 에티오피아 주변과 인도와의 구별도 애매해서, 인도라는 지명이 홍해 남부를 포함한 인도양 세계 전체에 적용됐다. 그러므로 히로스톨기오스가 디부스 섬을 포함한 지방을 인도라고 불렀어도 그것이 반드시 본래의 인도를 지칭한다고는 볼 수 없다.

《교회사》의 제5장을 읽다보면, 테오피로스가 인도양을 횡단,

그것도 왕복했다고는 도저히 상상할 수 없는 부분이 있다. 여기에 이어서 제6장 앞쪽에 '이곳 아라비아 (제5장에서는 인도라고 불리던 지역이다)에서 그는 악슘 사람이라고 불리는 에티오피아 사람에게로 갔다'고 적혀 있는 데 이 부분을 보면, 여기에서 인도라고 불리고 있는 것은 남아라비아와 홍해, 아덴 만을 낀 바다 건너편 지방으로, 디부스 섬도 이 주변의 섬으로 보는 편이 맞을 것이다. 이 경우, 소코트라 섬이나 홍해의 에티오피아 난바다에 떠 있는 몇 개의 섬 중 어느 하나가 후보지로 거론될 수 있다. '디부스'라는 섬 이름은 '섬'을 의미하는 인도계 언어의 와전이므로 인도인이 자주 방문했던 섬이라는 얘기가 되고, 따라서 홍해의 섬보다는 소코트라 섬 쪽이 더 타당하지 않나 싶다.

만약 이 추론이 맞아, 디부스 섬을 소코트라 섬으로 추정할 수 있다면 이 《교회사》에 적힌 내용이 소코트라와 기독교의 관계를 밝힌 가장 오래된 사료가 되는 셈이다. 테오피로스가 섬에서 어떤 활동을 했는지는 기록된 내용이 없어 알 수 없지만, 앞뒤 문맥을 통해 테오피로스가 이 섬을 방문하기 이전에 이미 이 섬에서도 기독교를 믿고 있었던 것은 아닌가 하는 인상을 받는다. 이제 이 이야기에 대해서는 언제, 누가 이 섬에 처음으로 포교 활동을 했는지, 더 먼 과거로 거슬러 올라가 보고자 한다.

성 토마스의 포교 전설

서아시아 일대가 이슬람화한 후에 아라비아 어로 기록된 문헌이나, 몽골이 대제국을 수립한 시대에 인도양을 항해한 이탈리아 상인과 기독교 사절이 남긴 기록을 보면 소코트라 섬의 기독교도에 대한 이야기를 찾을 수 있다. 그러나 이 섬에 어떻게 기독교가 전래됐는지에 대해서는 어떠한 기록도 나와 있지 않다. 이에 관한 정보를 접할 수 있는 것은 16세기에 희망봉을 경유해 인도양 항로를 발견했던 포르투갈 사람이 이 섬을 방문하고 나서였다.

조안 데 바로스는 《아시아》(제1편 제7부 제4장)에서 1503년에 디오고 페르난데스 펠레이라가 소코트라 섬을 발견한 내용을 기록하면서 이 섬을 '성 토마스의 섬'이라 지칭했다. 또 1507년의 소코트라 섬 점령을 이야기하고 있는 《알부케르케 전기(戰記)》(제1부 제15장)에는 이 섬의 기독교도는 '성 토마스의 시대' 이후로 그곳에 살았다고 기록하고 있다. 프란시스코 자비에르의 기록은 더욱 확실하다. 그는 1542년 9월 20일에 고아에서, 로마의 이에즈스 회(會)로 보낸 편지(서간(書簡) 제15)에서 인도로 가는 도중에 들른 소코트라의 기독교도에 대해 보고하면서, "그들은 성 토마(성 토마스)를 존경하고 있고, 자신들은 성 토마가 창시한 신자의 자손이라고 이야기하고 있습니다"라고 이야기했다. 말하자면, 섬을 방문한 포르투갈 사람들은 기독교도인 주민들로부터 성 토마스가 이 섬에서 포교 활동을 했다는 전래 이야기를 들었던 것이다(자비에르가 동남아시아에서 활동한 이야기는 제4권에 실린 오키우라(沖浦)의 논문에 자세히 적혀 있다).

성 토마스는 12사도 가운데 한 사람으로, 공관복음서(Synotic Gospels. 신약성서 첫머리 네 복음서 중《요한의 복음서》를 제외한《마테오의 복음서》《루가의 복음서》《마르코의 복음서》의 세 복음서를 통틀어 일컫는 말-역주)에서는 인정받지 못했다. 그러나 시리아와 그 주변 교회에서는 늦어도 3세기 이후에 그를 에뎃사, 팔티아, 인도 전도의 창시자로 간주하는 전래 이야기가 발전하기 시작했다. 그 가운데 인도에 대한 포교를 자세히 전하고 있는 것이 신약성서 외전 중 하나인《토마스 행전》이다. 이 외에도 현재 토마스를 교회의 창시자로 떠받들고 있는 인도의 마라바르 지방의 기독교도들에게도 토마스에 관한 이야기가 전해 내려오고 있다. 하지만 이는 모두《토마스 행전》을 바탕으로 후세에 성립된 것 같다.

2-7 토마스가 순교했다고 전해 내려오는 마드라스(인도)에 세운 산토메(성 토마스) 대성당

토마스가 정말로 인도에 와서 전도를 했는지, 특히 그가 남인도까지 갔는지, 아닌지는 확실하지 않다. 그러나 당시(1세기) 인도양 교역이 매우 활발했던 만큼 전도자가 배에 편승하여 인도를 방문했다고 해도 이상할 것이 없을 것이다. 또 기독교 상인을 통해 매우 빠른 시기에 인도로 기독교가 전해졌을 가능성도 있다. 4세기 초에 사산 왕조 샤푸르 2세의 박해를 피하기 위해 메소포타미아나 이란에서 상당히 많은 기독교도들이 남인도로 망명했다고 전해지는데, 그 때 이주했던 사람들은 인도에 있는 기독교도의 공동체를 의지했다고 한다. 물론 정말로 있었는지는 분명하지 않다.

성 토마스가 인도에서 포교 활동을 했다는 전래 이야기가 이처럼 매우 빠른 시기에 성립한 것에 비해, 사료에서 나타난 소코트라 섬에 대한 포교는 그 후, 포르투갈 사람이 방문하기 전에는 찾아볼 수가 없다. 《토마스 행전》에는 소코트라를 방문했다는 이야기가 나오지 않기 때문에, 이 일화는 후에 《행전》에서 파생해서 전설 속에 덧붙여진 것으로 보인다. 토마스 전설은 페르시아 만이나 남인도를 경유해서 소코트라 섬에 들어온 것으로 추측된다. 이미 설명한 것처럼 6세기가 되면 소코트라의 기독교도는 페르시아 교회의 관할하에 놓이게 되고, 또 포르투갈 사람이 섬을 방문하던 당시에는 마라바르 지방의 교회와 관계가 깊었다고 한다.

이렇듯 확실하지 않은 이야기를 제외하면 소코트라 섬에서 기독교 전래에 관한 구체적인 단서를 찾을 수가 없다. 다만 후에 인도양 주변의 다른 여러 지방에서 이루어졌던 포교 활동을 통해 유추해 보는 수밖에 없다. 어쩌면 인도처럼 소코트라 섬에도 상당히 빠른 시기에 포교 활동이 있었는지 모른다. 또 후에 페르시아 교회의 관할하에 놓여 있었다는 점에서 보면 4세기의 전반에 사산 왕조의 박해를 피해 도망친 사람들 중 일부가 이 섬으로 건너왔을 수도 있다. 3세기의 말에서 6세기 초, 아라비아의 남해는 악숨 왕국의 영향하에 놓여 있었다. 이 때 악숨 상인과 페르시아 상인이 패권을 다투던 것을 생각하면 소코트라의 최초의 전도자는 에티오피아에서 왔을 가능성에 대해서도 생각해 볼 수 있다.

끝으로

인도양 교역을 둘러싼 패권 경쟁은 575년에 사산 왕조가 그때까지 악숨의 영향하에 놓여 있던 남아라비아의 예멘 땅을 점령하면서 페르시아 상인이 압도적인 우위를 차지하게 된다. 왜냐하면 인도양 세계와 지중해 세계를 가려면 홍해나 페르시아 만을 거치는 두 바닷길이나, 홍해와 병행해서 예멘과 시리아를 연결하는 육로를 이용해야 하는데, 예멘을 점령한 사산 왕조는 페르시아 만으로 가는 길과 다른 두 길의 출입구까지 억압했기 때문이다.

이슬람이 일어나 아랍 이슬람교도들의 세력이 급속히 확대되자 인도양에서도 아랍 인 교역자들의 활동이 활발해졌다. 그들은 마치 페르시아 인의 발자취를 따라가듯 인도 동쪽 해역에까지 진출했다. 이러한 변화는 당연히 소코트라 섬까지 영향을 끼쳤지만 그 내용을 자세히 이야기하는 것은 본 논고의 성격에 벗어나는 것으로 보여, 여기에서는 섬에 살았던 기독교도가 어떻게 되었는지, 그 후의 운명을 간단하게 기록하는 것으로 결론을 맺고 싶다.

오만의 역사 자료를 보면, 8세기의 중반 무렵에는 오만의 최고 성직자인 이맘의 권력이 이 섬에까지 미쳤으며, 섬 안에서 기독교도와 이슬람교도의 다툼이 있었던 것으로 보인다. 지배자의 종교임에도 불구하고 이슬람은 이 섬에서 쉽게 전파되지 못했다. 10세기의 역사가 함다니가 전하기로는 남아라비아의 마프라에서 온 사람들이 원주민의 영향을 받아 오히려 기독교도가 됐다고 한다. 섬 안에 기독교도가 건재했다는 것을 실증이라도 하듯이 기원후 80년에서 1283년까지 동시리아 교회(네스토리우스 파)가 소코트라의 주교를 임명한 예가 역사 자료를 통해 네 번이나 확인되었다. 13세기 말의 마르코 폴로 역시 이 섬의 대주교(이것은 마르코 폴로의 오해로, 소코트라에는 대주교가 없었다)가 바그다드의 카톨리코스(동시리아 교회의 총 주교)에 의해 임명되었다고 하는 이야기를 들은 적이 있다고 했다.

그러나 16세기에 포르투갈 인이 이곳을 방문했을 무렵, 이 섬의 기독교도들은 예부터 내려오는 몇 가지 의례는 준수하고 있었지만, 성서도 없고, 교의도 모르고, 세례마저 받지 않았다고 한다. 차마 그냥 지나칠 수 없었던 자비에르는 비록 실현시키지는 못했지만, 섬에 남아 교회를 다시 짓고 싶다고 총독에게 희망하였다.

소코트라의 기독교도에 관한 최후의 기록은 17세기 말에 섬을 방문한 카르멜 회(會)의 빈첸초가 남긴 것이다. 그 기록을 보면 섬 주민들은 자신을 기독교도라고 당당하게 주장했지만, 교의가 무엇인지 몰랐고, 달에 제물을 바치거나 할례(유대교에서 음경의 포피를 조금 잘라내는 풍습-역주)가 행해졌으며 술과 돼지고기를 금지하는 등 어느 종교의 것인지도 모르는 기묘한 의례를 준수하고 있었다.

그 후 오만의 지배하에서 와하브 운동(이슬람의 청교주의 개혁 운동) 등 많은 일이 일어났던 18세기에서 19세기를 거치는 동안 소코트라 섬의 기독교 전통은 맥이 끊어지고 만다. 지금은 그 흔적조차 찾아보기 힘들다.

항구를 밝힌다

가와토코 무쓰오 川床睦夫

홍해는 고대 때부터 인도양 세계와 지중해 세계의 특산물을 교환·중개하는 해역으로서 중요한 역할을 담당해 왔다.

상징적으로 말해서 '고대의 유향', '중세의 후추', '근세의 커피'가 이 해역을 지나 인도양 세계에서 지중해 세계로 유입되었으며, 이로 인해 '홍해 세계'는 막대한 부를 축적할 수 있었다. 또한 문화적인 측면에서도 영향이 컸다.

이와 같이 동서(남북) 해상 교류사(交流史)의 실증적 연구를 주요 과제로 삼고 있는 중근동(유럽에서 볼 때 극동을 제외한 아시아의 여러 나라-역주) 문화센터의 이슬람 이집트 조사대는 1978년 이후부터, 이집트의 푸스타트 유적의 발굴 조사와 출토품 종합 카탈로그 작성 사업(1978~85년, 94년~현재)을 진행해 오고 있다. 시나이 반도 남서부의 여러 유적(라야 유적, 와디 앗투르 수도원 유적, 투르 키라니 유적, 압 스와일라 산 유적, 나쿠스 산 비문 유적 등)의 발굴 조사와 보존 작업(1985년~현재), 아이자브 유적의 예비 조사(1990년), 수단 바디우 유적의 예비 조사(1987, 90년), 예멘 여러 유적의 답사(1992, 93년) 등을 실시했다.

여기에서는 고고학 연구로 더욱 확실해진 홍해의 항구사에 대해 일부를 소개하고자 한다.

1. 라야·투르 지역사

시나이 반도 남부는 이집트의 고대 왕국 시대(기원전 2700년경) 이래로 구리 등이 많이 나는 광산 지역으로 알려져 세라빗 알하딤과 같은 커다란 광산 마을이 건설되었다. 그리고 그들의 마을과 시리아, 팔레스티나 지역, 이집트의 여러 도시를 연결하는 교역로가 만들어졌다. 교역로는 우물이 있는 와디(마른 계곡)를 따라 만들어졌는데, 시나이 반도 남부의 주요한 와디에는 히에로그리프(Hieroglyphs. 이집트의 고대 문자-역주), 그리스 문자, 나바테아(Nabataean) 문자 등으로 새겨진 그라피티(graffiti. 암벽 등에 새겨진 문자나 그림-역주)가 많이 남아 있다. 또한 유대교의 모세(기원전 1400년경)가 출현한 후에는 '성스러운 지역'으로서의 요소도 갖추게 되었다.

이 지역에 기독교 은수사(hermit monks. 은둔의 수도 생활을 하

2-8 시나이 반도

는 사람-역주)들이 살기 시작한 것은 3세기 말 무렵부터라고 성 가타리나('성 캐더린'이라고도 한다-역주) 수도원의 수도사들은 전하고 있다. 은수사들은 시나이 산과 와디 파이란, 라이소를 중심으로 흩어져 수도원을 중심으로 수행해 왔다.

현재 남쪽 시나이의 투르 시내에 있었다고 추정되는 라이소에는 산 속의 동굴에서 살았던 성인(聖人) 모세(4세기)와 429년경에 크리스마(수에즈)를 방문한 아문, 536년 콘스탄티노플 종교 의회에 참가한 라이소 수도원장 테오나스 등 유명한 은수사나 수도사가 많이 있었다.

한편 라이소를 비롯한 수도사들의 근거지는 유목민에게 때때로 습격을 당하곤 했다. 또한 6세기(4세기 설, 5세기 설도 있다)에는 블레뮤에스라고 불리는 사람들(나일 강과 홍해 사이에 사는 함 어족(語族), 현재 베자 족의 선조로 추정하고 있다)이 남쪽 시나이를 습격하여 라이소와 시나이 산에서 각각 40명의 수도사를 살해했다. 사정이 이렇다 보니 시나이 산과 라이소 등의 수도사는 콘스탄티노플(지금의 이스탄불-역주)에 있는 비잔틴 제국의 유스티니아누스 황제(재위 527~565년)에게 진상을 알리고자 파견단을 보냈고, 556년에는 황제가 시나이 산에 수도원을, 라이소에 성 요하네 수도원을, 크리스마에 성 아타나시우스 교회를 건립하여 희사했다.

시나이 산 수도원이 언제부터 지금의 '성 가타리나 수도원'으로 불리게 되었는지는 확실하지 않다. 그러나 4세기 초에 알렉산드리아에서 순교했다고 전해지는 성녀 가타리나(Catharina Alexandria. ?~307?. 기독교 박해 시대의 순교자-역주)의 유체가 시나이 산에서 발견되었다는 풍문이 몇 번이나 지중해 세계에 널리 퍼지면서 이탈리아, 남프랑스 등에서 열광적인 신도들이 모여들어 순례가 활발히 이루어졌다. 특히, 800년 무렵 풍문이 아주 널리 퍼지면서 수많은 순례자들이 이곳을 찾았고, 성 가타리나 신앙이 확립됐다. 이 때부터 '시나이 산의 성 가타리나 수도원'으로 불렸다고 한다. 이 수도원의 현 원장을 맡고 있는 다미아노스 대사교(大司敎)는 이 호칭이 아마도 십자군 원정(11세기 말에서 13세기 말 사이에 서유럽의 기독교도들이 성지 팔레스티나와 성도 예루살렘을 이슬람교도들로부터 탈환하기 위해 전후 8회에 걸쳐 감행한 대원정-역주) 때 정착했을 것이라고 말했다.

이리하여 남시나이, 페트라, 예루살렘을 잇는 순례자의 길이 완성되었다. 6세기의 건설 이후 라이소 수도원, 시나이 산 수도

2-9 현재 성 가타리나 수도원

원의 출입구 역할을 담당했던 항구 도시 라야(남시나이 여러 수도원의 외항)는 순례 길의 거점으로서 번영을 누렸다. 십자군 시대(11~13세기) 때는 '성 가타리나 수도회 기사단'이 편성될 정도였다.

십자군 원정 시기에 시나이 반도의 모습도 새롭게 달라졌다. 십자군은 종교적으로, 또 상업적으로 홍해 진출에 흥미를 가지고 있었다. 그래서 파라완 섬(아이라=아카바)과 와디 쉬두르(쿠르즘=수에즈)의 순례자의 길 중간에 십자군의 진출을 막기 위한 성벽이 살라딘(살라흐 앗딘 유수프 이븐 아이유브)에 의해 건설되었다. 또한 같은 시기에 와디 앗투르 수도원이 성벽화(城壁化)했다는 이야기가 전해 내려오고 있다.

십자군의 위협이 거세질 무렵, 이슬람 세계는 '몽골에 의한

2-10 시나이 반도의 동쪽에 있는 팔라완 섬의 성벽

평화'의 시대를 맞이했다. 홍해를 통한 해상 교역이 전성기를 구가했고, 향신료 교역으로 막대한 힘을 얻은 카리미 상인들의 활동이 활발했으며, 아이자브 항구와 지다 항구 등이 번영했다. 그러다 14세기 중반에 커다란 기후 변화가 있었다. 이로 인해 유목민은 이동하게 되었고, 아이자브에서 나일 강으로 향하는 교통로가 혼란을 빚었다. 이 시기에 맘루크의 살라흐 앗딘 앗람이 카리미 상인의 세력이 미치지 않았던 투르 항을 재정비하여(1378년) 인도양의 아덴 항에서 오는 배가 들어오도록 하였다. 이렇게 해서 투르 항은 아이자브 항, 쿠세이르 항을 대신해서 홍해 최대의 항으로 떠올랐다. 투르 항에는 향신료를 비롯한 세계의 각종 물품이 운반되어 왔다.

역사 자료를 보면, 이런 상황은 1550년 무렵에 수에즈 항이 급속히 발전하면서 무너지게 되었고, 투르 항은 쇠퇴하여 지역

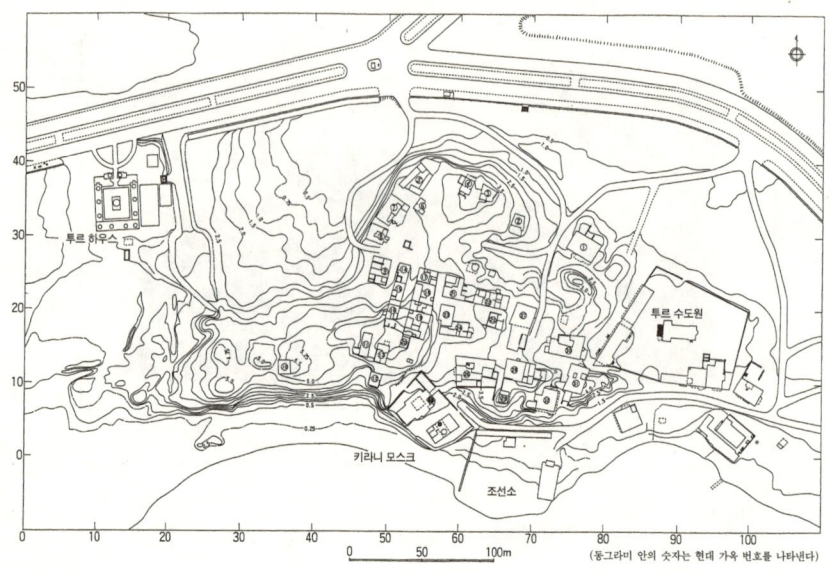

2-11 투르 유적 전체도

교역과 기독교 순례자, 고기잡이, 피난을 위한 항구로 존속하게 되었다. 투르 시에 오스만 제국의 성벽이 건축되지만(1800년대 말에 초석(礎石)까지 완전히 붕괴되었다) 그저 지방의 작은 마을에 지나지 않았다.

고고학 자료에 따르면, 청나라 강희 황제(康熙皇帝. 청나라의 제4대 황제-역주) 시대(1662~1722)나 18세기 무렵의 중국 도자기와, 같은 시대의 동남 아시아 산(産) 도자기 등이 대량 발견되었고, 고문서(古文書)에 커피나 향신료에 관한 기록이 자주 등장하는 것으로 보아 투르 항이 이 때도 국제 교역 항으로서의 역할을 담당했던 것으로 추정된다.

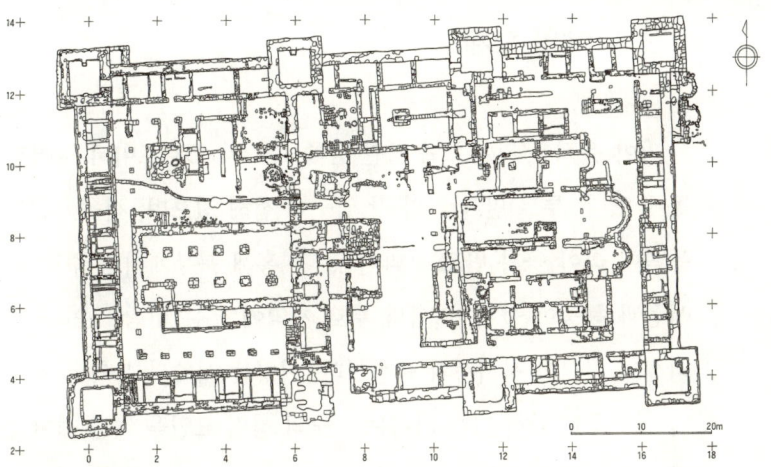

2-12 와디 앗투르 수도원 유구(遺構) 평면도

한편 투르 항은 19세기 중반에 매우 중요한 항구로 떠오른다. 이 무렵, 유럽 제국(諸國)의 힘으로 수에즈 운하가 건설되면서 세계 사람들이 홍해에 관심을 가지게 되었다. 그러자 이집트는 증기선이 출입할 수 있도록 투르 항을 새롭게 정비하였고, 순례자용 검역항으로 결정하였는데, 운하 건설을 시작하기 바로 전인 1858년에 검역소의 기초가 만들어졌다. 운하가 개통하자(1869년 11월) 1885년에는 투르 항은 메카 순례의 공식 항구로 지정되어 매년 순례의 계절이 돌아오면 2만 명 이상의 순례자가 이 땅을 통과했다. 또한 이 때부터 성 가타리나 신앙이 널리 퍼지면서 수많은 그리스 정교도와 러시아 정교도, 그리고 그 외의 기독교도들이 남시나이를 방문했는데, 투르 시에 러시아와 독일의 대리 영사관이 설치될 정도였다.

2. 라야의 성채

라야 유적은 라이소 수도원 남쪽으로 약 15킬로미터 떨어진 곳에 있다. 투르 만 남쪽의 강 입구에 접해 있으며, 서쪽, 북쪽, 동쪽이 라야 곶과 반도로 막혀 있다. 홍해 북부에서는 주로 북서풍과 북풍이 불며, 라야와 투르 지역에 부는 바람도 연간 90퍼센트 이상이 북서풍과 북풍이다. 이렇듯 서쪽과 북쪽이 육지나 산호초로 막혀 있는 라야는 항구의 성립 요인을 갖춘 셈이었다.

또한 라야는 남시나이에서 물이 풍부한 와디 이스라의 출구에 위치해 있다. 이 와디에는 초기 청동기 시대의 마을 공동체가 있었는데, 이곳에는 기독교 교회나 예배당 유적과 나바테아 어, 그리스 어, 히브라이 어, 그루지아 어 등으로 쓰여진 많은 유물이 출토되었고, 사람들이 살거나 자주 왕래했던 흔적이 남아 있다. 이 와디를 거슬러 올라가면 성 가타리나 수도원에 도달한다.

항구 도시 라야를 땅, 하늘, 바다에서 살펴보면, 성채(城砦) 지역, 공동 건조물 지역, 그리고 주거 지역으로 구성되어 있는 것을 볼 수 있다. 우선, 성채 지역을 중심으로 발굴 조사가 이루어졌는데, 사방이 84.5미터인 성채가 모습을 드러냈다. 두 개의 탑 사이에 이중문인 탑문(정문)과 동문이 있고, 180센티미터 두께의 성채와 정사각형의 일곱 개 탑으로 둘러싸인 대 성채였다.

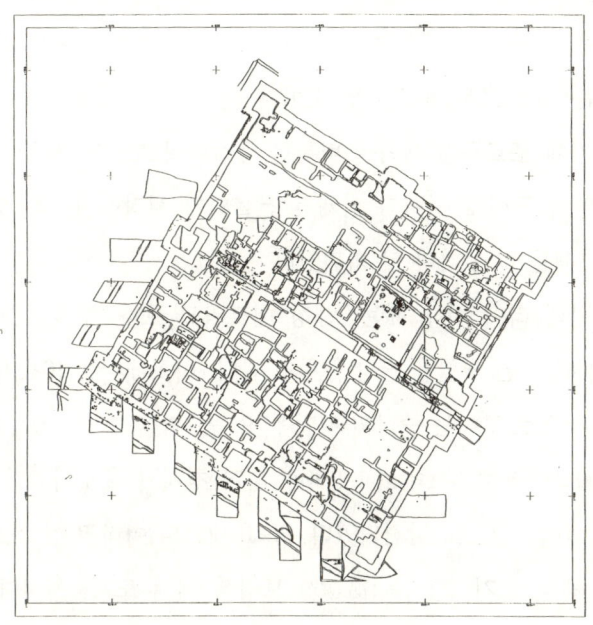

2-13 라야 성채 평면도

성채의 보존 상태는 매우 양호했다. 12세기 무렵에 라야가 폐허가 된 이후, 이곳은 방문하는 사람도 없었기 때문에 그대로 땅 속에 묻힌 것 같다. 라야가 언제 건설되고 언제 문을 닫았는지는 확실하지 않다. 다만 성채의 구조로 판단했을 때 라이소 수도원이 건설된 시기와 같을 것으로 추정된다. 라야에서 남쪽으로 약 100킬로미터 떨어진 아브 샬에도 라야의 성채와 비슷한 성채(400년경~700년경)가 남아 있다. 로마 시대 후기(비잔틴 시대)에는 항구 도시가 성벽으로 둘러싸이거나 혹은 성채를 갖고 있는 경우가 많았다. 이에 비해 이슬람 시대의 홍해 항구들은 십자군 시대를 제외하고는 성채를 건설한 예가 없다. 홍해는 '평화로운 바다'였던 것이다.

여기에 포르투갈 세력을 비롯한 유럽이나 오스만 제국이 들어오면서 곧바로 성벽과 성채가 건설되기 시작했다. 즉, 권력의 '지배를 받는 바다'로 바뀌었다.

그런데 라야 시대 때는 '해상 네트워크'보다 '육상 네트워크'가 더 많은 역할을 담당했던 것 같다. 이곳에서는 10세기 이후의 것으로 보이는 중국의 워저우 요(越州窯. 중국 저장 성을 중심으로 발달한 동양 최고의 도자기 가마-역주) 청자가 출토되었다. 또 인도 산(産) 면포도 발견되었다. 9~10세기의 이라크 산 가로줄무늬 채색 도기, 갈지록(褐地綠) 보라색 채색 도기, 시리아 산 유리 도기, 시리아와 팔레스티나의 비잔틴 램프 등이 다수 출토되었다. 뒤에 것들은 분명히 육로를 통해 가져온 것으로, 도자기 파편 수가 1만 점도 넘었다. 그러나 중국 도자기류는 수십 점에 불과했다.

3. 항구의 이동

지리학적으로 이슬람에 대해 연구가 시작되었을 때, 사람들은 시나이 반도를 반도로 인식하지 않았다. 그러나 이븐 풀더즈베(913년 사망)가 기록한 것처럼, 이 때에도 아이라(아카바),

투르(시나이 산), 파이란, 라야는 중요한 도시였다. 함다니(946년 사망)가 비록 '단다에서 알자르, 투르 해변(시나이 산으로 통하는 해변), 아이라, 라야 해변을 지나 크루즘에 달하다'라고 잘못 기록했지만, 틀린 것이 아니었으며 실제 존재하고 있다는 것이다. 《제국사전(諸國事典)》을 쓴 야쿠트(1229년 사망)가 라야, 쿠르즘이란 말을 사용했고, 디마슈키(1327년 사망)는 시나이 반도에 해당하는 지역을 아이라 지방, 투르(시나이산)와 파이란 지방, 라야와 쿠르즘 지방, 이렇게 세 지방으로 나누었다. 이처럼 라야라는 이름은 12~13세기 무렵, 항구가 라야에서 투르 키라니로 이동한 후에도 사람들에게 알려져 있었다. 그리고 '라야 해변으로 알려진 투르(시나이 산) 해변'(1521년에 쓴 성 가타리나 수도원 문서 353번)처럼, 라야는 지역을 나타내는 말로 쓰이게 되었다.

고고학 자료에 따르면 라야에서 투르·키라니로 항구가 이동했음에도 이 라야가 계속 항구의 명칭으로 쓰였을 가능성이 높다.

이 항구가 왜 이동했는지, 그 시기는 언제인지 명확하게 밝혀진 바는 없지만, 아마도 물과 산호초 때문이 아닌가 싶다. 비록 와디 이스라가 풍부한 물을 가지고 있지만 산에서부터 라야까지는 약 20킬로미터에 달하는 카와 평지가 펼쳐져 있다는 것이다. 또한 지하 수맥이 바뀌어 우물이 고갈했을 수도 있다. 이에 비해 트루·키라니는 근처에 와디 앗투르와 함마므 무사라

2-14 라야·투르 지역 전경

는 이름의 열두 샘이 있어 물이 마를 날이 없었다.

라야는 전체적으로 평탄한 지형에 위치해 있다. 성채가 있는 지점은 해발 약 9미터로, 북쪽과 서쪽으로 열려 있다. 바람이 부는 북서쪽과 북쪽에 바람막이가 존재하지 않기 때문에 강한 바람을 직접 맞아야만 했다. 연일 불어닥치는 바람의 속도는 초속 십여 미터에 이른다. 라야의 강 입구는 좁고, 서쪽으로 내뻗은 산호초 곶은 낮아 대부분이 바다 속에 잠겨 있다.

한편 와디가 대량의 토사를 바다 속으로 밀어 넣은 흔적이 없다. 이 때문에 산호초가 곶을 따라 급속하게 퍼져 강 입구를 좁히고 말았다. 산호초의 발달과 돛단배(다우)의 대형화는 라야 항의 중요성을 상실시키는 데에 한몫했다.

2-15 바다에서 본 트루 키라니 유적

이에 비해 투르 만(灣)은 북서 방향 5킬로미터 주변부터 200~300미터 높이의 함마므 무사 산과 압 스와일라 산, 나쿠스 산이 이어져 있어 거친 바람을 막아준다. 또 와디 앗투르가 만(灣) 바깥쪽에 다량의 토사를 실어와 바닷물을 흐려놓는다는 것이다. 탁한 바닷물은 강한 북서풍에 밀려 곶을 따라 남쪽으로 내려가다가 소용돌이치며 멎는다. 그 결과, 만의 남쪽에는 산호초가 발달하지 못하여 투르 항은 항구로서 좋은 조건을 갖추게 된 것이다.

어쨌든 라야 항구나 투르 항구에 정박하는 배들은 카와 평지 건너편에 우뚝 솟아 있는 2,000미터 높이의 중앙 고지와 바다에서 솟아오른 것처럼 특이하게 생긴 함마므 무사 산을 기준으로 들어왔다고 한다.

4. 국제교역

출토된 유물을 통해 연대를 추정해 보면, 12~13세기 무렵부터 투르 항구가 이용되었을 가능성이 높다. 그러나 그 중요성이 부각된 것은 14세기에 들어서이다. 카르카샨디(1355~1418년)가 쓴 《여명의 서(書)》를 보면, '살라흐 앗딘이 투르 항을 정비하고, 조선소를 세워 아덴 등에서 들어오는 모든 배가 머무르도록 했다. 그 결과, 아이자브 항과 쿠세이르 항이 쇠퇴했다'고 한다. 이 사실은 카르카샨디만이 전하고 있을 뿐, 다른 기록에서는 찾아볼 수 없다. 그러나 카르카샨디가 카이로 문서청(文書廳)에 오랫동안 일하고 있었다는 것을 생각했을 때 매우 흥미로운 기록이 아닐 수 없다.

투르 키라니 유적에서는 십자군을 격파한 맘루크 왕조(1250~1517. 이집트·시리아 일대를 지배한 이슬람 왕조-역주) 용맹한 장군으로 잘 알려진 바이바르스(재위 기간 1260~1277년) 시대의 구리 화폐, 무함마드 이븐 칼라운(재위 기간 1294~1295년, 1299~1305년, 1309~1340년) 시대의 구리 화폐 등 바흐리 맘루크 왕조(1250~1390년)의 것과, 바루쿠크, 바루스바이, 자크마크, 카이트베이, 가우리 등 부르지 맘루크 왕조(1382~1517년)와 오스만 제국 시대 초기(1천5백 년대 초)의 동전이 다수 출토되었다.

13세기 이후의 룽취안 요(龍泉窯. 중국 저장 성에 있던 중국 최대의 청자요-역주) 청자, 14세기 이후의 명나라 남빛 자기, 15세기 이후의 동남 아시아 산 청자와 남빛 자기 등도 다수 출토되었다. 특히 중국과 무역이 활발히 이루어졌던 16세기 이후의 도자기 파편 수는 몇 천 점에 이른다.

또한 출토품 중에는 14~16세기의 유럽 도자기도 많았다. 키프로스의 각선문 다채유 도기(刻線文多彩釉陶器), 파엔짜(이탈리아)의 백지청채(白地靑彩) 해바라기 문양 도기, 스페인의 라스타 채색도기(彩色陶器) 등이 대표적이다. 특히 '꽃향기를 맡는 부

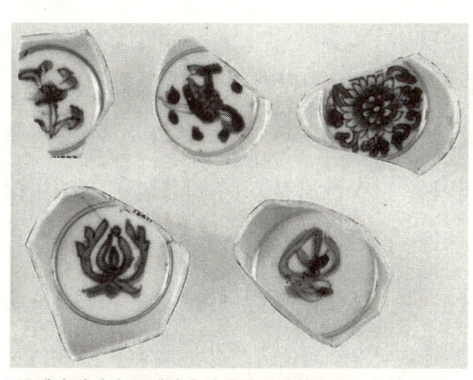
16세기 말에서 17세기 초의 중국 도자기(景德鎭) 소완(小碗)

15세기의 베트남 청자 그릇

13세기 말에서 14세기의 옹천요쌍어문청자완 (龍泉窯雙魚文靑磁碗)

2-16 출토된 도자기

인'을 선으로 새겨놓은 키프로스 도기는 중요한 의미를 가진 출토품이다. 이것들은 성 가타리나 수도원에 순례하러 왔던 사람들이 가져온 것으로 보인다. 지중해 세계에서 중세 시대의 성 가타리나 신앙에 대한 역사를 알 수 있는 자료 중 하나인 셈이다.

5. 커피의 거래

16세기 이후 층에서는 터키 도자기가 다량으로 발견되었다. 특히 터키의 이즈닉 지방 등에서 만들어진 커피 잔이 눈길을 끈다. 중국의 남빛 자기를 모방한 주둥이의 지름이 13센티미터 정도의 완형(碗型) 토기가 더 오래된 층에서 발굴되었고, 주둥이의 지름이 6센티미터 정도의 손잡이가 없는 드미타스(Demitasse. 주로 에스프레소 커피를 담아서 마시는 조그마한 커피 잔-역주) 잔 같은 다채유 도기(황색, 녹색 등이 특징이다)는 그 위층에서 집중적으로 발굴되었다.

커피콩에는 과육과 종자가 있다. 예멘에서는 과육을 좋아했는데, 15세기 말에 커피가 홍해 세계에 퍼지기 시작한 초창기에는 이 과육 부분이 중심이었다고 한다. 투르 문서(투르·키라니 유적에서 발견한 수천 점에 이르는 고문서)와 이집트 재판소 문서에 따르면, 1500년대에 들어서면서 커피의 수요가 급속하게 증가했는데 종자 부분이 주류를 이루었고, 과육의 수입량은 눈에 띄게 줄어들더니, 마침내 자취를 감추고 말았다고 한다.

시나이 반도 남부에서 커피를 마시던 습관은 아마도 수도사들을 통해 들어와 남시나이의 여러 부족에게로 보급된 것 같다. 성 가타리나 수도원 문서를 보면, 1600년대 중반 이후에 남시나이 여러 부족이 수도원 혹은 수도사들을 습격했는데, 이때 요구했던 금품 중에 커피가 들어가 있었다고 한다. 그러나 1700년대 이후에는 더 이상 커피를 요구하지 않았다고 한다. 커피가 널리 유통되기 시작했기 때문일 것이다. 실제로 1702년 2월에 쓰인 수에즈에서 투르로 보낸 서간(투르 문서 1029번)에는 순례의 계절이 가까워졌기 때문에 다른 상품보다 커피를 빨리 보냈다는 긴 문장이 적혀 있다. 커피의 찬반 논쟁(1511년의 메카 커피 사건 등이 유명)은 미해결된 상태였지만, 커피를 마시는 습관만큼은 확실하게 보급, 정착되어 성지 순례단의 필수품으로 자리 잡았다. 18세기의 이집트에서는 노예 상인과 함께 커피 상인이 대상인의 대열에 올랐다고 한다.

더욱이 커피 잔의 크기 변화는 마시는 방법의 변화와 관련을 맺고 있는 것으로 보인다. 1550년 무렵 이스탄불의 커피 가게를 묘사한 축소물을 관찰해 보면 큰 잔을 사용하고 있다는 걸 알 수 있다. 커피 찬반 논쟁의 쟁점이 커피의 성분보다도 큰 잔으로 돌려가며 마시는 악습의 유행(예언자 무함마드의 언행록인 하디스(Hadith)에 이것이 금지되어 있다-역주)과 집회의 성격에 맞춰

2-17(좌) 인디고의 도착 여부를 문의하고 있는 상품의 조회 문서(투르 문서 180번)
(우) 가축의 어깨뼈를 이용한 외상 매출 장부(투르 문서 621번)

져 있었기 때문에 대형 잔은 소형 잔으로 바뀌게 됐다. 17세기에 이 교체 작업이 완전히 끝났다는 사실을 중국 도자기와 터키 도자기의 출토 빈도를 통해 판단할 수 있다.

6. 유향과 향로

투르 키라니 유적에서 출토된 서간과 수첩을 보면, 홍해가 '향신료의 바다'였다는 것을 느낄 수 있다. 후추 외에도 정향, 생강, 인디고, 육두구(nutmeg), 육두구 외피, 계피, 알로에, 몰약, 유향, 사프란 등이 대량으로 거래되었다고 언급하고 있다.

배로 상품이 들어오면 투르 문서 180번처럼 상품 조회에 대한 서간이 보내진다. 들어오고 나간 상품은 투르 문서 1163번 (2-18)처럼 장부에 기록해 둔다. 고쳐 쓰지 못하도록 수량, 단가, 금액 등을 콥트 숫자로 기재했다. 이 외의 장부에는 배의 화물 장부, 상품별 외상 장부, 상대별 외상 장부 등이 있었다.

간단한 외상 장부에는 큰 가축의 어깨뼈를 사용했다. 투르 문서 621번을 보면, 상품명은 정확하지 않지만 사람 이름은 아라비아 문자로, 수량과 금액은 콥트 숫자로 적었고, 나중에 빗금으로 지운 것을 알 수 있다. 계산이 끝나면 지우고, 필요가 없어지면 버렸던 것 같다. 여기에서 장부에 기록되어 있는 유향에 대해 살펴보고자 한다.

중근동 지역의 유대인·기독교 세계에서 유향은 가장 중요한 향료 중 하나였다. 구약성서의 《출애굽기》에 신이 향료 만드는 법을 모세에게 알려주는 장면이 나오는데, '세 종류의 향료를 유향과 섞어 만든다'라고 규정하였다. 그리스 정교회나 동방의 여러 교회에서는 전통 의식을 치를 때 유향을 피웠다. 이런 습관은 4세기 무렵 유럽의 기독교 교회에까지 전해졌다. 원래는 교회 안의 훈증(薰蒸. 연기로 살균과 살충 작용을 의미한다-역주)을 위해서 피웠던 것이 10~11세기에는 죄의 대가로 바친다는 개념이 더해져 경배 의식에 들어가게 되었다. 그러다 16세기에 들어서 로마 교회의 경배 의식에 정식으로 채용되었다.

이집트의 분향 습관은 이슬람 시대에 들어와서도 여전히 성행했다. 종교적 측면에서는 모스크와 마드라사(이슬람 율법 학교)의 공기를 정화하기 위해 쓰였다. 사회적 측면에서는 태어난 지 7일째에 갖는 축하 행사, 할례 의식, 결혼 퍼레이드, 장의 등의 통과 의례나 나일 강 수위 상승 달성제(와하 안닐) 등의 축제일 그리고 '자루'라는 마술 및 민간 신앙을 행할 때 향을 피웠다. 또한 평상시에도 아침 공기를 맑게 하거나 식후에 방 공기를 바꿔줄 때 향을 피웠고, 목욕탕, 취침 전의 침실, 식기, 목욕탕 등에도 훈증을 했다.

이슬람 시대에 사용됐던 대표적인 향 중에 넛드라는 것이 있는데, 사향, 용연향(향유고래에서 채취한 송진 비슷한 향료. 사향과 같은 향기가 있다-역주), 침향, 백단향, 유향 등을 조합해서 만들었다. 19세기 영국의 유명한 동양학자 E. W. 렌은 그가 쓴 《현대 이집트 인의 풍속과 습관에 관한 기술》에서, 이집트 인은 방의 공기를 좋게 하려고 종종 향을 피우는데, 질이 나쁜 유향이 일반적이었다고 했다. 또한 부인들은 유향을 씹어서 구취를 없애고, 치조농루(齒槽膿漏. 치아를 턱뼈에 보호·유지시키는 치주 조직의 만성질환성으로 치아가 흔들리고 결국에는 빠져버린다-역주) 예방을 위해서 사용하기도 했다.

오늘날에도 이집트 각지의 콥트 교회와 수도원, 시나이 반도에 있는 그리스 정교의 성 가타리나 수도원 등에서는 일요일이나 축제를 위한 미사 때 다량의 유향을 피우고 있다. 유향은 분향뿐 아니라 두통약, 지혈제, 위장약, 치약, 세안제, 코홀(눈 화장에 사용하는 분)의 원료 등에 사용하였다. 이집트가 수단, 소말리아, 사우디아라비아, 러시아, 말라위, 지부티, 아랍에미리트 연방, 싱가포르, 케냐, 인도네시아, 아르헨티나, 인도 등에서 수입한 것으로 어떤 해에는 그 양이 350톤을 넘는다고 한다.

그러나 고대 이후로 대표적인 향료였던 유향의 산지는 남아라비아, 소말리아, 소코트라 섬 등이었다. 그 중에서도 오만의 도파르 지방이 가장 질이 좋은 유향을 생산했는데, 이 지방에서 유향은 금이나 다름없었다. 15세기 말에서 16세기 중반에 쓰인 투르 문서를 보면 수십 점의 문서에 유향에 관한 기록이 적혀 있다. 특히 그 가운데 한 문서(투르 문서 1163번)는 상인 핫지 무함마드의 장부인데, 그는 다양한 향신료와 함께 상당량의 시프르 유향을 기재하였다. 이로써 유향과 향로의 중요한 산지인 도파르 지방은 하드라마우트에 자리잡고 있었다는 것을 알 수 있으며, 도파르 산 유향의 적산(積算) 항구로 유명한 시프르에서 실린 유향이 제2문화층(文化層. 유물이 있어 과거의 문화를 아는 데 도움이 되는 지층(地層). 또는 서로 다른 복수의 문화 영역이 접촉하거나 시간적 선후 관계에 의하여 생기는 문화 영역의 단층-역주) 시기(16~18세기)에 투르 항구에 다량으로 내려진 것이 분명해졌다.

향이 이슬람교와 문화에서 중요한 역할을 담당한 만큼, 향로 역시 이슬람 시대의 물질 문화에서 없어서는 안 될 존재였다. 대형 술잔(goblet)형 토제(土製)와 토기 그릇에 석고를 덧바른

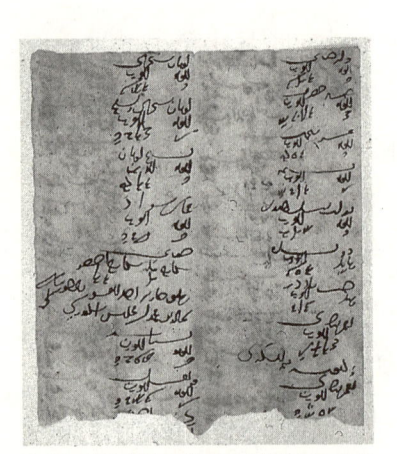
2-18 상인 핫지 무함마드의 장부(투르 문서 1163번)

석고제, 석제(石製), 진유제(眞鍮製), 동제(銅製), 은제(銀製) 등 수많은 향로가 만들어지고 사용되었다. 게니자(Geniza) 문서(1950년대에 카이로 지역에 있는 유대 교회에서 다량으로 발견된 히브라이 어 문서. 파티마 왕조, 아이유브 왕조 시기의 것들이 많다)에 의하면 금속제 향로는 결혼하는 여자가 꼭 챙겨야 하는 물건이었다. 그러나 투르·키라니 유적에서 출토된 토제 향로는 이슬람 시대의 물질 문화에서는 그 유례를 찾아볼 수 없는 향로였다.

작은 파편까지 포함해서 약 700점이 출토된 토제 향로는 점토판에 고정된 네 다리가 향을 피우는 상자 모양 그릇을 받치고 있는 특이한 형태를 하고 있었다. 이것들은 다음과 같이 다섯 가지 형태로 분류할 수 있다. A는 세로로 긴 직사각형, B는 정사각형, C는 가로가 긴 직사각형, D는 사다리꼴, E는 오각형이다. 발굴 조사 결과, D형태의 토제 향로가 가장 많이 출토됐다.

투르·키라니 유적은 제3문화층(14~16세기), 제2문화층(16~18세기), 그리고 제1문화층(19~20세기)으로 크게 나눌 수 있는데, A, B, C의 형태는 제3문화층에 가장 많고, 제1문화층에서 그 양이 급격히 줄어드는 것을 볼 수 있다. 이것들을 6~12세기경에 사용했던 왓투르 수도원의 유적 출토품과 비교해 보면 다음과 같은 사실을 알 수 있다.

제3문화층 시기에는 이슬람 기(期)에 나타난 이런 종류의 향로 중 가장 오래된 형태인 A, B, C 형태가 남아 있고, 새로운 형태인 D형태가 거의 같은 수로 공존한다. 그러다 제2문화층 시기가 되면 D형태가 약 90퍼센트를 차지하고 있다. 또한 향로에 사용된 점토로 보아 이들은 이집트나 팔레스티나의 제품이 아니라, 그 밖의 지역에서 반입된 것으로 추정하고 있다.

그렇다면 상자형 토제 향로의 원형은 어디서 온 것일까? 고대 이집트로 거슬러 올라가면 파라오나 신관이 사용했던 담뱃대 모양의 향로 외에, 아부시르에서 출토된 듯한 고대 왕국 시대의 술잔(goblet)형 토제 향로, 깔때기형 토제 향로 등이 있다. 그레코로만(Greco-Roman) 기에는 투르 향로와 유사한 형태의 향로가 여럿 있는데, 모두 제단(祭壇)에서 그 형태를 따왔다는 것을 알 수 있다. 콥트·비잔틴 시대에는 기독교 교회의 예배 의식을 위해 쇠사슬과 뚜껑이 붙은 금속제 향로나 다양한 모양의 금속제 향로가 만들어졌다.

이러한 이슬람 이전 시대에 사용한 이집트 향로 중에 투르 향로와 형태가 비슷한 것은 그레코로만 시대의 토제 제단형 향로뿐이다. 그러나 이들은 로만 램프와 같은 형태를 띠고 있는

| 전형적인 상자 형 향로 | 고대 시대의 영향을 받은 것으로 보이는 특수한 형태의 향로 |

2-19 토제 향로

데, 상부의 그릇 부분에서 대각선으로 비스듬히 자른 형태로 두 조각이 서로 붙어 있는 모습이다. 형태는 비슷하지만 만든 기법이 투르의 것과 전혀 다르다. 더욱이 이런 형태의 향로는 기원후 1세기 이전의 것에서만 발견된다는 것이다.

이집트 이외에 이슬람 이전 시대에 중근동 지역에서 사용했던 향로를 보면, 항아리 모양의 토제 향로 등도 많이 출토되었다. 투르 향로와 관련해서 가장 중요하다고 여겨지는 것은 아라비아 반도 등에서 발견된 제단형과 상자형 향로다. 이들 대부분은 석제이지만 토제인 것도 있다. 이런 종류의 향로에 대해서 M. O. 셰어와 J. 자린스 등의 연구를 종합하면, 제단형, 상자형 향로는 ① 팔레스티나 그룹, ② 남아라비아 그룹, ③ 메소포타미아 그룹, ④ 키프로스 그룹으로 분류된다. ①은 기원전 7세기 중반에 나타나 기원전 5~6세기에 전성기를 누렸고, 기원전 3세기경까지 제작되었다. ②는 기원전 7세기경에 나타나 기원전 2~5세기에 활발히 제작되어, 기원전 1세기경까지 볼 수 있다. ③은 기원전 2~5세기 사이에 활발히 제작되었고, 기원후에도 만들어졌다. ④의 연구는 아직까지 많은 부분에서 미흡한 점을 보인다.

자린스가 지적한 것처럼 이런 형태의 향로가 출토된 유적은 고대 '향료의 길'을 따라 분포하고 있다. 또한 라키스에서 발견된 향로에는 '유향의 향로'라는 글자가 새겨져 있는 것으로 보아 향료, 특히 유향과 밀접한 관계가 있다는 것을 알 수 있다.

투르 향로와 형태가 유사한 이슬람 시대의 토제 향로는 예멘의 티하마 지방 남부나 하드라마우트에서 발견되고 있다. 모두 네 다리를 고정하는 점토판은 없지만, 고대 제단형과 상자형 향로의 전통을 직접 계승한 것들이다.

1500년부터는 다리를 고정하는 점토판이 달린 향료가 나온다. 이런 종류의 향료는 하드라마우트와 아덴 근교, 이집트 홍해 연안의 쿠르세일과 알카딤, 아랍에미리트연방의 라스와 알하이마에서 발견되었고, 오늘날에도 도파르 지방의 미르바트와 타카에서 다량으로 제작하고 있다.

이미 자린스 등이 고대의 네 다리가 달린 석제 향로에 관련해서 지적했듯이, 투르에서 다량으로 발견된 토제 사각형 향로는 '향료의 길' 혹은 향료 교역과 밀접한 관련이 있다. 그 향료들은 유향과 함께 아덴이나 시프르를 거쳐서 수입된 것으로 보인다. 홍해는 후추와 커피 무역의 그림자에 가려진 '향료의 바다' 로서 16세기에도 기독교도와 이슬람교도에게 중요한 유향을 계속 공급했다는 사실을 알 수 있다.

끝으로

19세기에 붐이 일었던 성 가타리나 수도원 순례로 활기가 넘쳐나던 투르 항구의 번영은 이스라엘에 의해 시나이 반도가 점령당하면서 100년 정도로 끝이나 버렸다. 그 후 투르 항구는 어항, 군항, 석유 기지항으로 전락했다.

그러나 남시나이의 주도(州都)인 투르 시(市)에서는 '시나이 반도 종합 개발 20년 계획' 이라는 계획을 세우고 실현하기 위해 박차를 가하고 있다. 이 계획 안에는 투르 공항 재정비 계획이 포함되어 있다. 국제선 발착(發着)도 준비하고 있으며, 이 계획이 실현된다면, '해상 네트워크' 를 대신해서 '공중(空中)네트워크' 와 '육상 네트워크' 가 새로운 라야 · 투르 지역을 형성해 나갈 것이다.

아시아에서 본 동인도회사

도리이 유미코 鳥井裕美子

지금으로부터 약 20년 전, 네덜란드 유학중이었던 나는 레이덴(Leiden. 네덜란드 서부 조이트홀란트 주의 도시-역주)의 한쪽 모퉁이에서 '데지마(出島) 거리(Decima Straat)'를 발견하고 묘한 기분에 사로잡혔다. 자와 거리, 수리남 거리, 포모사(타이완) 거리, 수마트라 거리 등 길거리에 옛 식민지 이름을 붙인 것이었기 때문이다. 네덜란드 인에게 물어보니, "데지마도 네덜란드 점령지 중 하나였어요"라고 당연한 것처럼 대답했다. 최근의 유럽 공통 교과서 《유럽의 역사 제2판》(1998년)에도 "네덜란드 인은 '해운업자'로서 대서양과 인도양을 지배하고 향신료의 거래를 독점하여 광대한 식민지 제국을 구축했다"라고 동인도회사에 대해 기록하고 있다.

네덜란드의 황금 시대를 받쳐주던 네덜란드 동인도회사의

실태는 과연 어떠했으며 아시아에서 동인도회사가 갖는 의미는 무엇일까? 경제사에 국한하지 않고 문화적 측면까지 포함해서 살펴보고자 한다.

동인도회사란 17~19세기에 아시아와 유럽 간의 무역 회사, 즉 아시아에서 식민지 경영을 했던 유럽 제국의 독점적 특허 회사의 총칭이다. 영국(1608~1858년)과 네덜란드(1602~1799년)가 가장 핵심을 이루고 있고, 프랑스(1604년 설립, 활동은 1664~1769년)가 그 뒤를 따른다. 덴마크, 스코틀랜드, 스페인, 오스트레일리아, 스웨덴도 규모는 작지만 동인도 회사를 가지고 있었다. '동인도'란 콜럼버스가 '발견'한 '서인도'와 구별해서 고대의 인도를 가리키는 말로, 영국이나 네덜란드 동인도회사의 특허장에는 '희망봉의 동쪽, 마젤란 해협의 서쪽'이라고 규정하고 있다.

스페인이나 포르투갈의 해외 무역이 왕실의 독점 사업이기 때문에 이윤 추구를 목적으로 하지 않았던 것에 비해, 동인도회사는 국가와 연관이 있는 상인들이 공동 출자해서 만든 주식회사로 상업 활동 그 자체가 목적이었다. 그러나 특허장에는 무역 독점 이외에도 조약 체결, 전쟁 수행, 화폐 주조 등의 권한이 기록되어 있다. 또한 동인도에서 국가와 대등한 권력을 부여받았던 회사가 이후에는 식민지 경영에 눈을 돌리게 되었다는 것을 알 수 있다.

여기에서는 네덜란드 동인도회사에 초점을 맞추고, 필요에 따라 영국과 프랑스도 언급하면서 아시아 각지에서 어떻게 대립하고 상호 의존했는지 전체적인 모습을 이야기해 보고자 한다.

1. 네덜란드 동인도회사 성립 배경

16세기 말의 네덜란드(일본어의 'オランダ'는 홀란드(Holland)에서 유래한 말로 포르투갈 어 Olanda에 어원을 두고 있다. 본래는 ネーデルラントNederland='낮은 토지'가 올바른 표현이다)는 스페인의 합스부르크와 독립 전쟁(1568~1648년, 80년 전쟁)이 한창이었다. 작은 나라 네덜란드가 자력으로 아시아 진출을 꾀했던 것은 무엇 때문이었을까? 당시 스페인이 포르투갈과 합병(1580년)하면서 포르투갈의 리스본 항구가 문을 닫게 되었다. 그러자 중개 무역을 할 수 없게 된 네덜란드는 향료 무역의 중심지인 몰루카(마르크) 제도(Molucca Islands. 인도네시아 셀레베스 섬과 이리얀 자야 주 서쪽 끝 사이에 산재하는 제도-역주)에 집중하기 시작했다. 물론 여기에는 아시아에서의 이베리아 세력을 꺾으려는 전략이 숨어 있기도 했다.

네덜란드에 '청어는 모든 상업의 어머니이다'라는 말이 있다. 네덜란드 사람들은 13세기 말부터 북해의 청어잡이에 종사하기 시작해, 14세기 말에는 소금 절임법과 통조림 기술을 개발하여 남유럽 각지로 수출했고, 이로써 막대한 이윤을 남겼다. 이 청어잡이 배와 어부를 모태로 하여 상업과 해운이 발달했다. 남유럽과 북유럽을 잇는 중개 무역과 발트 해 무역, 모직물 공업 등에서 힘을 얻은 신흥 상인 계급이 마침내 스페인의 압제 정치에 반기를 들기도 했다.

해운이 발달하기 위해 필요한 요소에는 인력, 재력, 동력, 기술(조선, 항해, 제도(製圖), 인쇄) 등이다. 오늘날에는 일본의 큐슈와 거의 같은 면적을 갖고 있는 네덜란드는 국토의 약 4분의 1이 해면보다 낮다. 그러나 중세 때는 바다보다 낮은 면적이 지금의 절반 정도밖에 되지 않았다. 네덜란드 인은 바다에 제방을 쌓아 물을 막고, 남은 물을 빼 내어 간척지를 만드는 등 부지런히 토지를 늘려왔다. 14세기에는 배수(排水)를 위한 동력으로 강풍을 이용한 풍차가 이용되었고, 16세기에는 이 풍차 동력이 제재(製材), 양모, 염료 등 각종 공업에 이용되기 시작했다. 바람의 에너지를 동력으로 전환하는 메커니즘, 즉 풍차 날개에 쓰이는 돛과 같은 천이나 방향을 고정시키는 밧줄과 도르래, 동력을 전달하는 회전축과 톱니바퀴 등이 모두 범선의 발달과 관련이 깊다. 또한 16세기 후반의 암스테르담에는 남부의 부유한 상공업자와 스페인과 포르투갈의 유대인 등이 상업을 목적으로, 혹은 종교적 박해를 피해 대거 이주해 왔기 때문에 인구와 자본이 급증했다.

조선(造船) 분야에서는 비교적 커다란 대포를 실어 원거리 해

전(海戰)에 적합한 야트(jacht) 선(영어yacht=요트의 어원)과 세 돛대를 달아 갑판의 폭은 좁지만 동체의 부피가 커서 대량 화물을 운반하는 데 적합한 플라이트(fluit) 선이 개발되었다(1590년). 야트의 특징은 작고 가벼워 빠른 속도로 움직일 수 있다는 것이다. 한편 플라이트 선은 17세기에 동인도 각지에서 화물 운송에 활약했는데, 건조비가 싸고, 적은 인원으로도 조종 할 수 있는 플라이트 선은 이 시기에 만들어진 것들 중에서 가장 혁신적인 것이었다.

또한 네덜란드에는 최신 항해술에 정통한 남자들이 많았으며, 중요한 것은 지도와 해도(海圖)였는데 네덜란드는 일찍부터 인쇄 기술이 매우 발달했었다. 16세기에는 제도와 하해(下海) 측량법을 가르치는 학교가 세워졌다. 플랑드르(당시의 남네덜란드) 사람인 메르카토르(Gerardus Mercator. 1512~1594. 네덜란드의 지리학자-역주)가 완성한 투영도법(投影圖法. 공간에 있는 물체의 형태와 위치를 평면 위에 정확히 나타내어 그리는 일-역주)은 해도를 비약적으로 발전시켰다. 같은 플랑드르 사람인 오르테리우스는 유럽과 아프리카를 비롯한 세계 각지의 지도 70장이 들어 있는 지도첩을 간행했다(《지구의 무대 Theatrum Orbis Terrarum》 1570년). 17세기에 들어와서는 암스테르담이 유럽 지도 제작의 중심지로 떠올랐다. 유명한 지도 제작자 플란키우스도, 항해와 천문학에서 쓰이는 기구와 지도를 제작, 출판하여 명성을 쌓아올린 브라우 일가의 창지사 위렘 브라우도 동인도회사에 고용되었다. 이들은 해도와 세계 지도를 제작하면서, 동인도회사와 밀접한 관계를 맺고 있었다.

이러한 다양한 조건과 함께 아시아에 대한 항로 정보가 더해지면서 1595년에 드디어 첫 번째 항해가 이루어졌다. 코르넬리스와 하우트만이 지휘하는 4척의 함대는 희망봉을 돌아 마다가스카르에서 인도양을 횡단하여 수마트라 섬과 자바 섬에 도달했다. 그리고 출항 후 1년 2개월만에 반탐에 상륙했다. 당시 반탐(반탐 왕국의 수도)은 말레이 인, 벵골 인, 구자라트 인, 시나 인, 포르투갈 인, 아라비아 인 등이 한데 섞여 거주하는 국제도시로, 하루에 세 곳에서 시장이 열리고 각종 물품이 넘쳐났으며 그 속에서 번영을 누리고 있었다. 당시 이슬람 도시 반탐에서는 이슬람의 지도자 역할을 담당했던 페르시아 인, 아라비아 인, 터키 인 등의 영향력이 매우 컸다. 시나 인과 포르투갈 인은 경제적, 기술적인 면(철포나 화약을 제작 및 조작)에서 중요한 위치를 차지하고 있었지만, 시내에 거주하는 것은 허락되지 않았다. 하우트만은 항해기에 다음과 같이 기록했다.

반탐에서 무역을 허가받았던 함대는 1597년 8월, 배 1척과 선원 160명을 잃고(출항시 249명) 귀국했다. 선적한 화물은 양이 적고 배당도 없었지만, 자력으로 동인도 항해를 달성했다는 것과 무역로를 개척했다는 데에 의의가 컸다.

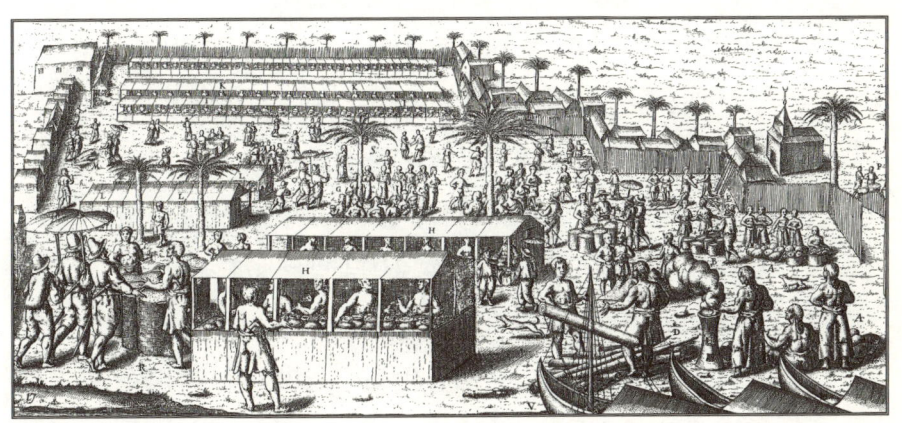
2-19 반텐의 큰 시장(하우트만의 항해기)

1595년부터 1601년까지 동인도로 향한 배는 65척(그 중 50척 귀환)으로, 이 배들을 파견한 회사는 '원방회사(遠方會社, Compagnie van Verre)' 또는 '선구회사(先驅會社, Voorcompagniën)' 등 모두 열네 개의 회사였다. 그 중 로테르담 회사가 1598년에 파견한 5척의 함대 중 1척이 1600년 4월에 일본 훈고(豊後)에 도착한 리프데(De Liefde) 호이다. 우후죽순처럼 설립된 회사들은 규모는 작았지만 서로 간의 분쟁이 끊이지 않았고, 결국 매입가의 폭등과 판매가의 하락을 초래하고 말았다. 이에 1585년에 성립한 네덜란드 연방공화국 의회는 회사를 통합하려 하였다.

한편 네덜란드보다 먼저 동남아시아에 진출했으면서도 경제와 군사적인 측면에서 네덜란드에 뒤처지고 있던 영국은 이에 대항하기 위해 1600년 12월 31일, 영국 동인도회사를 설립했다. 그러자 네덜란드도 이에 자극받아 홀란드 주 의회법률고문 올덴바르네펠트의 제창으로 네덜란드 동인도회사(De Verenigde Oostindische Compagine. 통칭 VOC)를 설립했다(1602년 3월 20일). 자본금 약 650만 길더는 영국 동인도회사의 자본금보다 열 배 이상 많은 돈이었으며 연방의회로부터 받은 46조에 이르는 장문(長文)의 특허장은 주식회사의 이사와 주주의 유한책임제와 주식의 자유로운 양도 등을 규정하고 있었다. 이 특허장은 이후로 유럽 대륙에 있어서 주식회사 특허장의 대표적인 본보기가 되었다.

2. VOC의 조직과 교역, 정보 네트워크

네덜란드의 VOC는 선구회사의 세력 관계가 한데 뒤얽혀 암스테르담, 밋델부르프(제란트), 로테르담, 델프트, 호른, 엔크하이젠의 여섯 곳을 지부로 하는 카멜(kamer) 제도를 만들고, 각 카멜에서 이사(정관(定款)에는 60명)를 선출하여 그 가운데 17명이 중역회(17인회. Heeren XVII)를 구성하도록 했다. 중역회는 최고 기관으로서 전반적인 회사 운영 방침을 결정했지만, 모든 카멜이 평등한 것은 아니었다. 자본금에 비례해서 암스테르담이 압도적인 우위를 차지했고 밋델부르프가 그 다음이었다.

또한 동인도에서는 각 지역마다 상관(商館. Factorij)을 두었다. 상관의 수는 시대에 따라 다르지만, 페르시아에서 일본에 이르는 영역에는 20~30개의 상관이 존재했다. 상관의 크기는 ① 회사의 점령지, ② 독점적 계약지, ③ 제약이 딸린 거래 계약지로 분류한 뒤, 중요도에 따라 다시 5단계로 나누었다. 가장 규모가 큰 상관 그룹은 암본, 반다, 몰루카, 코로만델, 실론(스리랑카의 옛 이름-역주), 말라카, 희망봉, 자바 북동해안, 마카사르이며 이곳은 '장관(Gouverneur)'이 지휘했다. 경제적으로 중요한 벵골, 수라트, 페르시아는 '이사(Directeur)'가, 말라바르, 수마트라 서해안, 반탐은 '부장 혹은 관구장(管區長. Commandeur)'이, 체리본(치르본), 파렌반, 반자르마신은 '지사(Residenten)'가, 일본과 티모르처럼 소규모 상관은 '상관장(Opperhoofden)'이 지휘했다.

  VOC는 1603년에 반탐을, 1605년에는 암본을 포르투갈에게서 빼앗아 차례로 상관을 설립해 나갔다. 그러나 스페인 및 포르투갈 인과의 싸움, 원주민과의 반목(反目), 영국인과의 경합(競合) 속에서 통일된 명령 계통이 있어야겠다고 통감하고, 1609년에는 '총독(Gouverneur Generaal)' 파견을 결정했다. 나아가 몬순의 교차점인 쟈카타라(Jacatra. 지금의 자카르타)를 점령하여 바타비아(Batavia. 네덜란드 민족의 라틴 이름에서 따왔다)라고 이름짓고는 자신들의 활동 거점으로 삼았다(1619년). 성채 도시 바타비아의 건설을 추진한 사람은 제4대 동인도 총독인 쿤(Jan Pieterszoon Coen. 1587~1629년)이었다. 제6대 총독의 자리에도

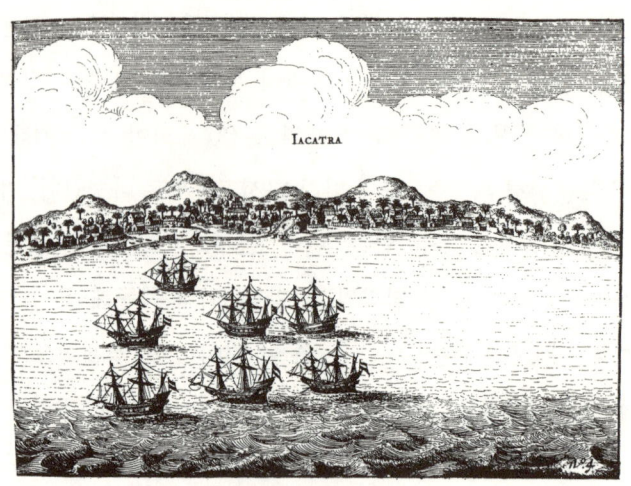

2-20 1607년의 쟈카타라(마테리프의 《항해기》에서)

앉았던 쿤은 네덜란드에서 식민지 건설의 영웅으로 네덜란드 해외 제국의 창시자로 칭송 받았다. 바타비아에서는 총독과 인도 참사회(參事會)가 바타비아 정부 청사를 구성하고, 이 정부 청사에는 동인도 각지에 퍼져 있는 상관에게서 들어오는 보고와 요구 사항을 수렴하여 본국의 중역회에 전달하였다. 이러한 정보 네트워크를 통해 각종 기록이 조직적으로 작성하고 보관하는 문서 제도도 마련하였다.

VOC의 목표는 유럽과 아시아의 무역에서 후추와 향료를 독점하는 것이었다. 이를 위해 아시아의 기존 교역 네크워크에 참가하여 아시아 각지를 연결하는 다각적인 무역 활동을 펼쳤는데, 이 활동의 거점이자 상품의 집산지 역시 바타비아였다.

네덜란드뿐만 아니라 각지의 동인도회사는 일반적으로 아시아 시장을 노린 것이 아니라, 바로 아시아에서 나는 물품을 노리고 있었다. 아시아의 여러 나라 역시 아시아에서 생산되는 다른 나라의 물품을 원했다. VOC가 전성기 때 벌어들인 막대한 이윤도 일본이 공급한 금, 은 그리고 동이 있었기에 가능했다고 한다. 그런데 네덜란드와는 대조적으로 17세기에서 18세기 중반까지 영국은 아시아 무역에 필요한 자본을 유럽에서 운반해 와야만 했고, 은의 대량 유출로 회사를 해산해야 한다는 논의가 일어난 적도 있었다.

VOC가 전 세계적인 규모의 교역 및 정보 네트워크를 추진할 수 있었던 이유는 해운의 발달과 이를 뒷받침해 주는 바다로 향한 도전 정신 때문이었다. VOC 시대에 아시아로 향한 배는 모두 4,720척, 인원은 약 100만 명으로, 이 중 귀국자는 세 명 중 한 명꼴이었다. 아프리카 서해안과 희망봉을 돌아 순다해협에 이르는 항해 경로는 오고 가는 길이 조금 달랐는데, 갈 때는 8~9개월, 올 때는 약 7개월 정도 소요되었다고 한다. 동인도로 건너간 VOC 종업원의 직종은 행정이나 무역 담당자, 선원, 군인, 외과 의사, 목사 등으로 군인이 대다수를 차지했다. 하급 군인 중에는 스칸디나비아, 덴마크, 독일 출신이 많았다. 위험이 도사리고 있는 항해를 감수해 가면서까지 VOC로 간다는 것은 본국에서 직업이 없는 '낙오자'에게 있어 최후의 수단이나 다름없었지만, 모험심과 지적 호기심에서 참가하는 사람도 적지 않았다(일본에 온 독일 박물학자 켄펠, 스웨덴 식물학자 춘베리 등). 또한 기독교 포교 활동이 활발했던 지역도 있었는데, 그 중 암본, 실론, 타이완에서는 꽤 성공을 거두기도 했다. 일본 히라도(平戶)의 네덜란드 상관장을 오랫동안 역임한 카론(Francois Caron)이 히라도를 떠난 후 프랑스 동인도 회사에서 근무했던 것처럼, 인원의 다국적성과 유동성은 동인도회사 전반에 나타났다.

VOC의 경우, 1700년의 통계에 따르면 동인도의 전 종업원은 1만 8,117명(이 중 아시아 인은 723명으로, 선상(船上) 인원을 합치면 전체의 5퍼센트)이다. 상관별로 따져 보면 많은 순으로, ① 바타비아(3,853명), ② 실론(2,966명), ③ 자바 동해안(1,017명)이며, 이하 암본, 마카사르, 반다 등으로 이어지고, 가장 적은 곳이 일본의 나가사키(10명)였다. 18세기에도 자바 섬, 반다 제도, 셀레베스(술라웨시) 섬, 수마트라 섬, 몰루카 제도, 티모르 섬, 보르네오(칼리만탄) 섬 등 거의 지금의 인도네시아와 맞먹는 영역에 인원의 50퍼센트를 배치했다. 인도 아대륙을 모두 합치면 그 인원은 약 75퍼센트를 넘는다(통계는 Gaastra, 1982). 물론 광대한 아시아 전역에서 1만 8,000~2만 5,000 명이 약 20개소에 나뉘어 있었다고 본다면 오늘날에 비해 매우 적은 숫자에 불과하다. 그런데 어떻게, 왜 아시아 무역에서 서양 세력의 패자(覇者)로 떠오를 수 있었던 것일까? 예컨대, 자바 섬의 식민지화는 어떻게 추진할 수 있었을까? VOC가 어떤 활동을 펼쳤는지 지역별로 나누어 살펴보고자 한다.

3. 아시아 각지에서 본 VOC

동남아시아 – 자바 섬 외

제3대 동인도 총독 레알은 법률학자이기도 했기 때문에 원주민의 무역 활동을 부당하게 억압해서는 안 된다고 생각했다. 그러나 그를 이어 총독의 자리에 오른 쿤은 동인도에서 네덜란드가 무역을 추진하기 위해서는 향료가 나는 섬들을 독점해야 한다고 생각했고, 이를 위해 무단(武斷) 정책을 강행했다. 쟈카타라의 영국 상관을 불태우고 바타비아로 개명한 뒤 VOC의 활동 거점으로 삼은 쿤의 다음 목표는 반다 제도 정복(1621년)이었다.

반다 제도의 원주민이 향료를 건네주지 않으려 하자, 이를 영국이 선동한 것이라 생각한 쿤은 함대를 지휘해 잇달아 섬을 공격했고, 결국 800명에 가까운 원주민을 잡아 자바 섬의 노예로 삼았다. 또한 저항하는 주민의 우두머리 47명은 참살했다. 수천 명의 주민은 죽음을 선택했으며, 다른 섬으로 도망가려고 했던 사람 중 160명은 살해당했다(나가즈미 아키라(永積昭), 1971). 이것은 피를 좋아하고, 목적을 위해서는 수단과 방법을 가리지 않는 '마키아벨리즘의 화신' 인 쿤을 상징하는 사건이었다.

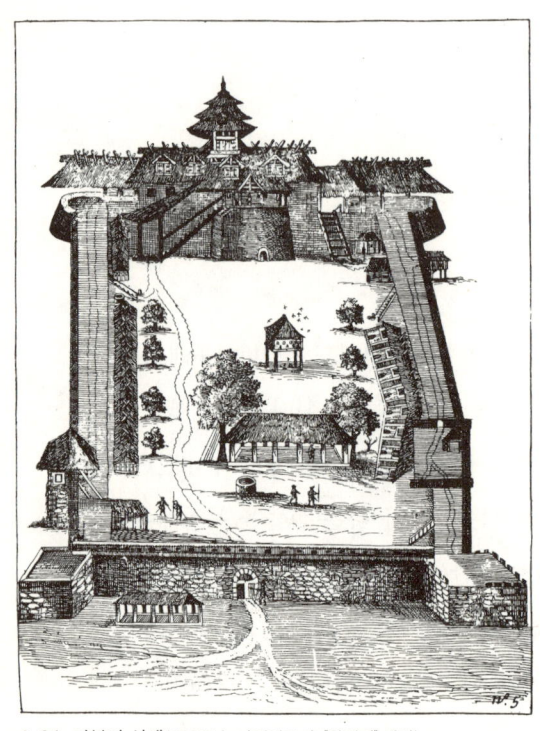
2-21 암본의 성채(1607년. 마테리프의 《항해기》에서)

　암본 섬 학살 사건 (1623년)이 일어난 것은 쿤이 떠난 직후였다. 1619년 영국과 네덜란드의 동인도회사 협정 이후로 암본의 영국 상관은 네덜란드 요새 안에 있었다. 영국 상관의 일본인 고용인이 요새 내부를 조사했다는 혐의를 받았고, 상관원이 그를 취조와 고문을 한 끝에 네덜란드에 대한 반란 계획이 드러났다. 그래서 영국인 10명, 일본인 10명, 포르투갈 인 1명을 처형한 것이 이 사건의 전말이지만, 자백의 신빙성이나 진상은 아직까지도 명확하지 않다. 이 일도 쿤이 뒤에서 조종했을 거라고 오해한 영국에서는 네덜란드에 대한 반감이 높아져 결국 양국의 협조까지 깨지고 말았다. 후에 영란(英蘭)전쟁의 불씨가 되기도 했던 이 사건으로 영국은 자바 섬 전체에서 철수를 했고, 같은 해에 일본의 히라도 상관에서도 업적 부진으로 밀려났다. 그 후로 영국은 인도에 전력투구하게 되었다.

쿤은 네덜란드 인의 수를 늘리기 위해 본국에 아이들과 성인 남녀를 보내달라고 요청했다. 또 바타비아 시(市)에서는 학교와 교회를 건설하고 원주민과 화교(華僑)의 이주도 장려했기 때문에, 남북으로 약 1.4킬로미터, 동서로 약 1킬로미터에 이르는 이 성채 도시에는 네덜란드의 회사원과 자유민(일반 시민), 반다 인, 암본 인, 브기스 인, 마카사르 인, 말레이 인, 일본인, 중국인 등이 거주하게 되었다. 1632년의 통계에 따르면 시민 8,058명 중 네덜란드 인은 2,368명, 일본인은 83명, 중국인은 2,390명이었다고 한다. 바타비아의 총독은 다루기 어려운 일본인과 중국인은 그들 중에서 우두머리를 뽑아 자국민을 단속하고 재판하도록 했다. 일본인은 본국의 '쇄국 정책'으로 인하여 본국과 연결이 두절된 채 이 속에서 동화해갔다. 중국인은 이민의 수가 계속 증가하여 18세기 초에는 그 수가 1만 수천 명으로 증가했다. 총독부는 그들에게 우호적인 정책을 폈는데, 중국인의 교묘한 상업 활동이 커다란 영향력을 갖게 되면서 서서히 원주민과 자바 농민을 압박하는 지배 권력의 대리인 역할을 담당하게 되었다. 차(茶) 무역과 더불어 계속되는 중국인 이민, 즉 화교의 증가는 치안 문제가 악화하는 결과를 초래하여 당국과 마찰을 빚기도 했다. 화교를 체포해 실론으로 이송했다는 소문이 퍼지면서 1740년 가을에 폭동이 일어났다. 여기에는 서로 오해한 부분이 있긴 하지만, 네덜란드 인은 일주일 동안 화교를 닥

치는 대로 살해했다. '바타비아의 광포(狂暴)' 혹은 '화교 학살 사건'이라 부르는 이 사건의 희생자 수는 정확하지 않다(일설에는 1만 명 남짓이라고 한다). 그러나 무력과 책략으로 현지 세력을 몰아내고 상업 영역을 넓혀왔던 네덜란드 인과 VOC 내부의 무질서와 부패가 폭로된 동란(動亂)이었다. 그 후 화교 생존자들은 바타비아 교외의 특정 지구에 모여 살았다.

2-22 암본 섬 학살 사건 당시의 판화(L. Blusse /J. de Moor, 1983)

쿤은 "전쟁 없이는 무역을 할 수 없고, 무역 없이는 전쟁을 유지할 수 없다"고 말했다. 하지만 1743년에 총독의 자리에 오른 판 임호프는 "회사의 결점은 상인과 국가 원수라는 이질적인 두 가지를 무리하게 이어붙인 데 있다"며 무력 개입에 따른 지출 증대를 정책으로 보완하는 개혁안을 실행에 옮겼다. 본래 VOC는 바타비아 주변과 반다 제도 이외에는 영토 획득에 관심을 보이지 않았다. 그러나 독점한 향료의 상품 가치가 하락하면서 특정 산물(면사, 남빛 물감, 커피 등)을 지정 가격으로 납입하는 의무공출제(義務供出制)를 시작하자 각지에 소란이 일어났고, 결국 이를 해결하기 위해 영토를 확대하는 방향으로 변화했다. VOC는 자바 인을 토벌할 때는 암본 인을 이용하고, 발리 인을 통치할 때는 자바 인을 이용하는 등 민족 간의 대립을 이용하는 '분할 통치'의 수법을 자신들이 확대한 영토에 도입하였다. 판 임호프 이후에는 이것이 동일 국가, 동일 민족 내의 대립을 이용하는 더욱 효과적인 통치법으로 발전했다고 한다. 그러나 계속되는 지배 영역 확대는 현지 주민의 부담을 증가시켰다. 마침내 집단이나 계층 간의 분열과 대립뿐만 아니라 각지에서의 일어난 분쟁의 싹이 되고 말았다. 19세기에 들어와서 전제 지배 체제는 더욱 가혹해졌다. 한편 네덜란드 령 동인도 영역(인도네시아의 원형)이 완성된 것은 1910년대였다. VOC 시대의 영토는 그 일부에 지나지 않았다. VOC의 패권은 주로 항구 도시와 항로를 장악하는 사람에게로 돌아갔다. 그러나 바타비아에서 그랬듯이 네덜란드의 지배에는 몇 가지 불안정한 요소가 있었다.

남아시아 — 실론과 인도

네덜란드의 실론 통치는 자바 이상으로 식민지적 성격이 두드러졌다고 한다. VOC는 포르투갈 인을 싫어했기 때문에 내륙의 간디 왕과 손을 잡고 해안 쪽에 자리잡고 있던 포르투갈의 거점을 잇달아 공격해서 점령(1636~1658년)하고, 코론보 상관을 중심으로 상품 가치가 높은 양질의 시나몬(cinnamon. 계피)을 독점하고자 했다. 한편 시나몬의 공급에는 카스트를 이용했다. 18세기 초에는 간디 왕의 외국 무역권을 억압하여 실론 섬을 커피와 설탕 등의 시장으로 삼았다. 그러나 포교 활동에도 어느 정도의 성공을 거두었던 동인도회사는 내륙까지는 침투하지 못했기 때문에 해상 무역을 완전히 독점할 수 없었다. 실론과 인도 간의 긴마(후추나무과의 줄기성 반저목-역주), 쌀, 직물 거래는 변함없이 현지 상인이 취급하고 있었다. 150년에 달하는 VOC의 실론 지배에 대해 아라사라탐은 다음과 같이 결론지었다. "사회와 경제는 그 기간 동안 몇 가지 면에서 영향을 받았다. 상업과 경제 활동의 가속화는 전통적 경제 행위에 변화를 가져왔고, 연안 지역에는 상업 논리가 침투했으며, 19세기의 빠른 변혁을 가능하게 했다. 연안 지역의 도시화가 거세지고, 도시 사회는 서구적인 생활 방식에 점점 물들어갔다. 그리고 프로테스탄트(기독교-역주) 식과 네덜란드 식 공동 사회가 영원히 실론 섬에 자리잡았다"(S. Arastratnam, *De VOC in Ceylon en Coromandel in de 17de en 18de eeuw* in Meilink-Roelofsz, 1976).

한편, 16세기 말에는 강력한 무굴 제국이 인도를 지키고 있었고, 포르투갈 역시 고아나 고친 등의 거점을 지키고 있었다. VOC는 1605년, 포르투갈 세력이 약한 인도 동해안의 코로만델에 조사단을 파견하고, 다음해 골콘다 왕국의 칙령을 받아 마스리파탐에 상관을 개설하여 파리아카타(프리카트)를 얻어 활동 거점으로 삼았다. 코로만델 해안에서 생산된 직물은 그 일대에서 가장 좋은 품질이었다. VOC는 그 직물이 대량으로 필요했기 때문에 17세기 말에는 코로만델 해안에만 9개의 상관이 활동하게 되어 일본으로 목면이나 상어 껍질을 수출했다.

인도 북동부인 벵골에서도 VOC는 무굴 황제 샤자한의 칙허를 얻어 푸그리에 상관을 개설했다(1635년). 하지만 포르투갈인의 방해와 현지 상인의 저항이 VOC의 진출을 어렵게 했다. 마침내 영국 동인도회사도 푸그리에 상관을 설립(1651년)하고, 프랑스 동인도회사도 근처 샨데르나고르에 상관을 개설(1673년)하여, 벵골의 경제는 활기를 띠게 되었다. 인도의 역사가 옴 프라카쉬는 네덜란드 인과 영국인의 참여가 벵골 지역의 경제에 어느 정도 이로운 요소로 작용하여, 그들의 무역으로 생산량과 수입, 고용이 증가됐다고 했다. 그에 따르면 네덜란드와 영국 무역의 가장 두드러진 특색은 물물 교환보다는 귀금속과 물자의 교환에 있었다. 수입된 귀금속은 무굴 제국의 화폐 제도가 원활히 운용되는 데 중요한 역할을 담당했다. 17세기 세계 경제에 인도를 편입시키는 매체로 작용했던 영국 동인도회사는 18세기 후반에 이르러 벵골의 정치 권력을 손에 쥐고 영국과 인도의 식민지 관계 수립에 앞장을 서게 된다. 영국이나 프랑스와는 대조적으로, 인도에 있어서 네덜란드 인의 존재는 정치색을 띠는 법이 없었다. VOC는 1720년까지 영국보다 훨씬 많은 무역량을 자랑했다. 포르투갈도 아시아 무역에 뛰어들었지만, VOC의 막대한 무역량을 따라가지는 못했다. 하나의 회사가 홍해 페르시아 만에서 일본에 이르는 광대한 지역을 맡아 무역 활동을 했던 것은 아시아 무역을 하기론 VOC가 처음이었다. 이로써 직물, 생사, 초석(硝石) 등 유럽 인이 갈망하는 상품을 대량으로 생산하는 인도는 중요한 위치를 차지하게 되었다(Om Prakash, 1985).

인도 서북부로 시선을 옮겨보면, 17세기 초 구자라트 왕국의 슬라트가 외국 무역으로 활기를 띠고 있었다. 영국 동인도회사가 인도에서 최초로 상관을 연 지역이 바로 이곳인데(1612년), VOC도 총독 쿤의 지령에 따라 상관 설립 허가를 얻어 1620년부터 활동을 시작했다. 쿤의 생각대로 슬라트는 페르시아 · 홍해 무역이나 인도 내륙 지역과의 무역, 일본 무역의 거점 중의 하나가 되었다.

17세기 초까지 네덜란드 인과 영국인은 포르투갈 인의 독점을 무너뜨리고 인도 무역에 뛰어들었지만, 상품의 매입과 판매는 인도 상인에게 의존하고 있었다. 인도 상인이 직물 무역에서 국내와 해외 시장을 숙지하고 있었기 때문이다. 최근의 연구 결과를 보아도 유럽의 여러 동인도회사는 바다 위를 지배했지만, 아시아 무역에서 인도 상인을 배제할 수는 없었다. 유럽인의 역할은 인도 해외 무역의 일부에 지나지 않았다. 네덜란드와 영국 역시 무굴 정부와 인도 상인의 협력 없이는 상업 활동을 유지할 수 없었다. 그들은 인도 상인의 화물을 자신들의 배로 운반해야 했고, 이로써 인도의 해운업은 발전하게 되었다. 또한 유럽 인은 남빛 염료, 캘리코(흰 무명-역주), 생사, 초석 등 새로운 수출품과 그 시장을 개척했는데, 유럽 시장과 인도는 긴밀하게 연결되어 있기 때문에 인도의 경제는 성장했지만, 금과 은의 급속한 유입이 물가 상승을 초래했다. 유럽 여러 나라는 금과 은의 대체품을 찾아 인도의 직물 무역을 지배하려 들었지만 성공하지 못했다. 결국 그들은 인도나 그 부근 영토를 손에 넣어 식민지에서 걷어 들이는 세금을 가지고 유럽으로 보내는 수출품을 구입하고자 했다. 한편 작은 나라 네덜란드에서는 인도 회사에 영향력을 미칠 수 있는 실력가를 보낼 힘이 없었지만, 영국과 프랑스는 인도를 지배하기 위해 싸웠다. 그러나 무굴 제국의 유능한 주(州) 장관에 의해 인도가 통일되어 있는 한 그들의 계획은 성공을 거둘 수가 없었다. 그 후, 인도의 힘이 약해진 후에야 비로소 정복할 수 있었다(사티슈 찬드라, 1999년).

동아시아 – 일본, 타이완, 중국

네덜란드와 일본의 교섭은 리프데 호가 분고(豊後) 난바다에 도착한 1600년 4월 19일(영국인 윌리엄 아담스의 항해 일지에 따른 날짜)에 시작됐다. VOC는 1609~1641년 동안 히라도에 상관을 두고 중계 무역을 했다. 영국 동인도회사도 아담스에 이끌려 마찬가지로 히라도에 상관을 개설(1613년)했으나, 네덜란드와의 경쟁에서 밀리고, 막부의 규제와 상업 매매 부진으로 불과 10년 만에 상관을 폐쇄하고 일본에서 철수했다. 그 후, 영국 동인도회사는 인도를 본거지로 두고 몇 번이나 일본 무역을 재개하고자 했지만, 막부의 정책과 네덜란드 인의 저지로 막부(幕府) 말기에 조약이 체결될 때까지 통상을 재개할 수가 없었다.

도쿠가와(德川) 막부는 체제를 다지기 위해 무역 통제, 기독교 금교(禁敎), 일본인 해외 도항 엄금 등의 대외 정책을 명확히 내세웠다. 포르투갈 배의 내항을 금지(1639년)시켰고, 1641년에는 네덜란드 상관을 히라도에서 나가사키의 데지마로 이전시켰다. 네덜란드 인이 '국립 감옥'이라고 부른 데지마의 생활은 자신의 신앙까지 억압해야 할 정도로 매우 답답하고 어려운 것이었지만, 자유를 희생한 대가로 VOC가 얻은 것은 일본 무역 독점이라는 훈장이었다. VOC의 각 상관 중 가장 작은 규모이면서, 동시에 매력적인 은, 금, 동의 공급지였던 히라도와 나가사키의 상관은 최대의 순이익을 자랑했다. 17세기 말, 대부분의 상관이 적자를 내고 있을 때 나가사키의 네덜란드 상관은 회사의 금고 역할을 했다. 특히 일본의 동(銅)에 대해서는 판 임호프가 "일본 동은 우리의 댄스 파트너"라고 말할 정도로 약 100년 동안 아시아 무역에서 회사를 지탱해 주었으며, 유럽 시장에도 커다란 영향을 주었다. 꼭 네덜란드가 아니더라도, 에도 시대에 외국 무역을 하며 유출한 금, 은, 동의 양은 막대했고, 결과적으로 일본의 광산 자원이 거의 고갈되고 말았다.

리프데 호 출항 이후, 격렬하게 맞붙던 포르투갈, 네덜란드, 그리고 영국 가운데 네덜란드가 남긴 것은 기독교를 결코 전면에 내세우지 말고, 막부의 의향에 민감하게 대처하고, 때때로 굴욕을 참더라도 장사를 우선으로 하는 유연성을 갖고 있어야 한다는 것이었다. 막부가 보기에도 VOC는 쇼군(將軍)의 명령에 잘 따라줬기 때문에 둘 사이의 관계는 나쁠 이유가 없었다. 막부는 '에도 참부(參府)'와 '네덜란드 풍설서'(막부는 통사라는 관리를 통해 이들이 전해오는 정보를 '네덜란드 풍설서'라는 이름으로 보고토록 했다-역주) 제출을 의무화했는데, 이것으로 장군의 권위를 지키고, 관리 무역을 강화하며, 해외 정보를 정기적으로 입수할 수 있었다. 그러다 18세기에 들어서면서 금과 은의 수출이 제한되고, 동의 생산이 줄어들어 네덜란드와의 무역이 쇠퇴하기 시작했다. 한편 문학이나 학술적인 면에서도 교류가 활발했고, 이 시기에 서양에 대한 연구도 많은 성과를 나타나기 시작했다. 정치와 종교를 제외한 교섭에서 일본이 얻은 것은 세계의 산물과 정보, 그리고 발달된 서양 의학과 과학 기술 등이었다. 일본의 문화와 정보 역시 네덜란드 상관원(독일인, 스웨덴인도 포함)을 통해 세계로 전달되었다. 네덜란드 인이 머물렀던 데지마는 일본에 있어 일종의 안전 보장 장치이기도 했을 것이다.

한편 VOC는 중국과의 직접 무역을 희망했는데, 일본의 은을 획득하기 위해 중국에서 생산되는 양질의 생사와 견직물이 필요했을 뿐만 아니라, 회사의 중계 무역을 위해서는 중국의 풍부한 금이 중요했기 때문이다. VOC는 1604년과 1607년에 광둥(廣東)에 사절을 보내 무역 교섭을 진행했는데, 이것이 실패로 돌아가자 다음 대체지로 마카오를 공략(1622년)했다. 하지만 이도 여의치 못했다. 이 해에 히라도 상관장 칸프스가 본국 연방회의와 총독인 마우리츠에게 보낸 중국 무역의 효용에 관한 각서에는 다음과 같은 내용이 적혀 있다.

일본인에게는 단지 우정만 갖고 대우할 것, 만약 황제(히데타다(秀忠)가 아닌 이에야스(家康)를 가리킨다)가 우리에게 불만을 느껴 우정을 저버리고 입국을 금하는 사태에 이르렀을 경우 일본인은 스페인 사람이나 중국 사람보다 더욱 두려운 존재가 될 것이다. 중국 무역을 수중에 넣으면 해마다 생사와 아름다운 각종 견직물을 일본에 보내 황제의 친구가 될 수 있고, 회사 역시 만족할 만한 이익을 보게 될 것이며, 매년 100톤 이상의 금을 얻을 수 있을 것이다.

역시 간단히 포기할 수는 없었다. VOC는 이어서 펑후(澎湖) 제도 가운데 한 섬을 점거하고 요새를 쌓았다. 그리고 교전 끝에 명(明)나라로부터 펑후 제도에서 철수하는 것을 조건으로 '화외(化外)의 땅' 타이완 점령 및 정크 선과의 무역을 인정받았다. 네덜란드 인은 타이완 남쪽에 거점을 마련하고 제란디아 성(城)을 구축하였으며 여러 개의 마을로 나뉘어 살고 있던 원주민을 진압했다. 그리고는 이들을 귀순(歸順)시키는 동시에 중국에서 들어오는 이민을 장려하여 마을을 만들고 섬의 개발을 담당하게 하였다. 그 무렵 VOC도 교역의 한 거점으로서 이곳에 장관(長官)을 두고, 아시아 각지로 일본에서 입수한 은을 배분하도록 했다. VOC가 타이완으로 운반한 것은 향료와 주석 등이었고, 타이완에서 수출한 것은 사슴 가죽, 말린 사슴 고기, 이민자들이 재배한 사탕수수 등이었다. 이렇게 타이완은 일본, 중국, 동남아시아, 인도, 페르시아를 잇는 중계 기지로 떠올랐다. 슈인센(朱印船) 무역(1635년 쇄국까지 약 350척의 배가 슈인죠(朱印狀=무역 허가서)를 받았다. 당시 일본의 은(銀) 수출량은 세계 은 산출량의 3분의 1 수준이었다-역주)이 정지된 후, VOC의 타이완 상관이 갖는 중요성은 더욱 커져만 갔고, 업적 또한 늘었다.

네덜란드의 타이완 지배는 1624년부터 쩡청꿍(鄭成功)(명나라의 부활을 꿈꾸며 대만으로 건너와 네덜란드를 철수시키고, 타이완 개발의 기틀을 마련한 인물. 히라도 태생의 중일 혼혈아로 다른 이름으로 꿔싱예(國姓爺)라고도 한다. 이 일로 '타이완 건국의 아버지'로 불리고 있다-역주)에게 추방당한, 1661년까지 계속되었다. 네덜란드는 지배하는 동안 기독교 포교 활동을 동반한 회유책을 사용했다. 종교에 귀의한 원주민 마을에는 학교와 교회를 설립하여 교사와 목사를 배치했고, 로마 자(字), 네덜란드 어, 기독교 교리를 가르쳤다. 1641년에는 신자 수가 4,000~5,000명을 넘었다고 한다. 타이완에서는 지배와 교화가 수레의 양 바퀴처럼 진행된 것을 알 수 있다. 한편 교육과 교화에 드는 비용을 보충하기 위해 중국에서 들어온 이민자들에게 가혹한 세금을 부과했다. 땅에 대한 세금뿐 아니라 인두세(人頭稅. 납세 능력의 차이를 고려하지 아니하고 각 개인에게 일률적으로 매기는 세금-역주), 수렵과 어업 활동에 대한 세금까지 있어, 결국 불만을 품은 이민자들이 조직적으로 들고 일어나기도 했다.

그러나 VOC는 무역과 관련된 것들은 중국인에게 의존할 수밖에 없었다. 중국 상품의 안전과 정기적인 입수는 중국인의 힘 없이는 어려웠기 때문이다. 네덜란드와 가장 연관이 깊었던 인물은 해적단의 두목이기도 했던 쩡즈롱(鄭芝龍. 명나라 조정의 부름을 받아 해상권을 장악하고, 중국, 타이완, 일본을 무대로 무역을 함으로써 거부(巨富)가 되었다. 일본 여자와 결혼하여 후쿠마쓰(福松=쩡청꿍)와 지로자에몽(次郞左衛門)의 두 아들을 두었다-역주)이었다. 아들 쩡청꿍은 통역관이었던 경험을 바탕으로 네덜란드 인과의 관계를 유지하면서도, 자신의 통상 영역을 넓히기 위해 네덜란드 인과의 협력과 대립을 반복했다. 힘 있고 유능하면서도 교활한 쩡청꿍 때문에 네덜란드는 복잡한 무력 대립에 휘말리게 됐지만, 그가 푸저우(福州) 도독(都督)에 임명되면서(1636년) 해적이 단속되기 시작하자 VOC도 타이완 무역을 원활히 진행시킬 수가 있었다. 중국의 연안 정세가 혼란을 맞이하고 있을 무렵, 네덜란드에서는 강경파와 현실파가 대립을 하고 있었다. 무단파(武斷波) 총독 쿤은 중국에 타이완 무력 공격을 주장했지만, 갑자기 세상을 뜨는 바람에 그 훈령이 실행되지 못했다. 그 후 몇 번이나 무력 행사를 하려고 했지만 모두 실패로 돌아가 결국에서는 정치적으로 타협했다. 해적의 진압에 따른 타이완과 중국 본토와의 무역 확립, 나아가 타이완에서 철수하기까지, 네덜란드 인은 쩡즈룽, 쩡청꿍 부자의 손바닥 위에서 놀아났다고 볼 수 있다(나가즈미 요코(永積洋子), 1990년).

VOC는 1650년대 이후로 계속해서 광둥과 베이징(北京)에 사절을 보냈지만 성공한 사례가 없어, 결국 1690년에 일단 중국과의 직접 무역을 단념했다. 동인도회사가 정식으로 청(淸)왕조에게 무역 허가를 받아 광둥에 상관을 연 것은 1729년의 일이었다. 그곳에서의 활동은 영국, 프랑스, 덴마크 등과 마찬가지로 엄격한 제한을 받았다. 17세기에 네덜란드와 중국의 교섭이 실패로 돌아갔던 원인은 언어나 문화적·심리적 장해와 상호 호기심 결여 등을 들 수 있다. 네덜란드 인은 다른 유럽인과 마찬가지로 국제법이나 유럽의 습관에서 벗어나는 일을 불합리, 사악, 탐욕으로 보았고, 청왕조의 관리인은 중국 문화가 우월하다고 확신하고 있었기 때문에 네덜란드 인도 당연히 그것을 인정해야 한다고 생각했다. 조공(朝貢) 체제와 국제법을 구실로 삼은 자유 무역론의 차이에서 대립 구조를 띠고 있던 VOC와 청왕조, 이들 중 불평등한 조건을 참고 굴복한 쪽은 네덜란드 인이었다. '무역의 자유'보다도 '이익'을 우선시했기 때문이다(Wills, 1974).

한편 영국의 동인도회사는 인도를 거점으로 하여 계속해서 업적을 쌓아나갔다. 그러다 17세기 말에 접어들면서 이들은 중국 무역에 눈을 돌리기 시작했다. 1713년에는 청왕조에게 정식 권리를 인정받아 광둥에서 차를 정기적으로 출하하게 됐는데, 당시 영국에서 홍차 바람이 불었기 때문에 유럽으로의 차 수출은 계속 증가하는 추세에 있었다.

이를 지켜보던 VOC 역시 광둥과 네덜란드의 직항편을 다시 열기로 마음을 먹었다. 그러나 네덜란드는 이미 영국의 적수가 되지 못했다. 영란전쟁으로 국력이 저하됐고, 부정과 부패가 VOC 내부에 널리 퍼져 있었으며, 향료 이외에는 전혀 눈길을 주려고 하지 않아 재정이나 조직이 말이 아니었기 때문이었다. 1794년에는 VOC는 학식 있는 유능한 인재 아이작 티칭(Isaac Titsingh)을 베이징으로 파견했다. 영국이 마카토니를 파견한 것에 자극을 받아, 건륭(乾隆) 황제 재위 60주년(만수절萬壽節)에 축하의 뜻을 표한다는 목적에서였다. 그러나 그것은 다른 유럽 여러 나라도 사절을 파견한다는 잘못된 보고에서 비롯된 것으로, 베이징의 궁중에서는 그들을 맞을 준비를 하고 있지 않았다. 티칭과 그 일행은 손님으로서 대접받으며, 황제가 먹다 남긴 요리를 선사 받는 영예까지 누렸지만 '사절'로서 대접받지는 못했다. 데지마 상관장, 벵골 장관 등의 요직을 역임하고 《일본풍속도지(日本風俗圖誌)》를 쓴 티칭이었지만, 중국적인 방식에 휘둘려지는 데는 도리가 없었다. 네덜란드 인의 강한 인

내심과 적응성도 중국에는 적용되지 못했던 모양이다. 네덜란드 인과 중국과의 교섭에서 많은 것을 배운 영국, 프랑스, 미국, 러시아는 후에 대포와 무력을 앞세워 청왕조에 조약 체결을 강요했다.

끝으로

1795년 프랑스 혁명군의 침공으로 네덜란드 공화국은 마침내 쓰러지고 말았다. 9,600만 길더의 부채를 떠 안은 VOC는 1799년 12월에 해산, 소멸했다. 회사의 자산은 신정부에 접수되었고, 인도의 상관과 자바 섬은 영국의 지배하에 들어갔다. 실론과 케이프타운 식민지(희망봉)도 영국의 식민지가 되었다. 그러나 빈 회의 후, 독립을 회복한 네덜란드 왕국은 자바 섬을 되찾고 본격적인 식민지 경영에 착수하기 시작했다.

프랑스 동인도회사는 인도의 정치에 개입하고 있었는데, 플라시 전투(1757년 인도에서 영국의 동인도(東印度) 회사 군과 벵골의 태수(太守) 시라지 웃다울라 군이 벌인 싸움. 이로써 영국은 벵골의 지배권을 확립하고 인도 전 국토의 식민지화를 위한 침략적 교두보로 삼았다-역주)에서 영국에 패배하고, 재정 곤란으로 1769년에 해산했다. 영국 동인도회사는 자신들의 세력을 앞세워 인도를 지배하고 있었는데, VOC와 마찬가지로 회사 내부의 부정, 부패, 군사

지출 등으로 적자에 시달렸다. 또 한편으로는 본국에서 산업혁명의 영향을 받아 자유 무역론을 주장하는 사람들로부터 비판의 소리도 들어야 했다. 마침내 19세기 초에 영국 동인도회사는 인도와 중국의 무역 독점권을 상실하게 되고, 인도 대반란(세포이 항쟁. 1857년 영국 동인도 회사의 인도 지배에 반대하여 일어난 인도의 민족 운동-역주)이 일어난 후에 해산하고 만다. 이로써 영국 정부에 의한 인도 통치가 시작된다.

동인도회사의 말로가 모두 똑같은 양상을 띠고 있지는 않지만, 산업 자본의 발달로 역사적 역할에 종지부를 찍고 식민지를 국가에 위임한 점은 거의 비슷하다. VOC의 경우, 네덜란드령 동인도의 기초를 완성한 것은 아시아에서 보았을 때 잘못된 유산이라 할 수 있다. 그렇다면 진정한 유산은 무엇일까? VOC가 전성기를 달리던 무렵에도 무역 활동에서 중국 상인 이외의 현지 상인에게 의존했다는 점, 거점인 바타비아 지배에 불안정한 요소가 많았다는 점은 이미 앞서 논하였다. VOC가 성공할 수 있었던 요인은 금, 은, 동을 공급해 주는 일본과의 무역을 독점했기 때문이다. 하지만 나가사키에서 일본과의 무역보다 당선(唐船, 예전에 중국의 배를 이르던 말-역주) 무역의 몫이 훨씬 컸다. 아시아 각지의 경제 활동에 자극을 주어 새로운 가치관과 윤리관을 심어준 것도 확실하며, 아시아의 산물을 유럽 시장에 전한 것도 사실이다. 조선, 해운, 무기 등 과학 기술의 힘이 그것을 가능하게 했다는 것 또한 사실이다. 그러나 첫머리에서 논한 '광대한 식민지 제국'과 같은 표현은 사실과 다르다고 말할 수밖에 없다.

나의 생각으로는 VOC의 진정한 유산은 '기록'이다. 계통적으로 기록되고 보존된 각 지역의 상관 일기, 장부, 편지, 보고서, 항해 일지, 지도, 해도, 그림 등의 풍부한 기록을 VOC 문서라 부르는데, 헤이그의 국립 중앙 문서관(Het Algemeen Rijksarchief)과 자카르타의 국립 문서관(Arsip Nasional)에 보존되어 있다. 1614~1794년 동안 동인도 총독이 본국으로 보낸 보고서만 해도 폴리오 판(한 책의 두께가 10~15센티미터)으로 약 3,000권에 달한다는 그들의 기록은 VOC의 연구 자료이면서, 동시에 아시아 각지의 정치, 경제, 사회를 알 수 있는 제1급 자료인 것이다. 타이에 있는 한 친구는 VOC 문서 없이는 17세기의 타이 정치사를 파악할 수 없으며, 히라도와 데지마의 상관 문서는 일본의 사료를 보충해 주고 있다.

당시 동인도를 항해하는 배 중에 서적을 싣지 않은 배는 드물었다. 동인도회사는 종업원의 학술 연구를 장려했고, 출판을 돕기까지 했다. 목적지의 언어를 배워 사전을 만들거나, 종교, 풍속 습관, 진귀한 동식물을 관찰하고 연구한 목사, 의사들이 아주 많았다. 네덜란드 인 목사 파렌타인은 암본에서 성서를 말레이 어로 번역하는 데 몰두했고, 귀국 후에 간행한 《신구동인도지(新舊東印度誌)》는 최초의 아시아 백과사전으로 알려져 있다. 또한 겐로쿠(元祿. 1688~1704년) 기에 일본에 머물렀던 독일인 캠펠은 《일본지(日本誌)》를 썼는데, 나중에 영국, 독일, 네덜란드, 프랑스 등의 지식층에 널리 퍼져 몽테스키외, 볼테르, 칸트, 피히테 등에게 영향을 주었고, 그가 일본에서 수집한 물건들은 대영박물관 창설의 기초가 되었다.

영국 동인도회사가 학문을 중시하여 박물학, 지리학, 언어학 등에서 업적을 쌓아 올린 것도 VOC와 마찬가지로 유럽이 아시아를 이해하는 데 커다란 보탬이 되었다. 바타비아 예술 과학 협회(1774년 설립)와 벵골·아시아 협회(1784년 설립)의 활동은 두 동인도회사(네덜란드, 영국)의 일면을 상징하고 있다. 동인도회사가 지구를 반 바퀴 돌아 운반한 것은 무역품뿐만 아니라 문명과 학문도 있다. 아시아의 산물을 자국에서 생산하고 제조하려 했던 결과가 바로 산업혁명이며, 공업화 사회의 출현이었다고 한다면(아사다(淺田), 1984년), 동인도회사를 통해 유럽으로 전해진 아시아의 자극은 매우 중요한 의미를 지닌다. 이것은 문명, 사상, 학문의 관점에서 논의되어야 한다고 생각한다.

동인도회사의 상업 활동은 비록 아시아 영역 내에서는 기존 무역권의 주연 자리에 머물렀을 뿐이지만, 그것이 조직적이고 체계적으로 전개되어 '지(知)'의 교류와 축적을 수반했다는 점, 여기서 의미를 찾아야 하지 않을까?

제3장

삶과 바다

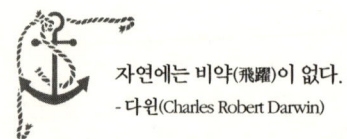
자연에는 비약(飛躍)이 없다.
- 다윈(Charles Robert Darwin)

앞 사진 | 오만의 스루 항에 정박해 있는 다우 선

마다가스카르와 보르네오

우치보리 모토미쓰 內堀基光

1. 6,000킬로미터의 인도양

마다가스카르 섬의 북동부에 있는 안타라하 반도의 해안에서 순다 열도의 가장 서쪽에 위치한 수마트라 섬의 반다아체(Banda Atjeh. 인도네시아 수마트라 섬 북쪽 끝에 위치한 도시로 아체 주의 주도-역주)까지의 직선거리는 5,300킬로미터이다. 이것이 인도네시아 제도와 마다가스카르를 잇는 최단거리이다. 또한 마다가스카르의 같은 지점에서 수마트라 섬과 자바 섬 사이에 있는 순다 해협까지의 거리는 6,300킬로미터이며 보르네오(칼리만탄) 섬 남단의 반자르마신까지는 자바 바다를 건너는 거리를 더해서 7,000킬로미터이다. 사실, 6,000킬로미터라는 거리는 도쿄에서 하와이 제도 서쪽 끝까지의 거리에 해당한다. 여기에서는 인도양에 의해 약 6,000킬로미터나 떨어져 있는 마다가스카르와 인도네시아 사람들의 유연성(類緣性)에 대해 이야기하고자 한다.

현재 인도네시아의 어딘가에서, 어느 부류의 사람들이 6,000킬로미터를 서쪽으로 이동하여 지금의 마다가스카르에 도달했다는 것에는 의심의 여지가 없다. 언어적 요소나 문화적 요소로 살펴볼 때, 마다가스카르 사람들은 인도네시아 사람들과 많은 공통점을 가지고 있다. 문제는 언제, 어디에서, 어디로, 어떻게 이 선사 시대의 이동이 이루어졌는가 하는 것이다. 사실 모든 것은 커다란 수수께끼와 같다. 아마 확실한 해답은 앞으로도 기대할 수 없을 것이다. 여기에서 이야기하려는 것은 이 수수께끼가 어떠한 수수께끼인지를 이야기하고 싶은 것이다.

커다란 면적을 가지고 있는 마다가스카르는 뉴질랜드와 함께 지구상에서 가장 늦게 인류가 살기 시작한 장소이다. 따라서 마다가스카르로 이주했다는 것은 인류 확산의 최종 종착점을 상징하는 것이다. 과연 어떠한 형태로 저 광대한 해양을 넘어 대이동이 이루어졌을까? 한편 여기에서는 이동의 장해이며 또한 전달의 통로라는, 바다의 이중적인 의미도 엿볼 수 있다.

지리

마다가스카르 섬의 동쪽에는 마스카렌 제도가 있는데, 이 제도는 16세기 포르투갈의 항해사 P. 마스카레냐스(Pedro

Mascarenhas)의 이름을 따서 불렀으며 모리셔스 섬, 레위니옹 섬, 로드리게스 섬으로 이루어져 있다. 순다 해협에서 거의 직선으로 인도양을 횡단할 경우, 인도양 동부의 크리스마스 섬과 코코스 제도를 지나, 마스카렌 제도를 건너면 마다가스카르에 이르게 된다. 16세기 이후 모리셔스 섬과 레위니옹 섬은 사탕수수 재배를 중심으로 하는 대규모 농장 식민지로 번영하였으며, 처음에는 노예, 나중에는 연

3-1 마다가스카르 섬

계계약 노동자가 대량으로 이입되었다. 오늘날의 모리셔스 주민은 주로 남아시아 출신자의 후예이고, 레위니옹에서는 그들뿐 아니라 동아프리카와 마다가스카르에서 들어온 사람들도 눈에 띈다. 최근에는 두 섬 모두 인구 증가에 대한 대처가 문제가 될 정도로 인구 밀도가 높다. 이러한 상황에서 마스카렌 제도가 서양의 항해자에 의해 발견될 때까지 사람이 살지 않는 무인도였다는 것이 놀라울 따름이다. 그러나 태평양의 섬들과 달리, 서양인에 의한 이들 섬들의 발견은 문자 그대로 인류에

게 있어서 대발견을 의미하기도 한다.

인류 역사의 무대에 인도양 남서 지역이 유럽인에 의해 새롭게 모습을 드러냈다고 본다면 마다가스카르 주민의 선조가 인도양을 넘어서 이동했다는 표현은 어느 정도 잘못된 이미지를 줄지도 모른다. 인도양을 건너 마다가스카르로 이주한 인도네시아 사람들의 이동은 태평양을 넘은 폴리네시아 인의 원양 항해와는 어느 정도 다른 양상을 보이지 않았을까? 혹시 남아시아 연안 지역에서 동아프리카 연안 지방을 경유하지는 않았을까? 직행에 가깝다고는 해도 북쪽으로 도는 경로였을지도 모른다. 예컨대, 인도양의 남부를 직접 건넜다고 한다면 그 도중에 있는 마스카렌 제도에 그들이 지나간 흔적이 남아 있을 법도 하다. 이들 섬에 살고 있던 도도새(비둘기목 도도과의 새. 키가 75센티에 무게가 25키로 정도 나가는 큰 새로 날개가 짧아서 날지 못한다-역주)가 포르투갈 인의 손에 잡아먹혀 싱겁게 멸종한 것을 보면 그들 이전에 인간이 살고 있었다고 보기 어렵다.

눈을 서쪽으로 돌려보면 마다가스카르와 아프리카 동해안 사이에 낀 모잠비크 해협은 가장 좁은 곳이 약 400킬로미터나 된다. 이 거리는 레위니옹에서 마다가스카르까지의 거리의 3분의 2에 해당하며, 해협의 북부에는 코모로 제도가 있어 대륙과 마다가스카르와의 징검다리 역할을 하고 있다.

한편 역사 시대에서 마다가스카르와 코모로와의 교류에는 커다란 의미를 지니고 있다. 이 교섭이 이주 초기에 어떠한 영향을 끼쳤는지에 대해서는 정확히 연구된 바가 없지만, 코모로를 포함한 북쪽의 여러 지역은 예로부터 물자 교류와 인구의 이동을 통해 마다가스카르가 현재에 이르는 데에 커다란 역할을 했다는 것이다. 마다가스카르는 페르시아와 아라비아 반도에서 아프리카 동해안을 잇는 연안 교역 네트워크의 중심 경로에서는 벗어나 있었다. 13세기 말, 마르코 폴로가 유럽으로 돌아가던 중 아라비아 지역에 체류할 때, 이 지역의 선원과 상인은 이 섬의 존재에 대해 어렴풋이 알고 있을 뿐이었다고 한다. 애초에 마다가스카르라는 이름을 처음 사용한 사람은 마르코 폴로였다. 마르코 폴로의 《동방견문록》에는 코끼리를 들고 날 수 있다는 거대한 새 록(roc 또는 ruhk. 후에 마다가스카르 인이 사냥하여 멸종된 지구상 최대의 새 에피오르니스(elephant bird)가 그 모델이라고 한다)에 대해 전문이 기록되어 있다. 다만 마다가스카르라는 이름 자체는 마르코 폴로가 소말리아 연안 도시인 모가디슈를 혼동한 것에서 유래했다.

16세기 초에 포르투갈 인이 도착했을 때, 마다가스카르의 북서부에는 '아랍 인'의 무역 거점이 몇 개 구축되어 있었다. 포르투갈 인은 이들 거점을 공격했고, 이 후 마다가스카르에서 이슬람 세력은 완전히 전멸했다. 아마 이들 '아라비아 인' 이전에도 이슬람화한 사람들이 마다가스카르에 왔을 것으로 추정된다. 그러나 이들의 후예는 현재 마다가스카르에서 모두 이슬람교도로서의 정체성을 잃어버렸다. 이 점은 오늘날 마다가스카르의 문화 상황을 고찰하는 데 있어 시사하는 바가 크다.

항해술

설령 직접 바다를 건너는 대항해가 아니더라도, 동남아시아의 섬에서 마다가스카르에 이르는 항해를 하기 위해서는 그에 상응하는 항해 기술이 전제되어야 한다. 오스트로네시아의 여러 언어를 구사하는 사람들은 태평양으로의 확산이 보여주듯이 원양 항해에 필요한 조선 기술과 항해 지식이 충분히 구비되어 있었을 것이다. 더욱이 인도양 북부에는 아라비아에서 인도, 인도에서 동남아시아를 잇는 통상 경로가 예전부터 존재해 있었다. 기원전·후부터 인도 상인이 말레이 반도로 추정되는 크류세(크류세란 그리스 말로 '황금의 땅(the land of gold)' 이라는 뜻-역주) 지역에 금을 찾아 간 사실을 생각해 보면, 인도네시아 서부 사람이 서쪽으로 건너갔을 가능성에 대해서도 생각해 볼 수 있다. 그렇다면 이 가능성을 가능하게 한 계기가 과연 무엇이었을까?

그들은 아우트리거 카누 혹은 선체를 연결한 더블 카누를 타고 바다를 건넜을 것이다. 적어도 다른 형태의 배가 사용되지는 않았을 것이다. 이 사실과 관련하여 한마디를 덧붙인다면, 현재의 마다가스카르에 존재하는 인도네시아식 아우트리거 카누는 모잠비크 해협의 서해안에서만 확인되고 있으며, 동해안에는 간단한 통나무배만이 존재한다. 이 사실을 어떻게 해석해야 할지가 문제이지만, 아마 서해안에 사는 사람들은 최근의 역사 시대에 이르기까지 아프리카 동해안과 빈번한 교류가 있었다는 것이다. 그에 비해 원양 항해를 하지 않던 동해안의 사람들은 이 기술을 습득하는 것이 무용한 것으로 여겼다는 것을 반영하고 있는지도 모른다.

2. 언어의 유연성(類緣性)

오트 달의 주장

인도네시아의 옛 지역에 관해 살펴보면, 인도양을 사이에 둔 물리적 거리와 떠오르는 수수께끼가 하나 있다. 그것은 마다가스카르와 비교해서, 지금까지 가장 특정적인 형태로 화제가 되었던 지역인 수마트라 섬이나 자바 섬과 같은 인도양에 직접 닿은 섬이 아니라 무슨 이유에서인지 거기에서 조금 안쪽에 있는 보르네오 섬에 관한 것이다.

마다가스카르와 보르네오의 비교 연구는 언어학과 민족학을 중심으로 기본적으로는 공시적(共時的)인 자료에 기초한 영역에서 진행되어 왔다. 그러나 문헌 자료에 의한 역사학 혹은 고고 유물을 토대로 연구하는 선사학(先史學)이라고 하는 시계열상(時系列上)의 자료에 의한 연구 영역과는 전혀 관계가 없다는 것이다. 이 때문에 옛 지역의 추정은 좋게 말하면 간접적인 상황 증거에 따른 사변(思辨. 경험에 의하지 않고 머릿속에서 이성에만 호소하여 생각하는 것-역주), 나쁘게 말하면 억측에 머물러왔고, 그런 사정은 지금도 전혀 변하지 않았다.

반세기에 걸쳐 보르네오와 마다가스카르의 언어학적 근연성(近緣性)을 강하게 주장해 온 사람은 선교사로서 마다가스카르에 체류했던 노르웨이 언어학자 오트 달(Dahl, 1951)이었다. 그가 주장한 몇 가지 점에 대해서는 다른 의견이 나와 있긴 하지만, 인도네시아의 여러 언어 중 마다가스카르 언어에 가장 가까운 것은 남보르네오(칼리만탄)의 내륙에 사는 마냥 인의 언어라는 것이다. 또한 그의 주장은 오스트로네시아 여러 언어를 연구하는 언어학자 사이에서는 거의 정설로 받아들여지고 있다. 여기에서는 마다가스카르로의 이주에 대해 그가 이끌어낸 가설을 그의 최신판(Dahl, 1991)에 근거하여 다음과 같이 정리해 보았다.

인도네시아 지역에 마다가스카르 인의 선조(다가스카르 인)가 출현한 시기를 오트 달은 기원전 7세기(혹은 기원전 700년 무렵)라고 했다. 최초의 책에서 기원전 5세기라고 주장한 것에 비해 200년이나 물러서고 있다. 이것은 마다가스카르 어는 산스크리트 어의 기원이 되는 언어와 말레이 어에서 온 것이라고 재고했기 때문이다. 보르네오에서 그들이 떠난 원인은 반자르 말레이 인이 보르네오 남단으로 침입했기 때문이었다. 이 때문에 마냥 인의 일부는 내륙으로 들어왔고, 또 일부는 섬 밖으로 도망치게 되었다. 섬 밖으로 도망친 사람들은 수마트라 동해안의 방카 섬에 거주했다. 달은 이 시기를 명시하지 않았지만 당연히 기원전 7세기보다 전이므로 마냥 어와 마다가스카르 어가 분리된 시기는 아마 이 이전의 책에서 보여준 기원전 5세기에 가깝게 된다. 원(原) 마다가스카르 인은 방카 섬에서 말레이 어의 어휘를 받아들이게 되었다. 한편 그들은 말레이 인의 슈리비자야 왕국에 반항하여 다시 신천지 마다가스카르로 떠난다. 이들의 바다를 건너는 이주를 도와준 것은 방카 주변의 해양민 바자우인데, 그들은 인도에서 아프리카 동해안으로의 항해를 통해 이미 마다가스카르의 존재를 알고 있었다. 또한 바자우의 일부는 그대로 마다가스카르에 정착했으며, 서남해안의 고기잡이 민족인 베즈의 선조가 바로 그들인 것이다. 마다가스카르로의 이주는 한 번에 그치지 않고 두 번(또는 그 이상)으로 이어졌을 지도 모르지만, 그 사이의 시기적 간격은 크지 않았을 것이다. 기본적으로 7세기 이후에는 마다가스카르와 인도네시아 지역과의 교통은 끊어졌다고 본다.

최신판에서 달의 가설은 이야기 구성 면에서 아주 재미있게 짜여 있다. 그 재미는 비교 언어학에서 이끌어낸 마다가스카르 어와 보르네오 어의 근연성에서 찾을 수 있다. 그러나 문제점은 보르네오에서 마다가스카르로 사람들이 이동한 역사를 이야기할 때 몇 가지 풀기 어려운 문제를 마치 앞뒤를 짝 맞추듯 회피하고 있다는 점에 있다. 마냥이란 내륙의 사람이 왜 바다로 나갔을까? 항해술이 뛰어났다고 말하기 어려운 마냥 인이 어떤 방법으로 6,000킬로미터나 되는 인도양을 건넜을까? 마다가스카르에 대한 지식을 가지고 있었을까? 그리고 왜 마다가스카르로 건너가려고 했을까? 달은 이러한 질문에 명확한 해답을 제시하지 못했다. 그러나 몇 가지 구체적인 사안에 대해서는 추가적으로 증거를 들고 있다. 프랑스의 마다가스카르 역사 연구의 권위자 베린은 보르네오의 내륙민이 바다를 건너 마다가스카르로 이주했다는 근거로 '언덕에 살았던 서보르네오의 이반 족(Iban)은 일찍이 바다에 나아가기도 했다'는 참으로 엉뚱하고도 시대착오적인 예를 들고 있다(Verin, 1990). 이에 비하면 달의 가설은 그런 대로 실증적인 반박의 여지를 남긴 정당한 가설이라 할 수 있다.

이론(異論)

달 자신은 보르네오에서 언어 조사를 하지 않았다. 네덜란드 출신의 아델라(Adelaar, 1991)처럼 스스로 마다가스카르와 보르네오 양쪽을 조사한 언어학자가 나타난 것은 1980년대였다. 아델라는 마다가스카르 어의 어휘 중에서 말레이 어에서 차용한 것으로 생각되는 언어를 뽑아 마냥 어를 포함하여 바리트 제도 남동쪽에서 사용하는 언어, 즉 말레이 어에서 차용한 언어와 비교를 해 보았다. 그 결과, 마다가스카르 인의 선조는 보르네오를 나온 후에도 말레이 어를 말하는 사람들과 접촉을 가졌다는 결론을 내렸다. 아델라는 원 마다가스카르 인이 보르네오를 드나든 시기로 기원전 7세기가 가장 개연성(蓋然性)이 높다고 주장한다. 이것은 위의 달이 가정한 시기와 거의 일치하는데, 사실은 달의 최신판은 아델라의 식견에 자신의 가설을 덧붙인 결과이다. 아델라는 최근의 논문에서 달의 최신판을 비판하는 형태로 자신의 가설을 보충하고 있다. 다음은 달의 가설과 눈에 띄는 차이를 보이는 부분이다. 원 마다가스카르 인은 보르네오를 나온 후 슈리비자야를 경유해 마다가스카르에 갔는데, 이 항해를 도와준 사람들은 남술라웨시를 고향으로 하는 항해술에 뛰어난 브기스 족이다. 브기스 인과 남보르네오 주민과의 밀접한 관계는 바리트 제도 남동쪽의 여러 언어와 마다가스카르 어가 모두 브기스 어로 대표되는 남술라웨시 여러 언어의 음운적 특징 중 일부를 도입했다는 것에서 찾아볼 수 있다. 마다가스카르로의 이주는 7세기 이후로도 계속되었다. 마지막의 이주, 혹은 인도네시아 지역과의 마지막 접촉은 14세기까지 내려간다. 이로써 말레이 어뿐 아니라 자바 어에서 유래한 어휘가 마다가스카르 어에 나타나고 있다는 사실에 대해 근거를 제시했다. 마다가스카르 남쪽 연안의 안템르 회사에서 볼 수 있는 아라비아 문자의 기원 문자(소라베(sorabe). '커다란 문자'로 알려져 있다)는 아라비아에서 직접 들어온 것이 아니라, 말레이 혹은 자바에서 들어온 것이다.

한편, 민족학 박물관의 사키야마 오사무(崎山理)도 브기스 인이 마다가스카르로의 항해에 커다란 역할을 했다고 언급했다 (사키야마, 1991). 고대 자바 어에 정통한 사키야마는 마다가스카르 어를 조사한 후, 벼와 관련지어 언어를 하나의 단서로 보았다. 또한 마다가스카르로의 '민족 이동'을 다음 네 기(期)로 나누었다.

- 제1기 — 남부 칼리만탄(술라웨시) 전기(前期). 사키야마는 최초로 마다가스카르로 이동한 시기를 대략 5세기로 보고 있다. 이것은 달이 초기에 주장했던 가설과 같다. 사키야마는 남보르네오(칼리만탄)와 술라웨시의 교류를 이미 전제로 하고 있다. 이 시기에 인도네시아 지역에서는 벼농사를 하고 있었는데, 제1기의 이민자들은 벼를 마다가스카르로 가지고 가지 않았다.

- 제2기 — 남부 칼리만탄 후기(後期). 사키야마는 특정 연대를 언급하지 않았는데, 벼를 가져온 것이 이 시기의 이민자들이다. 나중에 마다가스카르에서 전설상의 원주민으로서 이야기되는 바진바가 아마 이들일 것이다.

- 제3기 — 동아프리카 기. 아프리카 반투 계 주민이 출현하였고 가축으로 흑소(zebu)를 가져왔다.

- 제4기 — 자바(수마트라) 기. 역시 사키야마는 특정 연대를 언급하지 않았지만, 14세기까지는 내려가지 않았을 것이라 추정하고 있다. 마다가스카르의 중앙 고지에 사는 메리나 인은 이 시기에 이주해 온 사람들의 후예이다. 더

욱이 사키야마는 적어도 이 시기의 이민이 자바와 수마트라에서부터 '안정된 직항 항로'(사키야마, 1991)를 통해 왔으며, 자바에서의 마지막 이민자들에 의해 현재 중앙 고지에서 볼 수 있는 수전경작(水田耕作)이 시행되었다고 시사하고 있다.

이처럼 최근의 연구를 살펴보면, 보르네오(칼리만탄) 기원 가설에도 역시 문제점이 있다는 것을 알 수 있다. 기원전 5세기 혹은 7세기라는 단계에서, 현재 바리트 제도 남동쪽의 여러 언어로 분류되는 언어의 선조어가 어느 곳에서 사용되었는지 불분명하고, 나아가 마냥 인이라고 통합해서 부르고 있지만 그것이 오늘날과 같은 형태(민족 경계)를 띠고 존재하지 않았다는 것이다. 그렇다면 이제 본래 고향으로서의 보르네오를 얼마만큼 실체적인 것으로 간주해야 할지, 그것을 먼저 밝혀야 한다. 이 문제 대해서는 아델라도 사키야마도 모두 인식하고 있었다. 그럼에도 이민 이야기를 구성할 때 왜 보르네오에서 시작하는지, 쉽게 납득이 가지 않는 부분이다. 특히 사키야마가 가정하는 이주의 4단계(인도네시아 지역부터는 3단계부터이다) 중 처음 2단계는 어딘가 부자연스러운 점이 있다. 이야기로 내려오는 원주민(선주민) 바진바를 검증하지 않았으면서 실제로 존재한 것처럼 언급하고 있는 것도 그러하다.

3. 인간은 왜 이동하는 것일까?

Push 요인과 Pull 요인

사람은 왜 이동하는 것일까? 언어학 연구에서 이 문제에 답을 내기란 매우 곤란할 것이다. 실제로 앞에서 언급한 사람들 중에 이 질문에 대답하려고 했던 사람은 달뿐이었다. 달의 대답은 정치적 압박설(設) 혹은 도망설이라고 정리할 수 있다. 이것은 보르네오 및 방카 섬에서 나올 수밖에 없는 요인(이동의 Push 요인)에만 관계가 있고, 이동의 Pull 요인, 즉 마다가스카르라는 특정 지역이 어떤 점에서 사람을 끌어당기고 있는지에 대해서는 언급하지 않았다. 마치 무주무인(無主無人)의 대지가 거기에 있기 때문에 사람들이 그곳으로 이동한 것처럼 말이다. 물론 인류가 지구 전체로 확산했다는 시점에서 보면, 수긍하지 못할 것도 없다. 그러나 인도양에서 6,000킬로미터나 떨어진 곳으로의 이동을 애써 총체적인 흐름으로 돌리는 것도 역시 적절하지 못하다. 무엇보다도 인도네시아의 섬들은 최근에 이르기까지 인구가 많지 않았고, 특히 보르네오는 지금도 인구가 적다(우치보리, 1996). 보르네오의(혹은 보르네오 이외의) 어느 지역에 어떠한 Push 요인이 있었다고 해도 보르네오 섬 내부에서 도망칠 수 있는 신천지를 얼마든지 찾을 수 있다는 것이다.

이 한 가지만으로도 인도네시아 지역에서 마다가스카르로 '직행' 했다고는 보기 어렵다. 항해의 기술적인 면은 제외한다하더라도, 직접 바다를 건너기 위해서는 상당히 강한 동기와 Pull 요인이 있어야 하기 때문이다. Push 요인만으로 인도네시아 지역에서 나왔다면 그것은 무리 없이 이동할 수 있는 지역일 것이고, 또 어떠한 Pull 요인이 있었다면 그것은 마다가스카르 이외의 다른 곳이었을 것이다. 이런 점에서 마다가스카르는 인도네시아 최초의 이민자들이 목표로 삼았던 땅이 아니었을 것으로 본다.

아프리카

앞에서 언급한 바와 같이 직접적인 증거는 없다. 그러나 슈라비자야에서 발흥(勃興)한 남인도의 쵸라 왕조가 수마트라 원정에 나섰던 7세기 이후로 몇 세기 동안은 인도양 동쪽 교통이 번영을 구가하던 시기였다. 이 해상 교통로가 서쪽으로 뻗어나가게 된 데에는 어떠한 Pull 요인이 작용했는지도 모른다. 그 요인이 '대지를 찾아서'란 농경 개척자형은 아니었을 것이다. 사키야마도 지적했듯이 마다가스카르의 도작(稻作)에는 인도네시아 각지에서 볼 수 있는 의례(儀禮) 등의 도작 문화가 많이 결여되어 있다. 이 점에서도 마다가스카르 이주와 농경을 연결짓기란 그 연결 고리가 너무나도 빈약하다.

여기에서 긍정적인 가설을 이야기하자면, 아마도 이주를 가능하게 한 Pull 요인은 교역, 즉 어느 종류의 재화(財貨)를 찾기 위해서일지도 모른다. 시대는 약간 내려가지만, 달이 인용하고 있는 10세기의 페르시아의 작가는 아랍 인 항해자로부터 들은 이야기를 다음과 같이 기록했다.

> 이슬람 력(歷) 334년(서기 945년)에 아프리카 해안(아마 모잠비크 해협)에서 1천 척의 와쿠와쿠 선대(船隊)를 볼 수 있었다. 스하라로 향하는 그들의 항해는 일 년도 넘게 걸렸다. 그들은 교역을 할 때 해적질을 했는데, 상아, 대모갑(玳瑁甲. 바다거북과(科) 대모의 배갑인판(背甲鱗板)의 표면을 싸고 있는 얇은 반투명 층-역주), 용연향, 흑인 노예 등 자신들의 나라와 중국에서 진귀하게 여기는 재화를 요구했다.(Dahl, 1991)

아라비아 문서에서 와쿠와쿠는 어디인지 알려진 바가 없다. 마다가스카르라는 설도 있고, 혹은 중국, 한국이라는 설도 있으며, 심지어 일본이라는 설도 있다. 그러나 여기에서는 달이 말한 대로 와쿠와쿠는 '인도네시아 지역의 어느 곳'을 가리키는 것으로 보는 것이 해석하기 쉬울 것이다. 일 년에 걸친 항해가 인도네시아 지역에서 인도양 북부를 거쳐 아프리카 동해안을 남하해 가는 것이라면 납득하기 쉽다. 이것을 뒷받침해 주듯 12세기의 아랍 인 지리학자 알 이도리시는 잔지바르 (Zanzibar. 탄자니아의 잔지바르 섬 서쪽 연안에 있는 무역항-역주)에서의 수마트라 인(으로 생각되는 사람들) 커뮤니티 존재를 기록하고 있다(Dahl, 1991).

이 점을 상황 증거로 삼는다면 몇몇 사람들이 주장하듯이 마다가스카르로의 이주는 아프리카 동해안에서 일정 기간의 체류를 거쳐 이루어진 것이다. 이주할 때는 몇 번의 파도를 만났겠지만, 아프리카 동해안에서부터 마다가스카르로의 마지막 여정은 그리 길지 않다. 이 때 이미 이민 집단은 인도네시아 지역을 출입했을 때와 달리 아프리카에서 얼마나 머물렀느냐에 따라, 또한 자신들이 속한 집단의 조직에 따라, 신체적으로, 문화적·언어적으로 다양하게 아프리카의 요소를 혼합했을 것이다. 적어도 현재 마다가스카르에서 볼 수 있는 인도네시아적 요소와 아프리카적 요소의 결합이 마다가스카르 지역에서 처음 일어났다는 근거는 매우 적다.

이러한 시선에서 보면 이주의 최종 단계는 단순히 오스트로네시아 어를 구사하는 사람들의 확산이라는 관점에서뿐만 아니라 아프리카에서의 대규모 이동, 특히 반투 어를 구사하는 사람들의 거주 지역 확산과 아프리카 동해안에서 링아 흐랑카(공통어)로서의 스와힐리 어 형성을 핵심으로 한 교역권, 사회문화권('스와힐리 세계')의 성립이라는 관점에서 파악할 필요가 있다. 이로써 동남아시아와 아프리카, 아랍의 요소가 한 데 뒤섞인 마다가스카르의 독자성에 대해 확인할 수 있다.

4. 사람과 문화의 혼합 방법

보르네오와 마다가스카르의 자연 경관은 대조적이다. 모두 세계에서 세 번째와 네 번째로 큰 섬으로, 내륙에서 활동하다 보면 섬이라는 느낌이 들지 않을 정도의 크기다. 사실, 그 내륙 산촌에서 생활하다 보면 동남아시아의 다도해 혹은 인도양 해역 세계의 일부라는 것을 전혀 인식할 수 없다는 것이다. 그러나 이 마을의 생활을 둘러싼 경관이나 생태적 환경은 두 섬이 너무나도 다르다. 여기에서는 이동의 역사를 시간과 공간이라는 매우 거시적인 안목에서 접근하기보다는, 이른바 생활의 현장이라는 미시적인 안목으로 접근하여 두 섬의 차이를 중심으로 마다가스카르의 인간과 문화의 독자성을 이야기해 보려 한다.

민족

마다가스카르에는 공식적으로 18개의 민족 집단이 있다. 이 18이란 수는 독립할 당시 정치가의 연설 내용에서 비롯됐다고 한다. 그밖에 민족 집단, 즉 하위 집단으로 간주되는 집단(앞서 말한 베즈는 그 중 하나)이나 중간 집단 등을 합해도 전체 수는 20을 크게 웃돌지 못한다. 본질적으로 정확히 파악하는 것은 불가능하지만, 보르네오 섬의 민족 집단이 대략 100개 정도인 것에 비하면, 마다가스카르의 민족 집단의 수는 매우 작다. 게다가 민족 집단 사이의 언어적 차이도 방언과 같다고 할 수 있을 정도로 언어적, 문화적 일체감을 이루고 있었다. 이런 점이 18세기 이후 전개된 정치 통합에 도움이 된 것은 분명하다. 그러나 역시 그 밑바탕에는 마다가스카르 식민의 절대적인 시간을 겪었다는 것이다. 서로 (학습하지 않는 한) 통하지 않는 언어를 가진 마을 공동체가 서로 인접해 있는 보르네오의 상황과 눈에 띄게 다른 점이다.

이에 비해 두드러진 다양성을 나타내는 것은 주민의 신체적 특징이다. 중앙 고지 북부에 사는 메리나 인 중에는 자바 인이라고 해도 믿어질 만큼 남방 몽골 풍의 얼굴과 피부색을 가진 사람을 흔히 볼 수 있다. 또한 바닷가, 특히 모잠비크 해협의 서해안과 남부의 주민(사카라비아 인, 바라 인 등) 중에는 순수 아프리카 인의 풍모를 가진 사람이 많다. 이와는 또 다르게 마다가스카르 인의 대다수는 어떤 면에서는 아시아 인 같고, 또 아프리카 인 같은 인상을 주는데, 그런 융합은 어쩐지 하나의 극에서 다른 극으로 연결되는 변이를 나타내고 있는 듯하다.

이렇게 변이의 폭이 큰 신체적 특징과 언어·문화의 상대적 균질성 사이에 모순이 있을 리 없다. 단지 지역적으로 변이가 한쪽으로 치우친 이유를 역사적으로 어떻게 설명해야 할지, 또 그것이 각 지역에서 과거에 발달한 각각의 정치 형태와 어떤 연관을 맺고 있는지, 나아가 지역 간, 민족 집단 간의 관계를 통시적(通時的)으로 어떻게 밝혀낼 것인가에 대해 개별적으로는 탐구하기 어려운 문제를 내포하고 있을 뿐이다. 메리나 인의 예에서 알 수 있듯이 그 '자바적'인 형질이 탁월한 이유를 이주의 시대적 새로움에 돌려야 할지, 또는 다른 민족 집단으로부터 떨어져 비교적 엄격한 종족 내에서 혼인 규제를 지킨 탓으로 봐야 할지, 아니면 이 두 가지 요인이 혼합되어 나타난 것인지에 대해서 결정내리기가 어렵다는 것이다.

19세기 말, 프랑스가 마다가스카르를 식민지로 삼기 직전에 메리나 왕국은 전 국토의 약 70퍼센트를 통일했다. 그 결과 메리나 인은 지금 마다가스카르 총 인구의 4분의 1을 점유한 상대적 다수이며, 오늘날까지도 정치적, 문화적 우위성을 유지하며 메리나 어가 마다가스카르의 표준어로 자리잡고 있다. 그들이 가진 신체적 특징을 말할 때에도 이러한 정복자로서의 우위성을 지워버릴 수가 없다. 밝은 색의 피부를 가진 외부인이 왕국을 건립하여 토착민을 다스렸다는 마다가스카르에 잘 알려진 신화적 모티브가 오늘날의 역사 연구 속에 스며들어 있다고도 할 수 있다. 사실 메리나 인의 선조가 다른 집단의 선조보다 마다가스카르에 늦게 왔다는 증거는 없다. 존재하는 것은 오늘날 이메리나 지방으로 불리는 중앙 고지 북부에 들어온 것이 비교적 늦은 시기로 대략 14~15세기로 전해내려 오는 이야기를 통해 알 수 있을 뿐이다(Kent, 1970).

메리나 인이 정복한 것으로 알려진 토착민 바진바에 대해서도 거의 알려진 것이 없다. 사실, 그 역사적인 존재마저 애매모

호하다. 존재를 인정한다고 해도, 예전에는 피그미 계 흑인이나 혹은 현재 남아프리카에 사는 코이산 족(부시맨)과 비슷한 수렵 채집민으로 추정하였지만, 지금은 앞서 말한 사키야먀 설(說)처럼 화전(火田)에 의한 도작 농경민이었다고 보는 의견이 압도적이다. 지금도 마다가스카르 남동부 주변에는 바진바로 불리는 소집단이 살고 있다. 그러나 아마 그것은 후에 이름이 붙은(Renaming) 것이고, 전설 속의 바진바와 관계 짓는 것은 불가능해 보인다.

농업

메리나 인 거주 지역인 마다가스카르의 중앙 고지에서 국도를 따라 내려가다 보면 중앙 고지에는 삼림(森林)이라고 부를 만한 곳이 없다는 것을 알 수 있다. 도로에서 보이는 것은 바위산과 초원 사이에 드문드문 나타나는 수전(水田)과 야채밭, 그리고 단조로운 풍경뿐이다. 수도 안타나나리보에서 대략 250킬로미터 떨어진 베치레우 인이 거주하는 지방에 들어가면 마다가스카르의 도작을 이야기할 때 거론되는 그 유명한 계단식 논이 그 주변에 넓게 펼쳐져 있다. 산의 사면을 휙 둘러싸듯이 이어진 베치레우의 계단식 논은 종종 필리핀 루손 섬 북부에서 볼 수 있는 이프가오 인이 만든 계단식 논과 비교하게 된다. 마다가스카르의 도작이 동남아시아 섬 지방에 기원을 두었다는 것을 여실히 보여주는 경관이다(高谷 외, 1989).

3-2 베치레우의 골짜기에 개간된 계단식 논과 소를 이용해 농사짓는 풍경

그러나 화전을 포함한 도작의 여러 가지 형식이 언제, 어떤 경로로 마다가스카르에 들어왔는지는 실제 겉모습만 보고 쉽게 말할 수 없다. 계단식 논이 동남아시아 섬 지방보다는 오히려 남인도 실론 계에서 비롯되었다는 견해도 있다(Brown,

1995). 중앙 고지에서 가장 흔하게 볼 수 있는 드넓게 펼쳐진 초원은 보르네오를 중심으로 한 동남아시아 열대우림 풍경과는 정반대이다. 만약 이 풍경이 일찍이 존재했던 삼림을 전부 태워버렸거나 혹은 일부러 초목 지대로 만들어 놓은 다음, 수전이 그 후에 들어선 것이라면 확실히 인도네시아 지역을 기원으로 보기 어려우며 중앙 고지의 수전이나 계단식 논의 형성은 너무 새로운 것일지도 모른다.

중앙 고지의 초원화가 어떻게 해서 생긴 것인지 알려진 것이 없다. 사실, 1995년에 처음 이 초원의 경관을 봤을 때, 중앙 고지라는 광대한 대지의 삼림이 비교적 소수의 사람에 의해 불과 1000여 년 만에 소실될 수 있는가에 놀라기도 했고, 화전민이 존속해 온 보르네오 삼림과의 차이에 깊은 감회를 느꼈다. 그러나 인류가 도달하기 전에 이미 그곳에 삼림이 있었다는 것도 거의 상식 수준의 추측일 뿐, 원래(혹은 이미) 자연적인 원인에서 삼림이 존재하지 않았을 가능성이 지적되었고, 나 역시 그런 대로 납득했었다. 그러나 그 후 중앙 고지에서 동해안쪽으로 급경사가 시작되는 곳의 마을 주변을 살펴보았을 때, 인위설(人爲說)에 마음이 가기 시작했다.

내가 조사한 곳은 자피마니리라는 마을이었다. 그들은 일반적으로 베치레우의 일부로 18민족 집단 이외의 소수 집단이다. 베치레우와 달리 자피마니리는 본래 화전을 일구며 타로토란이나 강낭콩을 재배하고, 숲 속에서 벌채를 하며 살았다. 해발

3-3 자피마니리 마을과 거석(멘히르)군(群)

3-4 기하학 모양의 장식을 새겨 넣은 문

1,400미터에 있는 중앙 고지의 초원에 거주하고 있지만, 그들은 명백히 산림 민족이다. 그들은 또 나무를 이용해서 중후한 집을 짓기 때문에 마다가스카르에서는 특이한 민족이며, 창이나 대문에 꼼꼼하게 기하학 모양을 조각해 넣는 것으로 유명하

다. 이러한 특징과 기능을 살려 최근 일부 마을에서는 각종 목공품을 만들어 판매하고 있으며 이 외에 마을 사람은 외국 관광객을 상대로 관광 가이드로 일하기도 한다. 골짜기에는 수전이 보이는데, 산등성이에 있는 마을에서 보면 마치 산의 양 겨드랑이에 완만한 계단 모양의 수전이 펼쳐져 있어 실로 평화로운 광경을 자아내고 있다. 그러나 이러한 수전은 사실 개척한 지 40년 정도(1950년대)밖에 되지 않았다. 그것은 자피마니리 지역이 모두 마찬가지다. 수전을 이 지역에 보급하는 데 한몫을 담당했던 스위스 선교사단은 땅에 적합한 쌀을 찾기 위해 안남미에서 일본미까지 실험을 해 보았다고 한다.

  수전 주변의 경사지는 지금도 화전이 이루어지고 있다. 화전 주위를 멀리서 바라보면 좀 좁은 듯해도 중앙 고지와 같은 초원이다. 이 마을에서 가장 가까운 삼림에 가려면 경사가 급한 산길을 한 시간이나 걸어야 한다. 그들은 그곳까지 가서 나무를 베어 일일이 어깨에 메고 마을로 운반해 온다. 그만큼 삼림이 후퇴하고 있지만, 마을 사람들의 말에 따르면 적어도 30년 전에는 마을에서 내다보이는 가까운 산등성이에 울창한 원생 삼림이 존재했다고 한다. 그토록 빠른 속도로 삼림이 황폐해간다는 것이 믿어지지 않지만, 아마도 마을 사람들의 말은 정확할 것이다. 이 마을을 방문했던 3~4년 동안 산길 옆에 있던 작은 삼림이 눈에 띌 정도로 띄엄띄엄 사라지는 것을 보았기 때문이다.

3-5 끝에 뿔을 넣은 멘히르(죽은 사람의 이름과 축제 집행일이 기록되어 있다)

보르네오의 삼림과는 달리 마다가스카르의 삼림은, 특히 그 고지대의 삼림은 일단 개간하여 불을 지르면 다시 자력으로 재생할 수 없다. 더욱이 마다가스카르에서는 보르네오와 달리 초원은 목초지로 이용이 가능하기 때문에 해마다 들에 불을 놓는 일이 일반적으로 행해지고 있다. 그렇다고 한다면, 중앙 고지의 초원화도 본래는 화전에 의해 형성된 것일 수도 있다. 언어적으로는 같은 방언을 사용하고, 죽은 자를 기념하여 비슷한 멘히르(주상입석(柱狀立石))를 세우는 자피마니리가 어쩌면 계단식 논을 경작하는 베칠레우의 예전 모습을 간직하고 있는지도 모른다.

5. 문화에 남겨진 것과 사라진 것

비록 언어학을 잘 모른다고 해도 말레이 어, 이반 어, 오스트로네시아 어족의 서부 어파 중 어느 하나를 알고 있으면 마다가스카르 어에 대한 어원적 탐색에 흥미를 느끼게 된다. 그만큼 마다가스카르 어에는 말레이 어와 유사한 점이 많다. 꼭 아델라의 실증이 아니더라도, 매우 유사하다는 점에서 차용어일 가능성이 매우 높다. 차용어는 차용어 나름대로 문화 접촉의 중요한 지표라 할 수 있다. 마지막에는 마다가스카르의 문화 요소에 대한 몇 가지를 살펴보고자 한다.

먼저 벼를 나타내는 말에 대해 알아보면, 말레이 어의 파디(padi)와 같은 뿌리를 지니고 있는 마다가스카르 어는 파리(fary)이다. 그러나 이 말은 사탕수수를 의미한다. 마다가스카르 어로 벼는 베리(vary)이다. 사키야마는 이것을 오스트로네시아 언어학자 덴프베올프와 마찬가지로, 남보르네오 가쥬 다야크 어에서 '쌀밥' 또는 브기스 어에서 '말린 밥'을 의미하는 바리(bari)와 연관짓고 있다. 여기에서 재미있는 점은 마다가스카르 어에서는 인도네시아 여러 언어에서 널리 볼 수 있는, 식물로서의 벼 — 밥 짓기 전의 쌀 — 와 밥의 구별이 없다. 그저 모두 vary 한 마디면(마치 영어의 rice처럼) 충분하다는 것이다. 만약 vary가 원래 조리한 쌀밥을 의미했고, 나중에 그 의미가 확대된 것이라면 벼를 재배하는 민족치고는 꽤 특이한 전이(轉移)라 할 수 있다. 이렇게 소비의 측면에서 쌀을 바라보는 시각은 오히려 어민이나 교역민의 감각에 더 가깝다.

가축의 이름도 재미있는 전이를 나타내고 있다. 제브소(흔히 인도 재래의 미개량 소를 가리키며 색깔은 흑색-역주)를 가리키는 움비(omby)나 양을 가리키는 운디(ondry)는 분명 반투 족의 말이다. 이 가축들은 아프리카에서 들어왔으므로 이 점은 이상할 것이 없다. 그러나 돼지를 가리키는 현대 마다가스카르 어가 프랑스 어 꾸숑(cochon)에서 차용한 키스아(kisoa)인 이유는 무엇일까? 마다가스카르 고어(古語)에는 바부(vavo)란 말이 있는데, 이것은 오스트로네시아 조어(祖語)인 부타(babuy)에까지 거슬러 올라간다. 이러한 언어의 변경(變更)에 숨어 있는 문화사 혹은 문화의 이론은 무엇일까? 언어의 금기(禁忌, taboo)와 같은 것이 작용했거나 만들어졌을 가능성이 있다. 소든 양이든 메리나 고어에서는 각각 자무카(jamoka), 베사빌리(basavily)란 말이 있고(이들은 오스트로네시아 어계는 아니지만), 이것이 옛날 메리나 왕의 명령에 따라 지금의 말로 대체되었다는 기록이 있다. 단어 수준에서는 이러한 일이 충분히 일어날 수 있다고 생각한다. 덧붙여서 이 왕의 이름은 라람부(Ralambo)라고 한다. Ra는 사람 이름에 붙이는 일반적인 접두사인데, lambo는 마다가스카르 어에서 멧돼지를 가리킨다. 말레이 어의 룸부(lembu, 소)와 같은 뿌리를 가졌거나 차용어라고 일컬어진다. 이 어의전이(語義轉移) 역시 원 마다가스카르 인이 최초의 이주기(期)에 소를 가지고 오지 않았다는 증거로 삼는 속설도 있다.

그 이유야 어떻든 간에 사람들이 이주할 때는 그들이 본래 살고 있던 장소에서 키워왔던 문화가 조금씩 바뀌어가기 마련이다. 관념적이든 물질에 관한 것이든 예외는 없다. 그리고 문화 개변(改變)의 핵심에 있는 것은 일찍이 갖고 있었던 것을 사용하지 않게 되는 것, 즉 일찍이 사용하고 있었던 것을 잃어버리는 것이다. 이러한 망각은 그것을 대신할 뭔가 새로운 것이 없다 해도 마찬가지이다. 그런 경우, 문화 전체에 속해 있는 어떤 특정 분야의 빈곤화, 때로는 문화 전체에 미치는 빈곤화가 결과로 나타난다. 후자를 문화의 공동화로 불러도 좋을지 모르겠다. 그렇다고 인간의 생활 양식으로서의 문화가 사라질 리는 없다. 그 안에 들어 있는 풍요로운 과잉 부분이 사라질 뿐이다. 마다가스카르에 도작이 널리 퍼진 상황에서 의례의 약화나 식문화의 결여가 이에 해당하는 것이다.

이동에 의한 망각의 최고치는 자신의 유래와 출생의 망각이다. 마다가스카르의 수수께끼 중 하나는 여기에 사는 사람들 사이에 자신들이 밖에서 왔다는 기원을 이야기하는 신화나 전설이 극히 결여되어 있다는 사실이다. 앙탈라와츄(Antalaotra. '바다에서 온 사람')라고 자칭하는 사람들, 혹은 아랍에서 왔다는 이야기를 가진 사람들은 있지만, 전체적으로 마다가스카르 인의 토착성, 자생성의 전제가 있어야 비로소 이들의 특이성(特異性)은 의미를 부여받을 수 있다. 그렇다면, 마다가스카르에 있어서 신화의 부재는 어디에서부터 시작된 것이며 자손들은 도대체 어디에서 유래한 것일까?

인도양의 카누 문화

이이다 다쿠 飯田 卓

베즈의 한 노인은 몸짓을 섞어가면서 매우 자신 만만하게 이야기했다. 그는 젊은 시절에 마다가스카르 섬 내륙까지 몇 번이나 여행한 경험이 있었다. 어느 날 노인은 친구와 함께 카누에 올라 마을에서 100킬로미터나 떨어진 큰 강의 하구에서 200킬로미터 정도를 거슬러 올라갔다. 노인은 베즈 인들이 사는 땅을 벗어나 같은 마다가스카르 어라 해도 화법이나 발음이 전혀 다른 한 마을의 강가에 상륙했다.

"마을에 올라갔더니 사람들이 몰려와서 우리를 보고 이렇게 말했소. '뭐야, 이 사람들한테 날개는 없는 걸! 뭐야, 우리랑 같은 사람이잖아. 위쪽에 날개가 펄럭이고 있지만, 베즈라는 건 인간이잖아?'라고 말이오."

그 마을 사람들은 대부분 베즈의 카누를 본 적이 없었기 때문에 멀리서 하얀 돛을 보고 새가 강을 거슬러 올라오는 것으로 생각했던 모양이다. 돛대에 길게 뻗은 카누의 돛을 '날개'라고 표현한 것으로 보아 카누가 그들에게는 매우 특이한 것이었나 보다. 노인은 그 때 "그렇소, 우리는 같은 인간이오"라고 대답하면서, 카누를 바라보며 아주 의기양양한 표정을 지었을 것이다. 그 노인뿐 아니라 내가 알고 있는 대부분의 베즈 인은 카누를 조정하며 고기잡이를 하는 그 특별한 재주를 매우 자랑스럽게 여기는 듯했다.

여기에서 말할 베즈 인은 아프리카 대륙 동쪽에 있는 마다가스카르 섬의 남서해안 지역에 널리 거주하고 있다. 베즈의 인구에 대한 공식적인 통계는 나와 있지 않지만, 1993년에 실시된 국세 조사를 통해 추정해 보면 대략 10만 명 이상의 사람들이 베즈를 자칭하고 있는 것 같다. 마을에 사는 대부분의 베즈 인은 농경과 목축보다는 고기잡이에 의존하며 살고 있다. 바로 이 점에서 마다가스카르 중에서는 특이한 사람들이라고 할 만하다. 그들은 고기를 잡으러 나갈 때나, 마을로 무언가를 사러 갈 때 아우트리거 카누를 타고 다닌다. 생활 속에서 카누는 없어서는 안 될 존재인 것이다. 본래 베즈라는 명칭 자체는 '(카누를) 젓는(vezo)'이라는 동사에서 왔다. 또한 베즈라는 말을 다음과 같이 사용하는 경우도 있다. 즉, 어떤 베즈가 다른 베즈에게 '너는 베즈냐?' 하고 말할 때 베즈는 민족 호칭을 가리키는 것이 아니라, '카누를 잘 조정하는 사람', '물고기에 대해 잘

아는 사람', '고기잡이를 잘 하는 사람' 등의 바다 생활에 정통한 사람이란 의미를 가지고 있다. 이런 경우에는 때때로 칭찬의 뜻을 내포하고 있기도 하는데 이 부분에서 베즈의 삶 속에서 바다가 얼마나 중요한지를 엿볼 수 있다.

이렇게 바다와 깊은 연관을 맺고 사는 사람들 속에서, 1994년부터 인류학적 연구를 위해 필드워크(fieldwork, 현지 조사, 참여 관찰-역주)를 해 왔다. 이제 카누를 중심으로 베즈 인이 키워온 해양 문화에 대해 소개하려고 한다. 우선 인도양을 사이에 둔 지역 간의 교류가 베즈 카누의 양식을 어떻게 특징짓고 있는지 알아보고자 한다. 그 후 베즈 카누의 제작법과 조작법, 그리고 그들의 삶 속에서 카누가 어떤 역할을 담당했는지 살펴볼 것이다. 이러한 작업을 통해 베즈 인의 삶의 터전, 즉 인도양이라는 지리적 위치를 재확인하고, 동시에 카누에 관한 베즈의 기술이나 지식이 놀라울 정도로 광범위하고 정밀하다는 것을 소개하고 싶다.

1. 마다가스카르로의 이민과 인도양 교역

앞서 베즈라는 말의 의미에 대해 몇 가지 언급했는데, 이에 관해 언어학자 오토 달은 흥미로운 가설을 주장하고 있다. 그에 따르면 베즈(Vezo)라는 호칭은 바자우(Bajau) 혹은 바죠

(Bajo)라는 호칭이 와전된 것이라고 한다. 오늘날 바자우라고 하면, 말레이시아의 사바 주(州)에서 필리핀 민다나오 섬이나 팔라완 섬에 이르는 술루 제도 남쪽 가장자리나 칼리만탄(보르네오) 섬 동해안에서 술라웨시 섬이나 몰루카 제도 등 동인도네시아 일대에서 생활하는 사마 인(Sama)의 다른 칭호를 가리킨다. 지금은 그들 대부분이 육지 가옥에서 생활하고 있지만, 수십 년 전까지만 해도 배에 집을 짓고 사는 표해민(漂海民)으로 유명했다.

인도양 서쪽 끝에 사는 베즈와 동쪽 끝에 사는 바자우 사이에 어떤 연관 관계가 있었던 것일까? 달은 바자우라는 호칭이 일찍이 일반적인 표해민을 지칭하는 말이었다고 추측한다. 그에 따르면, 인도네시아에서 마다가스카르 섬까지 대량의 이민을 운송했던 것도 '바자우' 사람들이고, 그 일부가 마다가스카르 섬에 정착해서 베즈라고 불리게 되었다고 한다.

마다가스카르 섬으로 인류가 이주한 것에 대해서는 아직 불분명한 점이 많지만, 인도네시아 방면에서 대규모의 이주가 있었던 것은 틀림없는 사실이다. 그 연대나 이주 경로에 대해서는 여러 가지 설이 있는데, 우치보리 논문에서 이를 상세하게 다루고 있다. 달은 다음과 같이 주장한다. 마다가스카르를 향한 대규모 이주의 출발점은 인도네시아의 칼리만탄 섬이었다. 이 추측을 뒷받침해 주는 근거는 칼리만탄 섬 동남부의 마냥어와 마다가스카르 어의 언어적 유연성이다. 언어연대학(言語年

代學)의 연구 결과를 보면, 두 언어가 나누어진 것은 약 1300년 전이다. 아마 반자루 인이 칼리만탄 섬에 세력을 뻗친 서기 650년경보다 조금 앞선 시기에 마냥 어를 말하는 집단의 일부가 칼리만탄 섬을 떠났을 것이다. 그들이 우선 도착한 곳은 수마트라 섬으로, 여기에서 힌두 문화의 담당자인 스리비자야 왕조의 영향을 받았다. 현대 마다가스카르 어 가운데 산스크리트 어와 똑같은 어휘가 존재하는 것은 이 때문이다. 또한 말레이 어의 어휘도 이 시기에 받아들였다. 그러나 점차 스리비자야 왕조의 압박을 받게 되자, 700년경에 이 지역을 뒤로 하고 마다가스카르로 신천지를 찾아가게 되었다.

그들은 칼리만탄 섬이나 수마트라 섬에서는 삼림 생활자였다. 바다에 관한 지식이나 기술이 부족했던 그들이 광대한 인도양을 횡단하기 위해서는 다른 사람들의 도움이 없이는 불가능했다는 것이다. 즉 동남아시아 섬 지역에서 동아프리카에 이르는 해역을 숙지하고 있고, 널리 해상 교역에 종사했던 '바자우'가 이들의 이주에 큰 몫을 해냈다고 할 수 있다.

이와 같은 가설의 옳고 그름을 검증하기 위해 현시점에서 이용할 수 있는 학술적 자료는 너무나도 부족하다. 앞으로 역사학, 고고학, 언어학, 민족 생물학 등 다양한 분야에서 연구가 이루어져야 할 것이다. 달의 설(說)이 아주 황당무계한 것은 아니므로 한 가지만은 강조하고 싶다. 그것은 많은 사람들이 상상하는 것보다 훨씬 이전부터 인도양에서는 활발한 교역이 이루어지고 있었다는 사실이다. 동아프리카 연안의 물품이 로마 제국에 운반되었다는 기록은 기원전 1세기의 《에류토라 해 안내기》에서 이미 엿볼 수 있다. 그러나 동아프리카 연안과 동남아시아 섬 지방 사이에, 이슬람 상인이 활약하기 이전부터 이미 장거리 교역이 행해지고 있었던 것으로 보인다. 예컨대, 6세기경부터 중국 문헌에 나타나는 '쿤룬(崑崙)'에 대한 일련의 기술이 있다. 아시아 학자인 G. 페랑에 따르면, 쿤룬이란 현재 베트남 남부에서 말레이 반도를 지나 미얀마에 이르는 인도차이나 반도 일대와 수마트라 섬 및 자바 섬에 거점을 둔 사람들을 말한다. 그들은 선원이나 상인, 혹은 해적으로 바다를 무대로 널리 활약했다고 문헌에 기록되어 있다.

쿤룬이 활약한 곳은 동남아시아 일대에 국한되지 않는다. 14세기에 성립된 중국의 정사(正史)인 《송사(宋史)》의 기록에 따르면 8세기에는 쿤룬노(崑崙奴)라고 불리는 사람들이 악사로서 삼불재(三佛齊. 중국 송나라 때에, '스리비자야'를 이르던 말. 수마트라 섬 ― 역주)까지 따라가게 되었다. 쿤룬의 선원이 데려왔기 때문에 쿤룬노라고 불렸을 것이다. 쿤룬노의 고향인 '쿤룬청지(崑崙層期)'에서는 상아나 무소의 뿔이 특산품이었다고 한다. 확실히 동남아시아 상인의 활동이 동아프리카 연안까지 미쳤던 것을 알 수 있다. 쿤룬청지는 동아프리카뿐 아니라 마다가스카르 섬도 포함한다고 페랑은 추측하고 있지만, 설령 그렇지 않다 해도 인도양에서 동서(東西) 간의 교역을 위한 장거리 항해가 행해졌다는 것은 거의 확실하다. 그러한 교역을 담당하던 쿤룬, 즉 '바자우'가 마다가스카르라는 섬을 인지하고 있었고, 칼리만탄 섬에서 나온 난민(難民)이 다시 개척지에 들어가 살았다는 추측이 전혀 근거없는 것은 아니다.

2. 인도-태평양 지역에 퍼진 카누 문화의 공통성

베즈의 선조가 동남아시아 섬 지방의 항해자였다고 단언할 수는 없지만, 베즈 문화가 어떤 형태로든 인도양 동쪽 지역에서 영향을 받은 것은 확실하다. 언어적인 측면에서 받은 영향이 마다가스카르 어의 여러 방언에 널리 나타나고 있다는 것은 이미 잘 알려진 사실이다. 베즈 방언에서 카누를 뜻하는 라카(laka)라는 말도 그 중 하나이다. 하와이의 wa'a, 타히티의 va'a, 이스터 섬 및 통가의 vaka', 피지에서 바누아츠, 뉴기니 동부에 걸친 waga, 뉴브리텐에서 뉴아일랜드에 걸친 oanga', 반다 지방의 haka, 필리핀 섬 지방의 banka 등은 모두 카누 혹은 배를 나타내는 말로, 왕카(wangka)라는 말에서 파생했다고 한다.

카누에 관한 어휘 가운데 예를 하나 더 들면, 돛을 나타내는 라이(lay)라는 베즈 방언 역시 인도-태평양 해역의 여러 언어와 매우 비슷하다. 달에 의하면 이 말은 말레이 어의 차용어로

3-6 두 개의 가로대가 있고, 플로트(float)가 우현(右舷)에 달려 있는 베즈의 고기잡이용 카누

보이며, 마다가스카르 인의 선조가 수마트라 섬에 일시 체류했다는 증거라고 한다. 이것에 대해 살펴본 바에 의하면 사모아 및 통가의 la, 피지의 laoa, laya, 바누아츠의 ra, 뉴기니 동부의 lai, le, la, laya, 인도네시아의 layar, 필리핀 섬 지방의 layag 등도 같은 어원을 가졌다고 생각된다. 이들 언어의 모체가 된 조어(祖語)에서는 돛이 라이아그(laia) 로 불렸던 것 같다.

이처럼 어휘의 측면에서 나타나는 공통성은 너무 많기 때문에 카누의 양식에 대해 살펴보고자 한다. **3-6**은 베즈가 바닷가에서 고기잡이를 할 때 이용하는 카누이다. 전체 길이는 3~4미터 정도이며, 사진 오른쪽이 이물이고 왼쪽이 고물에 해당한다. 선체에 묶인 두 개의 가로대에 검은 물체가 매달려 있는데,

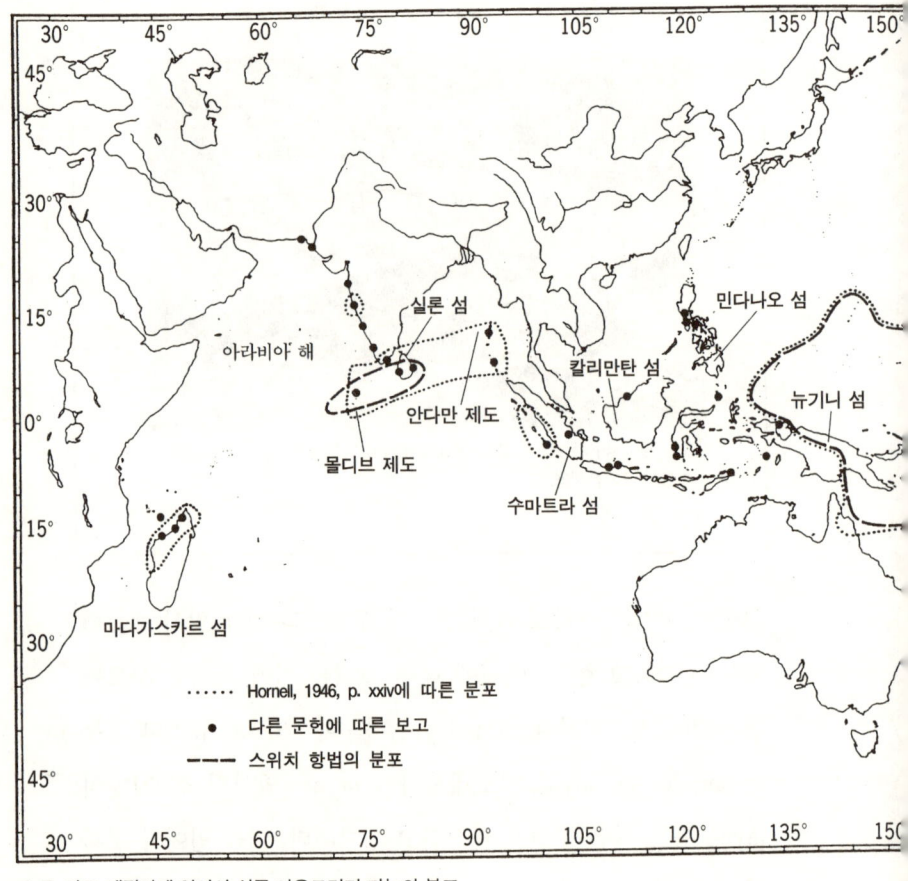

3-7 인도-태평양에 있어서 싱글 아우트리거 카누의 분포
(Dran, 1981 책에 수록되어 있는 그림을 일부 수정)

이것은 플로우트(float. 현외부재(舷外浮材))라는 목제 부품이다. 베즈의 카누에서는 반드시 오른쪽 뱃전에 놓인다. 플로우트는 바닷물에 떠서 선체를 안정시키는 역할을 한다. 플로우트와 가로대를 벗긴 옛날 카누에서 아이들이 놀고 있는 것을 본 적은 있

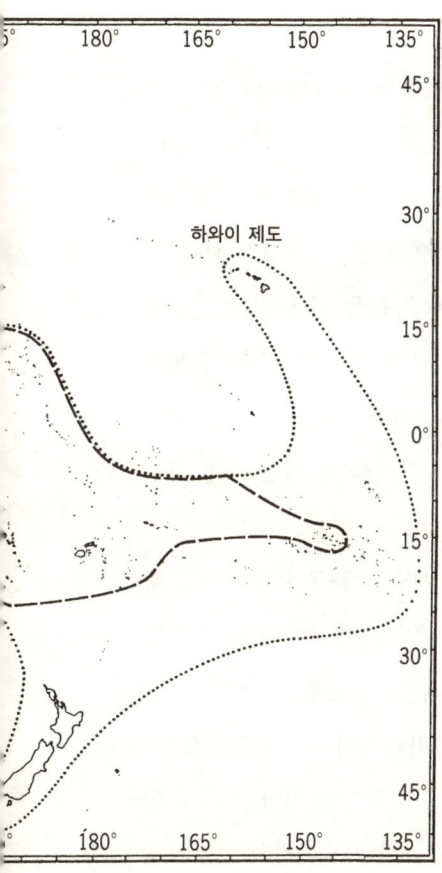

는데, 잔잔한 파도에도 쉽게 전복될 정도로 선체의 안정성이 떨어졌다. 즉, 카누의 선체는 플로우트의 지지를 받으며 배 밑바닥이 아래쪽에 오도록 유지하고 있다. 이러한 형태의 카누를 싱글 아우트리거 카누라 부른다. 우현과 좌현에 플로우트가 하나씩 붙어 있으면 더블 아우트리거 식 카누라 부르는데, 현재 베즈 사람들은 이런 형태의 카누를 사용하지 않는다.

베즈가 사용하는 카누에는 고기잡이용 이외에 화물 운반용이 있다. 이것은 돛을 달고 달리는 것을 제외하면 기본적인 구조는 고기잡이용과 같은데, 역시 우현에 플로우트가 달려 있다. 다만 전체 길이가 8~9미터로 고기잡이용 카누보다 대형이다. 베즈 인들은 고기잡이용 카누를 '작은 카누(ana-daka)', 화물 운반용의 카누를 '큰 카누(lakabe)'라고 부른다. 여기서도 전자를 소형 카누, 후자를 대형 카누라 부르기로 한다.

　두 카누는 조종 방법도 다르다. 소형 카누는 대부분 노를 저어 앞으로 나아간다. 그러나 대형 카누를 노로 저어 앞으로 나간다는 것이 쉬운 일은 아닐 것이다. 게다가 대형 카누는 장거리 이동에 사용할 때가 많아 체력적으로 부담이 크다. 보통 대형 카누를 전진시킬 때는 돛을 달아 풍력을 이용한다. 카누의 성능에 따라 조금씩 다른데, 보통 순풍이 불 때는 시속 약 20킬로미터의 속도로 달려 단시간에 멀리까지 갈 수 있다. 그래서 수 킬로미터 떨어진 난바다에서 고기잡이를 할 때는 대형 카누를 사용하는 경우가 많다.

　베즈가 사용한 싱글 아우트리거 카누는 **3-7**과 같이 인도양과 태평양에서 광범위하게 사용되고 있다. 동남아시아 섬 지방을 중심으로 동서로 널리 분포되어 있는 것을 알 수 있다. 동쪽이란 뉴기니 섬 지방부터 동쪽의 멜라네시아(남서 태평양 오스트레일리아 동북에 있는 여러 섬의 총칭-역주) 각지 마리아나 제도 이남의 미크로네시아 전 해역, 그리고 뉴질랜드와 하와이를 포함한 폴리네시아 전역이다. 서쪽의 분포는 수마트라 섬 서해안에서 니코바르 제도, 안다만 제도, 실론 섬을 거쳐 몰디브 섬 지방에서 마다가스카르 섬에 이르는 해역과 인도 아대륙 서해안 지역으로 나뉘어져 있다. 이런 점에서 인도양뿐 아니라 태평양을 포함한 넓은 해역에서 지역 간의 교류가 행해졌다는 것을 상상할 수 있다.

그러나 이들 각 지역의 카누를 자세히 살펴보면 모두 다양한 형태를 띠고 있기 때문에 통틀어 싱글 아우트리거 카누라고 단정지을 수 없다. 오히려 싱글 아우트리거 카누가 있는 지역을 조사하다 보면 각 지역차를 통해 문화적 차이에서 오는 영향도 살펴볼 수가 있다. 따라서 전체적인 시점에서 일단 벗어나 베즈 카누의 제작법과 조종법을 자세히 검토한 후에 다른 지역의 카누와 비교해 보고자 한다.

3. 베즈의 카누 제작 기술

베즈의 카누 제작법은 매우 틀에 짜여져 있어 제작 공정이 일정하다는 것이다. 그 이유 중 하나는 숙련된 카누 목수가 맡아서 제작을 많이 하기 때문이다. 카누 목수도 평상시에는 다른 베즈 인처럼 고기잡이를 하러 나가지만, 주문이 증가하면 형제나 자식에게 고기잡이를 떠맡기기도 한다. 때로는 주문을 하는 사람이 재료를 미리 구입해 주기도 하는데, 잘 만들어진 대형 카누는 재료비 35만 5,000프랑을 포함해 대략 100만 프랑 정도 한다고 한다. 1996년 당시의 100만 프랑은 마다가스카르 국민 일 인당 국민총생산에 거의 맞먹는 금액으로, 물고기는 1킬로 당 1,000프랑, 가장 싼 주식작물(主食作物)인 옥수수는 성인을 기준으로 한 1인분에 약 700프랑이었다. 말하자면 대형 카누는 엄두도 못 낼만큼의 고액은 아니지만 계획적으로 저금 하지 않으면 도저히 살 수 없는 물건이다. 이에 비해 소형 카누 는 크기에 따라 다르지만 수만 프랑 정도의 재료비로도 충분히 제작할 수 있다. 또한 소형 카누는 다른 마을 사람들이 자주 볼 일이 없기 때문에 겉모습에 그다지 신경을 쓰지 않아도 되기 때문에 카누 목수에게 맡기지 않고 사용자 자신이 만드는 경우 도 많다. 그러나 제작 과정은 카누 목수가 만들 때와 거의 동일 하다.

재료는 대부분 카누를 제작하는 어촌보다 내륙 마을에서 구 입하는데, 가장 구하기 어려운 재료는 선체로 쓰이는 나무로 속을 도려낸 배 부분(roka)이다. 선체는 파라파체(farafatse)라는 토우다이구사 과(科)의 고목(Givotia madagascariensis)만을 사용 하며, 다른 나무로 만들어졌다는 이야기는 아직 들은 적이 없 다. 파라파체가 연하기 때문에 가공하기 쉽고, 비중(比重)도 가 벼워 많은 양의 짐을 실어도 물에 잘 뜨기 때문이다. 소형 카누 에 쓰는 작은 나무는 바닷가에서 조금 떨어진 곳에서도 쉽게 구할 수 있지만, 대형 카누에 쓰는 거목은 바닷가 근처에서는 도저히 찾아볼 수가 없다. 이 때문에 한 베즈 어부는 부지런히 내륙을 오고가며 강에서 그 지역 사람에게 고기 잡는 법을 가 르쳐주는 등 친분을 쌓아 파라파체의 벌목을 허락받았다고 한 다. 나무를 베기 전에는 그 나무의 뿌리에 잘게 썬 담배를 받치 며 그 동안 나무를 키워준 '신'에게 용서를 빈다. 그러고 나서

도끼로 나무를 쓰러뜨리고, 줄기의 축을 따라 가늘고 길게 도려내어 외형을 정리한다. 이 때 도끼 이외에 안츠론 다카(antsoron-daka, '카누(를 만들기 위한)의 호미'라는 뜻)라는 독특한 공구를 사용한다. 이것은 긴 막대기 끝에 부채꼴을 한 평평한 철제 칼이 붙어 있는 공구로, 도려낼 때는 끌처럼, 외형을 다듬을 때는 대패처럼 사용한다.

이렇게 도려낸 부분은 어촌에 사는 카누 목수에게 전해져 2차 공정에 들어간다. 이 과정에는 다양한 작업이 포함되는데, 작업의 목적은 크게 세 가지로 정리할 수 있다. 카누의 가장자리에 판(현측판(舷側板))을 대서 가장자리를 높게 하는 것, 카누 전체에 장식을 하는 것, 그리고 플로우트를 가공해서 다는 것이다. 그 중 감탄을 자아내는 것은 가장자리를 높게 하는 기술이다. 선체와 현측판은 접착 부분에 물이 스며들지 않도록 밀착시키는데, 한눈에 봐서는 접합했는지 알 수 없을 정도다.

가장자리를 높게 하는 작업은 가장자리의 높이가 지면에 거의 닿을 정도로 선체를 모래에 묻고 시작한다. 현측판(soake)은 오래된 카누를 해체해서 만든 것이 많다. 우선 선체의 가장자리에 현측판을 세워 둘이 딱 맞도록 조금씩 깎아나간다. 어느 정도 형태가 맞으면 선체의 가장자리에 먹물을 칠하고, 현측판을 맞춰 위에서부터 두드린다. 한편 현측판을 떼면 먹물이 묻어 있다. 먹물이 군데군데 묻으면 현측판의 깎은 부분이 선체와 잘 맞지 않았다는 증거이다. 그래서 먹물이 묻은 부분을 또

깎아 먹물이 구석구석에까지 잘 베이도록 작업을 되풀이한다. **3-8**은 이 작업을 하고 있는 모습이다.

선체와 현측판이 딱 맞으면 양 가장자리를 뾰족한 나무못(rantsa)으로 고정한다. 이 작업을 위해 현측판의 깎은 부분에 송곳으로 같은 간격으로 구멍을 뚫어 그 안에 모래를 조금 넣어둔다. 모래를 넣어둔 채 현측판과 선체를 맞춰 위에서부터 두드린 후 현측판을 떼어내면 도려낸 배의 가장자리에 같은 간격의 모래 점이 찍힌다. 이 점의 위치에 구멍을 뚫으면 현측판의 구멍 위치와 서로 일치하게 되고, 이 구멍에 나무못을 끼워 넣으면 현측판과 선체가 서로 고정된다. 간격을 메우기 위해서 나무진 등을 이용할 필요가 전혀 없다. 이물과 고물의 가장자리는 곡선의 형태가 복잡하기 때문에 한 장의 판을 박아 붙일 수는 없다. 따라서 각각의 형태에 맞춰 부품(saro)을 별도로 만들어둘 필요가 있는데, 선체에 고정하는 방법은 현측판과 거의 동일하다.

이런 작업이 끝나면 짐을 싣거나 사람이 앉는 횡목(fitoera), 아우트리거 가로대를 고정하기 위한 봉(fihamike), 짐의 밑바닥에 카누의 가장자리가 스친다 해도 잘 파손되지 않도록 견고한 판(firara) 등을 단다. 이 피라라는 부품은 잘 미끄러지게 하기 위해 불에 그슬린 다음 촛농과 밀랍, 기름 등을 칠해 둔다. 이들 부품을 부착하기 전후로 해서는 이물이나 고물이 아름다운 곡선이 되도록 몇 개의 나무 조각을 박아 몇 번이고 모양을 다

3-8 카누를 만들고 있는 모습

듬는다. 그리고 마지막에는 각종 페인트로 화려하게 채색한다. 다만 선체의 밑바닥에는 페인트가 아닌 콜타르(석탄을 고온건류 (高溫乾溜)할 때 부산물로 생기는 검은 유상(油狀) 액체-역주)로 검게 칠한다. 방수와 방충의 효과를 높여 부서지지 않게 하기 위해서이다.

플로우트(fanary) 가공은 선체만큼 복잡하지 않다. 그저 모양을 정리하고 콜타르를 칠하는 정도이다. 그러나 플로우트의 형태는 역시 아름다워야 한다. 단면이 사각형이 되도록 모서리를 만들어 깎고, 선체와 마찬가지로 끝이 뾰족하고 밑으로부터 밀리듯 높아지는 나무 조각을 박아 고정한다. 이 과정이 끝나면 두 군데에 구멍을 뚫어 둥근 기둥 모양의 연결 부품(tatike)을 단다. 이 부품도 매끄러운 곡선이 나오도록 줄질하여 모양을 잡는다. 연결 부품의 측면에 뚫린 가는 구멍에는 가로대 (varona)를 달고 플로우트와 반대쪽 가로대의 끝에는 기다란 봉 (linga)을 단다. 이렇게 하면 선체에 다는 아우트리거 사각 테두리가 완성된다. 아우트리거 틀은 선체가 완성된 후 앞서 말한 연결 부품을 끈으로 고정시킨다.

4. 베즈의 카누 조종 기술

소형 카누를 다루려면 카누 이외에 노(five)만 있으면 그만이다. 그러나 대형 카누에 돛을 달아 움직이게 하려면 카누 본체와 노 이 외에 다양한 도구가 필요하다. 우선 돛대를 세우기 위해서는 직육면체에 가까운 대(臺 : kitan-day)가 필요하다. 그 대 (돛대 자리)는 윗면과 바닥이 모두 우묵하게 들어가 있는데, 윗면의 우묵한 곳에는 돛대를 꽂는다. 바닥의 우묵한 곳은 카누 선체를 만들 때 미리 만들어둔 돌기에 맞춰 낀다. 이렇게 하면 돛이 바람을 받아 돛대에 강한 충격이 가해져도 돛대의 위치는 어긋나지 않게 된다. 이 밖에 두 개의 돛대(tehe)와 그것을 고정하기 위한 끈(razo), 사각형 모양의 돛(lay) 등이 필요하다.

카누에 돛을 달고 항해하려면 보통 두 명의 인력이 필요하다. 한 사람은 고물에 앉아 키를 잡고, 다른 한 사람은 앞쪽에서 돛의 위치를 조정하면서 강한 바람이 옆에서 불어올 때는

3-9 고정된 직립 돛대('바람 아래의 돛대')

가로대 위에 올라가 선체의 균형을 잡아야 한다. 이제부터는 돛을 펴는 기술, 키를 조종하는 기술, 선체의 균형을 잡는 기술에 대해 알아보고자 한다.

　돛을 펴기 위해서는 우선 돛대를 세워야 한다. 돛대 자리는 앞쪽 가로대 바로 아래에 놓여 있기 때문에 돛대 자리의 움푹 팬 곳에 돛대 한 개를 곧바로 꽂으면 가로대와 교차하는 모양이 된다. 이 교점에 끈을 걸어 가로대와 돛대를 고정한다. 동시에 돛대의 정상에 매달아 놓은 세 가닥의 끈 중 한 가닥을 뒤쪽 가로대에 연결하고, 남은 두 가닥은 앞쪽 가로대의 양쪽 끝에 걸어서 다시 조금 뒤쪽의 선체 부분에 연결한다. 이것으로 3-9와 같이 직립하는 형태의 돛대 한 개를 고정한다. 이것을 '바람

3-10 dimba/beantana(본문 설명 ②)의 돛 형태

아래의 돛대(tehe andoha tsioke)'라 한다. 다른 한 개의 돛대는 '바람 위의 돛대(tehe amboly tsioke)'라 하는데, 혼동하기 쉬우니까 이제부터는 이미 고정한 돛대를 직립 돛대, 다른 쪽을 경사 돛대라 부르겠다. 경사 돛대라고 부르는 이유는 그 돛대를 약간 비스듬하게 고정시키기 때문이다.

직립 돛대의 정상 부근에는 끈을 통과시키는 구멍이 뚫려 있어, 미리 사각 돛의 한쪽 끝에 봉합해 놓은 끈을 그 구멍에 통과시켜 놓으면 직립 돛대를 다 세운 후 국기를 게양하듯 돛을 올릴 수가 있다. 경사 돛대와 돛을 고정하는 방법은 카누 진행 방향에 대한 바람 방향의 각도에 따른다.

① 카누의 뒤쪽에서부터 순풍을 받는 경우(laim-panihy : '코우모리의 돛'이란 뜻), ② 약간 뒤쪽에서 바로 옆으로 부는 바람을 받는 경우(dimba / beantana), ③ 약간 앞쪽에서 바람을 받는 경우(fonta), ④ 카누의 조정이 힘들 정도로 순풍이 너무 강한 경

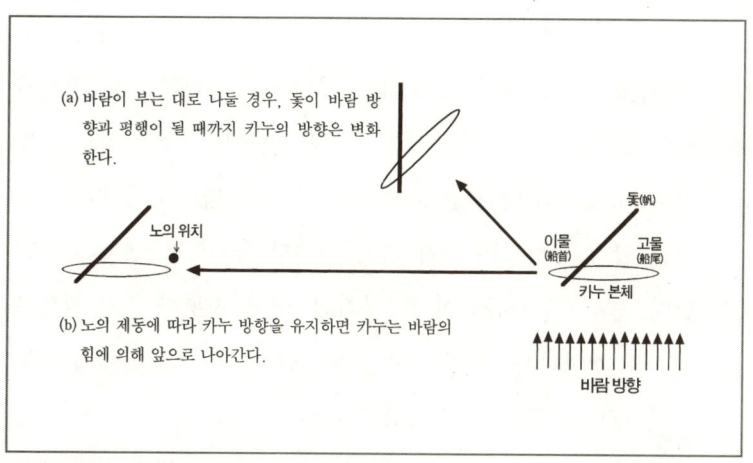

3-11 카누 조타의 원리

우(jibo) 등 각각의 경우에 따라 돛의 형태와 명칭이 달라진다. 여기에서는 가장 흔한 ②의 경우에 대해 설명하려 한다.

돛의 한쪽 끝은 이미 직립 돛대의 윗부분에 고정되어 있으므로 또 다른 한쪽 끝을 경사 돛대의 끝에 고정한다. 이어서 경사 돛대의 밑 부분을 일으켜 세워 직립 돛대와 가로대를 고정하고 있는 끝에 연결한다. 이 때 경사 돛대보다 돛이 바람 아래쪽에 오도록 한다. 다음에는 돛 아랫부분의 두 점에 연결해 둔 끈을 선체에 연결하면 된다. 직립 돛대에 가까운 쪽의 끈은 앞쪽 가로대의 바람 아래쪽에 고정한다. 반대로 경사 돛대에 가까운 쪽의 끈은 뒤쪽 가로대의 바람 아래쪽 끝에 건 뒤 선체에 연결한다. 이렇게 하면 경사 돛대가 선체의 바람 아래쪽에 오도록 배치되어 **3-10**과 같은 돛의 형태가 된다.

카누 조종에 관한 제2의 기술은 키 조종이다. 이제까지 설명한 기술에서 알 수 있듯이 베즈 카누에는 고정된 조타 장치가 없다. 키 역할을 해내는 것은 한 개의 노이며, 소형 카누를 젓기 위한 노보다 약간 클 뿐이다. 노가 키의 역할을 해낸다는 원리를 알기 위해서는 키가 없는 범선의 움직임을 생각해 보면 된다. 좀더 간단하게 이야기하자면, 돛을 평평한 판자 형태로 있다고 가정하자. 돛은 바람을 받으면 그 저항을 줄이기 위해 이리저리 움직이다가 바람과 평행이 되는 순간에 정지하는 성질이 있다. 이 마지막 상태에서는 돛이 풍력을 받지 않기 때문에 조타수는 돛이나 선체가 바꾸려는 방향과 반대가 되도록 해야 한다. 따라서 고물에 앉아 바람 아래쪽의 뱃전에서 노를 물속으로 넣어 그 자세를 유지한다(3-9). 이렇게 하면 고물을 바람 아래로 향하게 하려는 힘에 제동이 걸려 풍력은 선체를 추진하는 힘으로 바뀌게 된다.

세 번째로 선체의 균형을 잡는 기술은 원리 측면에서는 단순하지만, 실제로 해 보면 그리 쉽지 않다. 돛을 달고 달리는 카누가 옆에서 강한 바람을 맞는 경우, 카누 전체가 바람 아래쪽으로 기울어지기 때문에 배 안으로 물이 들어오거나, 최악의 경우엔 완전히 뒤집힐 우려가 있다. 이를 막기 위해 사람이 앞쪽 가로대의 바람 위쪽 끝에 서서 가로대가 기울어지지 않도록 중심을 잡아줘야 한다. 3-12에 그 모습이 나와 있다. 가로대에 서서 중심을 잡아본 적이 있는데, 위 아래로 크게 출렁이기도 하는 카누 위에서는 발을 딛고 있는 가로대가 그물처럼 가느다랗게 느껴졌다. 바람이 약할 때는 그런대로 괜찮지만 바람이 거세게 불어 닥칠 때는 가로대 위로 파도가 몰아쳐

3-12 좁은 가로대 위에 서서 균형을 잡는다.

발 딛을 곳이 물에 젖어 미끌미끌해지고 만다. 직립 돛대를 고정한 끈에 필사적으로 매달리고 있는 모습을 보고 고물에 앉아 있던 키잡이가 이물의 방향을 바꿔 풍력을 약하게 해 주었지만 그렇게 하자 배는 전혀 나아가지 않았다. 어떤 때는 얕은 바위가 지천으로 널려 있는 장소를 두 사람끼리 항해하다가 그런 상태에 빠진 적이 있다. 지형을 잘 파악하고 있지 못한 내가 키를 잡기란 너무 위험하고, 그렇다고 무게 중심을 잡아주지 않으면 돛을 달고 달릴 수 없는 풍향이었다. 할 수 없이 돛을 내리고 노를 저어 뭍에 다가간 다음 근처 마을까지 구원을 요청하러 갔던 적이 있었다.

　베즈의 소년들은 나와 달리 이러한 행태를 드러내는 법이 없다. 아버지와 둘이 항해할 때도 지시를 받으면 능숙하게 돛을

펴고, 키를 잡고, 가로대 위에 올라가 균형을 잡는다. 바람의 방향이나 진행 방향이 바뀌면 아버지가 지시하기도 전에 돛의 각도를 조절한다. 베즈 사람들은 예민한 감각과 효과적인 신체 기법을 소년 시절부터 몸에 익히며 카누 조종을 배워나간다.

5. 베즈의 생활과 카누

카누는 다양하게 활용하고 있는 것을 알 수 있다. 우선 노만 저어서 앞으로 나아가나는 소형 카누는 매일 반복되는 고기잡이에 사용한다. 내가 조사한 마을에서는 다양한 방법으로 고기를 잡았는데, 그 기구에 따라 어망을 이용하는 방법, 물고기를 낚아 올리는 방법, 작살을 이용하는 방법으로 크게 나눌 수 있다. 내가 머무르고 있었을 때는 폭 100미터, 높이 2미터 정도의 직사강형 나일론 어망으로 물고기를 몰아넣고, 다시 그물을 수직으로 친 다음 물고기를 낚아 올리는 방법을 자주 사용했는데, 그 때마다 다양한 어법이 선택된다. 예컨대, 자망 고기잡이를 하러 갈 파트너가 없으면 잠수해서 작살로 물고기를 잡았고 강풍 때문에 물이 탁해 작살을 사용할 수 없으면 낚시를 사용하는 등 그 날의 형편에 따라 어법을 바꾸는 어부가 많다. 그러나 대부분의 경우 남자들은 카누를 타고 나가 고기를 잡는 경우가 태반이다. 여자들은 카누보다는 어장까지 걸어가 얕은 장소에서 문어와 해삼 등을 잡는 경우가 많다. 바람만 강하지 않으면 매일 수확물을 건질 수 있는데, 특히 보름이나 초승달이 뜰 무렵 썰물로 수심이 낮아지면 고기잡이는 더욱 활기를 띠게 된다. 수심이 낮을 때는 산호초가 햇볕에 바싹 마르기 때문에 어장이 매우 복잡해지지만, 소형 카누는 구석구석까지 갈 수 있기 때문에 그런 지형에도 안성맞춤이다.

이에 비해 대형 카누는 소형 카누보다 사용 빈도가 낮기 때문에 마을과 해안선 중간에 있는 카누 집산지에 장기간 방치해 둔다. 그러나 이것은 단순히 대형 카누와 소형 카누의 이용 목적이 다를 뿐, 결코 대형 카누의 중요성이 낮기 때문이 아니다. 대형 카누는 특히 세 가지 경우에 중요하게 사용한다. 첫 번째는 어획물 판매 및 물건을 구입하기 위해 마을로 갈 경우에 사용한다. 마다가스카르 섬 남서해안선에는 네 곳의 현청 소재지가 약 200킬로미터 간격으로 세워져 있는데, 이곳에는 많은 상점들이 들어차 있어 지방 도시로서의 기능을 수행하고 있다. 어부는 잡은 물고기를 마을의 중개인에게 넘기고, 중개인은 그 물고기를 소금에 절이거나 말려서 지방 도시로 나가 판다. 물론 중개인을 거치지 않고 직접 잡은 물고기를 가지고 나가 판매하는 어부도 많다. 어쨌든 해안선에 자리잡은 베즈 마을에서는 농경에 종사하는 사람보다 물고기를 잡아 돈을 벌거나 식료품을 구입하는 사람이 더 많다. 그래서 이곳 지방 도시는 마을의 어민에게 있어서 매우 친근한 존재이다. 지금처럼 현금이 보급되기 전에는 이들 지방 도시 외에 강가의 풍요로운 농업 지대도 물물 교환의 장소로서 매우 중요했다. 첫머리에서 소개했던 한 노인의 일화는 물물 교환의 거래 상대를 찾아 나서던 때의 일이다. 교환 경제에 의존하는 어민에게 있어 대형 카누는 어획물을 운반하기 위한 중요한 수단인 것이다.

두 번째 경우는 해안에 있는 다른 마을을 방문할 때 사용한다. 베즈 사람들은 자신이 사는 마을 뿐만 아니라 친척이나 친구에게 자주 방문하러 다녔다. 가장 번잡할 때는 아마 장례식이 있을 때일 것이다. 죽은 사람이 나이가 어린 경우를 제외하고, 나이가 많은 사람이 죽었을 때 슬퍼하는 사람은 배우자 정도이다. 장례식 때문에 모인 다른 사람들은 죽은 사람을 묻기 전까지 매일 밤마다 춤을 추며 밤을 샌다. 그 이유를 묻자, "고인이 오래 살아줘서 우리도 기쁘기 때문이오"라고 대답했다. 그 말이 사실인지는 몰라도, 마을에 누가 죽었다는 소문은 순식간에 멀리 있는 마을까지 퍼져나가 여러 마을에서 조문객들이 모여든다. 그리고 장례식의 떠들썩함을 기대한 젊은 사람들도 조문객 이상으로 많이 모여든다. 밤이 깊어지면 유족들이 술을 대접하고, 악단이 등장하고, 춤을 잘추는 사람에게는 갈채가 쏟아진다. 그 한편에서는 친해진 이성과 어딘가로 사라지는 남녀도 있다. 이처럼 시끌벅적한 소란 속에 있다 보면 고즈넉한 어촌의 주민이라고 말하기 어려울 정도로 많은 사람들이 서로 교제하며 복잡한 인간 관계 속에서 생활하고 있다는 것을 알 수 있다. 대형 카누는 드문드문 흩어진 마을끼리의 커뮤니케이션을 원활하게 해 주는 도구라고 할 수 있다.

  세 번째 경우는 마을에서 100킬로미터 이상, 때로는 240킬로미터나 떨어진 먼 곳에서 고기잡이를 할 때 사용한다. 마을 이외의 장소에서 고기잡이를 한다는 것 자체는 그다지 새로울 것이 없지만, 1990년대부터 시작된 난바다 고기잡이는 어획 대상이 참신했다. 그것은 중화 요리의 음식 재료로서 홍콩이나 싱가포르로 수출되는 해삼이나, 상어가 주를 이룬다. 이것들은 고액의 단가로 거래되어 마을 앞 바다에서 얻을 수 있는 수산물보다 훨씬 많은 수입을 안겨준다. 금액으로 환산하면 난바다에서 한 달 동안 걷어들이는 수산물이 마을에서 일 년 동안의 수입이 필적하는 경우가 있는데 그리 드문 일이 아니다. 내가 조사한 마을의 남자들은 대부분 처자식을 마을에 남겨두고 몇 달씩 고기를 잡으러 나가 있었다. 이런 활동은 이제 막 시작되었지만 어민들 사이에서는 빠른 기간에 정착된 듯 보인다. 베즈 인들은 대형 카누라는 이동력(移動力)을 무기 삼아 저 멀리 가본 적도 없는 먼 바다를 향해 계속해서 활동 영역을 넓혀나가고 있다.

6. 베즈의 카누 문화

지금까지 베즈의 싱글 아우트리거 카누에 대해 자세히 알아보았다. 결말을 짓기 전에 다시 한 번 다른 지역에 비해 베즈 카누가 어떻게 독특한지를 살펴보고자 한다. 앞으로 나올 내용은 인도-태평양 전 해역을 대상으로 한 비교 연구 이외에, 실론 섬의 싱하리 인이 사용하는 카누에 대한 모노그래프(monograph, 단일 주제 연구 논문-역주)도 참조하였다. 실론 섬은 싱글 아우트리거 카누를 이용하는 지역으로서는 비교적 마다가스카르와 가깝고, 카누의 형태에도 기준이 되는 본보기가 있어 비교하기 쉽기 때문이다.

두 지역 카누의 결정적인 차이점은 싱하리의 카누에 이물과 고물의 구별이 없다는 것이다. 베즈 카누는 이물과 고물의 형태가 다를 뿐 아니라, 돛이 선체의 앞쪽에 위치하기 때문에 고물을 앞으로 해서 나아가면 조타가 매우 곤란해진다. 베즈라면 그런 일을 시도할 생각조차 하지 않았을 것이다. 두 카누의 차이점은 돛을 달고 항해하는 상태에서 역풍이 불 때 확실하게 드러난다. 역풍이 불 때는 어떤 카누든지 지그재그로 달려야 하고, 지그재그의 정점에서 이물의 방향을 틀어주지 않으면 안 된다. 그러나 싱하리의 카누처럼 고물을 이물로 바꿀 수 있다면 방향을 바꾸는 각도가 작아도 되고, 방향을 전환하는 사이에 바람에 밀리는 경우가 적어 비교적 조정하기 쉬워진다. 싱하리의 카누처럼 역풍 때 이물과 고물을 교대시키면서 지그재그로 나아가는 기술을 앞으로 '스위치 항법'이라 부르자.

스위치 항법의 분포를 앞에 나왔던 3-7에서 알아보면 재미있는 점을 발견할 수 있다. E. 드란의 본래 그림에서는 스위치 항법이 마다가스카르에도 존재하고 있었지만, 현지에서 그것을 본 적이 없고, 드란이 근거로 삼은 문헌에도 그와 같은 기술은 나와 있지 않다. 뭔가 오해가 있었다고 생각되기 때문에 3-7에서는 수정을 해 두었다. 이 그림을 보면, 스위치 항법은 두 해역에 퍼져 있다는 사실을 알 수 있다. 하나는 오세아니아 서쪽 반 정도이고, 다른 하나는 실론 섬 및 몰디브 제도이다. 오세아니아의 분포를 보면, 우선 스위치 항법이 불가능한 카누가 퍼져 있다가 나중에 스위치 항법 카누가 도입되어 전자를 밀어낸 것처럼 보인다. 이 때문에 드란은 스위치 카누 쪽이 더 새롭고, 그것이 불가능한 카누는 낡은 형태라고 논했다. 그러나 인도양에서의 분포를 살펴보면, 이야기가 그렇게 단순하지만은 않은 것을 알 수 있다. 양쪽 형태의 카누가 모두 단일 장소를 기원(起源)으로 하고 있다는 것이고, 스위치 항법 카누가 더 새로운 것이라면 수마트라 섬 부근의 카누가 스위치 항법을 채택하지 않은 것은 어쩐지 부자연스럽다. 드란의 설(說)은 오세아니아에서는 어찌되었든 간에 인도양 부근에서는 그다지 설득력을 갖지 못한다. 두 지역의 스위치 항법 카누는 별개의 기원을 갖고 있는지도 모른다. 또한 새로운 기술이 옛 기술을 몰아낸다는 전제에도 의문점을 떨쳐버릴 수가 없다.

오세아니아의 카누와 인도양 주변의 카누가 별개의 기원을 갖고 있다면 인도양의 카누에만 나타나는 공통된 특징을 잘 설명할 수 있다. 그 특징이란 사각 돛의 위쪽 끝을 두 개의 돛대로 고정하고, 아래쪽 끝에 매달아 놓은 끈을 본체에 연결하는 돛의 형태를 말한다. 드란이 더블 스프리트 형이라 부른 이 형태의 돛은 베즈나 싱하리의 거주지 부근 이 외에, 몰디브, 수마트라, 홍해에서 볼 수 있다. 드란은 이 타입의 돛이 이들 장소에서 나타나는 것은 스위치 항법에 적합하기 때문이라고 생각했다. 그러나 이미 본 것처럼 마다가스카르의 카누는 스위치 항법을 하지 않았으며, 수마트라와 홍해에도 스위치 항법은 없는 듯하다. 드란은 여기에서도 오세아니아에서의 관찰을 인도양에 적용하는 실수를 범한 것 같다. 과연 오세아니아에서는 스위치 항법 카누와 그것이 불가능한 카누의 돛 형태가 명확히 다르다. 그러나 인도양에서도 카누의 형태와 돛의 형태가 서로 관련이 있다고 보는 것은 경솔한 생각이다.

베즈의 카누와 싱하리의 카누에는 선체의 형태 이외에도 다른 점이 있다. 예컨대, 베즈 카누에서는 연결 부품이 가로대와 플로우트를 연결하고 있는데 비해, 싱하리 카누에서는 가로대가 아래쪽으로 굽어 있어 연결 부품이 필요하지 않다. 또한 베즈는 양 끝이 뾰족한 나무못으로 속을 깎아낸 선체와 현측판을 연결하는데, 싱하리는 야자나무 열매의 섬유를 이용해서 봉합한다. 그러나 이들 차이점에 상관 없이 돛의 형태가 같다는 사실에서 강한 흥미를 가지게 된다. 어쩌면 이것은 인도양에 있어서 카누 기술의 본연의 모습을 상징적으로 나타내고 있는 것은 아닐까?

오세아니아에서 카누 기술은 문자 그대로 파급된 것처럼 보인다. 합리적인 신기술은 거의 확실히 받아들여지고, 그 기술이 가져온 것과 그렇지 않은 것을 어렴풋이나마 구별할 수 있다. 섬 지방에서는 더욱 새롭고 더욱 좋은 카누 기술이 반드시 필요하다고 인식하고 있었기 때문에 이러한 현상이 나타났는지도 모른다. 그러나 인도양에서는 다르다. 언뜻 보기에 합리적인 기술일지라도 카누의 구조와 조종법에서 불필요한 부분을 완전히 혁신할 필요가 없는 경우에는 반드시 전파된다고 볼 수 없다. 스위치 항법이 그 좋은 예이다. 기술은 전파되기 마련이다. 따라서 더블 스위치 형 돛처럼 세계적으로 보면 특수한 기술도 함께 공유하고 있었다는 것을 알 수 있다. 인도양의 카누 기술은 외부에서 들어오는 것을 경쟁하듯 받아들여 발전시킨 것이 아니라, 비교적 작은 지리적 단위의 여러 조건에 적합한 형태로 육성했다고 말할 수 있을 것 같다.

이러한 상상은 카누 기술의 전파에 관한 결론으로서 뒷받침해줄 증거가 너무 부족하다. 그러나 이야기를 베즈에 국한한다면 타당하다고 본다. 베즈 인들은 자신들의 카누를 '베즈의 카누(lakam-Bezo)'라 부르며 자신들 특유의 물질 문화라 믿고 있다. 새롭게 개량해야 할 점도 많겠지만, 지금 겪고 있는 변화는 그리 급격하지 않으며 기술도 착실하게 받아들이고 있다. 예민한 감각과 뛰어난 신체 기술을 구사하면서 카누를 조종하는 베즈는 스피드에 몸을 적응하며 카누 기술을 혁신한 것이다.

한편 배에 따로 덧붙이는 엔진이나 연료를 싼 값에 구입할 수 있게 되면 새로운 것을 좋아하는 그들은 앞을 다투어 그것을 사용하려 들 것이다. 카누의 동력화는 카누를 조정하는 데 필요한 감각이나 신체 기술의 일부를 쓸모없게 만드는 면이 있긴 해도, 좋지 않은 혁신이라 단정지을 수는 없다. 그러나 어쨌든 기계화가 진행되면 카누를 만들기 위한 감각과 신체 기술은 좋든 나쁘든 사라지게 될 것이다. 이로써 베즈의 생활이 편리해진다면 나는 이견을 주장할 생각은 없다. 단지 풍부한 카누 문화가 새로운 시대에도 어떠한 형태로든 사람들에게 계승되어질 수만 있다면 그것으로 만족한다.

제4장

이동과 교류

바다를 찬미하되 육지를 떠나지 말라.
- 조지 허버트(George Herbert)

앞 사진 | 중국의 정크 선(1670년),
《코르넬리스 마테리프 함대의 동인도 · 중국 항해기 1605~1608년》에서

인도양 세계에 진출한 인도계 회사

나이토우 마사오 內藤雅雄

오스트레일리아 대륙을 제외하고, 바다에 접해 있는 아시아·아프리카 여러 나라의 지도를 보고 있으면, 인도(식민지 시기에는 그 일부였던 현재의 파키스탄과 방글라데시를 제외하더라도)의 해안선이 한 나라로서는 가장 길다는 것을 알 수 있다. 게다가 카티아와르 반도를 가진 서부의 구자라트나 남말라바르 해안 등에서 보면 서아시아나 아프리카는 이른바 일의대수(一衣帶水. 옷의 띠만큼 좁은 강이라는 뜻으로, 여기서는 가깝다는 의미-역주)의 위치에 있다고 해도 무방하다. 따라서 인도와 이들 지역 사이에 긴 교역의 역사가 있다는 것도 결코 이상한 일은 아니다. 기원전 1세기에 지어진 유명한 《에류토라 해 안내기》에 그리스와 교역한 몇몇 인도 서부의 마을에 관한 기록이 되풀이되어 나타난다. 16세기 초기 이후 구자라트 상인의 해외 진출에 대해서는 M. R. 피안스의 《구자라트 상인과 지배자》(1976년. 번역《포르투갈과 인도 중세 구자라트 상인과 지배자》 이쿠타 시게루(生田滋) 역, 岩波書店, 1984년)라는 우수한 연구 논문이 있다.

 인도인의 해외 진출은 인도가 영국의 식민지가 된 후 한층 활발해졌지만 그것은 단순한 교역이란 분야에 국한되지 않았다. 연계계약(年季契約) 노동자로 인도 각지에서 수많은 인도인이 바다를 건넜다. 또한 상인 이외에 식민지 관리원이나 사무원 등 다양한 직업을 찾아 이민의 흐름이 이어졌다. 그 결과 가까운 스리랑카와 동남아시아 여러 나라는 말할 것도 없고 남태평양 섬과 인도양의 섬들, 동아프리카, 남아프리카, 그리고 멀리는 서인도 카리브 해의 여러 나라와 남아메리카의 각지로 인도계 이민자들(및 그 자손)의 사회가 생겨났다. 후에 그 일부는 영국, 캐나다, 미국 등의 선진국으로 이동하여 그곳에서 시민권을 얻어 독자적인 커뮤니티를 형성하였다.

 여기에서는 그러한 인도계 이민의 흐름과 정착의 역사, 그 후에 형성된 그들 사회의 상황을 옛날부터 연관을 맺고 있는 인도양의 몇몇 나라를 중심으로 살펴보고자 한다.

1. 인도인의 해외 이민

인도인의 해외 도항

힌디 어(Hindi language) 등 북인도 여러 언어에 '검은 물(kala pani)'이라는 단어가 있다. 이 말은 식민지 시기인 19세기 초에 영국이 본격적으로 식민지 정책을 펼치면서, 유형지(流刑地)로 삼은 안다만 제도에 종신형을 받은 인도인이 이곳으로 갈 때 쓰던 말이다. 이 말은 또한 일반적으로 힌두교도가 바다를 건너 인도를 떠나는 것을 금하는 말로 사용되어 왔다. 옛 힌두 법전에서도 힌두교도, 특히 카스트 제도의 고위층 사람들에게 그러한 이동을 억제하는 규정이 있었다고 알려져 있다. 예컨대, 힌두교도들이 지켜야 할 카스트 제도에 관한 규정과 생활·행동 규범을 체계적으로 기록한 문헌인 《마누법전(Code of Manu)》은 히말라야 및 빈디야(Vindhya) 산맥 사이에 있는 땅과 동서(東西) 바다에 이르는 땅을 '아리야발타'(아리야(Ariya)의 땅)로 규정하고(제2장 제22조), 브라만(神官)을 비롯해 상위의 세 카스트(바루나. 백인종 계통의 아리안 족이 인도로 이주하면서 원주민의 지배를 확고히 하기 위해서 '바루나'라고 불리는 신분 제도를 만들었다. 이 제도로 인해 아직도 피부가 흰 쪽이 고귀하고 혈통이 우수하다고 생각하는 사고 방식이 남아 있다-역주)는 이 땅에 살아야 하고, 다만 최하위 계급인 수드라(奴婢)는 생활이 궁핍할 때 어떠한 땅에 살아도 좋다(제2장 제24조)고 규정하였다. 이러한 규정은 당연히 무슬림(이슬람교도)이나 시크교도에게는 해당되지 않은 것이었으며, 다수의 힌두교도에게도 점차 결정적인 구속력을 갖지 못하게 된 것 같다. 인도인의 항해와 해외 도항의 긴 역사를 개관한 유명한 인도학자 A. L. 바샴은 자신의 저서 《인도의 역사와 문화》(1964년)에서 다음과 같이 논하고 있다.

이들 각종 금지 규정에도 불구하고 브라만을 포함한 여러 카스트가 때때로 바다를 건너 여행했다는 것은 명백하다. ……해상 여행을 금지하고 억제한 성전의 조문도 인도인 가운데 극히 소수를 제외하고는 그다지 존중하지 않았다.

만약 그렇지 않았다면 역사에도 명백히 나와 있듯이 석가(釋迦) 시대(기원전 6세기) 이후 10세기 말에 이르기까지 인도가 동남아시아에서 아프리카 동해안 혹은 잔지바르 섬에 이르는 광범위한 해역에서 문화 및 교역 활동의 중추적인 역할을 해내지 못했을 것이다. 이렇게 수많은 인도인들이 바다를 건너 밖으로 진출할 수 있었던 주요 동기는 아마도 개인의 모험심과 장사해서 이익을 남기고 싶다는 욕구가 한데 뒤엉켜 있기 때문이 아닌가 싶다. 그러나 숫자상으로나 질(質)적인 수준으로 보아 인도인의 해외 진출에 있어서 중요한 전기(轉機)가 찾아온 것은 역시 영국의 인도 식민지가 된 이후이다. 또한 주목할 만한 점은 그것이 세계에 퍼진 영국의 식민지 지배 체제의 확립과 밀접한 관련이 있다는 점이다. 예컨대, 숫자상으로 인도보다 더 많은 사람들이 나라 밖으로 진출했던 중국인(華僑, 華人)의 80~90퍼센트가 동남아시아 여러 나라에 집중했던 것에 비해, 해외로 나간 인도인의 경우는 인도와 이웃한 여러 나라에 거주하는 인구의 비율은 약 30퍼센트로, 나머지는 다른 대륙이나 해양 지역으로 널리 퍼져 나갔다. 그 주요 이유는 인도가 영국의 식민지였다는 역사적 사실에서 찾을 수 있다.

연계계약 노동제와 인도인 이민

영국은 1807년에 제국 영토 내에서의 노예 무역을 금지하고, 이듬해부터는 모든 식민지에서 노예의 상륙을 금지했다. 이에 따라 서인도 제도에서는 1808년부터 약 20년 동안 노예 인구가 80만에서 65만으로 감소했다. 노예 노동 자체가 폐지된 것은 1833년의 일이었다. 이는 오랜 반(反)노예제 운동의 성과이자, 귀족적인 지주층에 대한 신흥 세력의 전반적인 투쟁의 결과로 중요한 의미를 가진다. 그러나 그와 동시에 근대사에 새로운 상황을 몰고 왔다.

그 때까지 세계 각지의 식민지에서 행해지던 설탕 생산은 영국 본토 및 식민지 정부의 보호와 노예 노동에 크게 의존해 왔기 때문에 노예제의 폐지는 대규모 농원에서 노동력 확보에 커다란 장해를 가져왔다. 설탕 생산량은 감소했고, 생산비의 증가는 가격의 상승을 초래하여 식민지 여러 나라의 사탕수수 대농원 주인들 사이에 불만의 소리가 높아지기 시작하였다. 그들은 노예라는 지위에서 해방된 아프리카 인 노동자나 같은 백인을 끌어들이려고 했지만 모두 실패로 돌아갔다. 비록 중국인 노동자가 1820년대부터 이민하기 시작했지만 청나라 정부와의 교섭이나 기타 장해 요인이 많아 대량의 중국인이 계속해서 대규모 농원에 투입되는 일은 없었다. 마지막으로 같은 영국의 식민지이자 만성적인 인구 문제를 떠안고 있던 인도로 눈을 돌려, 1834년의 모리셔스를 시작으로 본격적으로 인도인 노동력의 '수출'이 시작되었다. 1845년부터는 멀리 카리브 해의 섬 지방이나 남아메리카의 가이아나에도 인도인이 보내지게 되었다. 그곳에는 영국령뿐 아니라 네덜란드 령 기아나(현 수리남)나 프랑스 령 말티니크, 구아도르프 섬들도 포함되어 있었다.

이들 인도인의 고용은 '연계계약 노동제(indentureship)'라는 제도하에 실시됐다. 그들의 고용은 겉보기에는 계약에 따른 '자유로운 노동력의 도입'이라고 일컬어졌지만, 현실적으로 계약 기간 내에는 농장에만 거주시키며 노동뿐만 아니라 생활하는 각종 면에서 눈에 띄게 자유를 속박했다. 근현대의 인도 이민에 관한 고전적인 연구를 남긴 휴 틴카는 이 제도를 "노예제에서 행해지는 억압 수단의 대부분을 모두 통합한 '신노예제'"라고 표현했다. 이렇게 수많은 인도인이 '세계적인 원료 수요의 일부로서' 설탕, 고무, 커피, 차 등의 대규모 농원에서 노동자로 일하기 위해 세계의 바다를 건넜다. 초기의 항해에는 인도양의 모리셔스에서 8주간, 카리브 지역에서는 26주간이 걸렸으며, 그 사이에 사망한 사람도 무척 많았다고 한다.

이 연계계약 노동제에 대해서는 인도에서도 다양한 논의가 벌어지고 있다. 1885년에 인도 국민회의파의 창립에 관여한 A. O. 흄(1829~1912년)은 인도 정부 내에서 이민 문제를 관할하는 농업·지조(地租)·상업국장관을 역임한 1870년대에, 연계계약 이민정책의 적극적인 추진은 하층 민중 사이에 식민지 지배자에 대한 의혹을 낳을 우려가 있다고 경고했다. 한편 유명한 인도인 판사로 인도 국민 경제의 장래를 전망한 경제학자 M. G. 라나디(1842~1901년)가 농업국인 인도의 남는 빈곤자들을 이민의 형태로 구제하는 정책의 중요성을 주장하며 적극적으로 이민정책을 장려했다는 것은 참으로 흥미진진하다. 그는 1893년의 강연에서 영국·프랑스·네덜란드 령 식민지에 대한 이민 상황에 몇 가지 곤란한 점이 있다고 하면서도, "이민 제도를 보호하는 것은 전체적으로 매우 유익하고, ……그들 식민지에서 인도인 이민의 이해(利害)를 한층 향상시킨다"라고 결론을 내렸다. 동시에 그는 이민을 떠난 인도인의 사회에 인도산(産) 면포가 시장을 획득하고, 또 수많은 인도인 의사, 교사, 변호사, 장인, 승려가 그곳에서 직업을 얻는 것이 바람직하다고 말했다.

초기의 인도 민족 운동에 있어서 온건파 지도자로 알려진 G. K. 고카레(1866~1915년)는 라나디를 스승으로 받들면서도 연계계약제에 한해서는 부정적 측면을 지적했다. 고카레를 '정치적

4-1 인도인 이민 노동자를 운반하고 있는 19세기의 쿨리 선
출전) B. Lubbock, *Coolie Ships and Oil Sailers*, Glasgow, 1995

교사'로 부른 사람은 마하트마 M. K. 간디(1869~1948년)였다. 라나디의 연설이 진행된 1893년에 어떤 소송을 위해 변호사 자격으로 남아프리카의 나타르로 건너간 간디는 인도인 상인과 관련된 인도인 이민의 공민권(公民權) 획득운동을 지도함과 동시에, 그들에게 반(半)노예적 상황을 강요하는 연계계약 노동제 폐지운동을 시작하게 된다. 본국의 인도 국민회의파도 이를 적극 지원하여 운동은 결실을 맺게 되어 제1차 세계대전이 한창일 때 이 제도는 폐지되었다. 그러나 노동 이민으로서 일단 인도를 떠난 대부분의 사람들은 계약 종료 후에도 이민지에 머물렀고, 그들의 자손은 각 지역에서 주민의 일부로서 독자적인 사회를 형성해 나갔다.

'선객(船客) 인도인'의 움직임

남아프리카, 동아프리카, 모리셔스 섬, 남태평양의 피지 섬 등에 연계계약 노동 이민이 도입되고, 그들과 그의 자손들이 이민지에서 스스로의 사회를 만들어가게 되면서 새로운 인도인 이민의 흐름이 시작되었다. 이미 19세기 초에 구자라트 상인이 노예, 정향나무, 상아 등의 교역을 위해 잔지바르 섬에 거주한 예가 있긴 하지만, 19세기 말부터 20세기 초에 이루어진 새로운 움직임은 앞서 말했듯이 영국 식민지 체제의 확립 없이는 생각할 수 없는 일이었다. 바꿔 말하면, 그들 대부분은 영국의 지배(팍스 브리태니커)하에 상인, 공인, 교사, 의사, 변호사, 하급 관리 등에 종사하며 이 지역에서 신천지를 찾고 있었던 것이다.

예컨대, 영국령 식민지 중에서 최초로 연계계약 노동자가 도입된 모리셔스에는 1840년대부터 파루시(인도의 조로아스터교도)를 비롯해 이슬람교도의 보호라 파(派)와 메만 파에 속한 구자라트 상인이 진출해 있었다. 1879년부터 1916년까지 인도인 노동자를 보낸 피지에도 그 후 구자라트나 펀자브에서 많은 사람들이 이주하여 상점 등을 경영하기 시작했다. 계약 이민과는 달리 이들 '자유 이민'은 스스로 뱃삯을 지불하고 바다를 건넜기 때문에 일반적으로 '선객 인도인'이라 불렀다. 앞서 말한 재판의 일로 1893년에 남아프리카의 나타르로 건너간 간디도 아마 이런 선객 인도인 중 한 사람이었을 것이다.

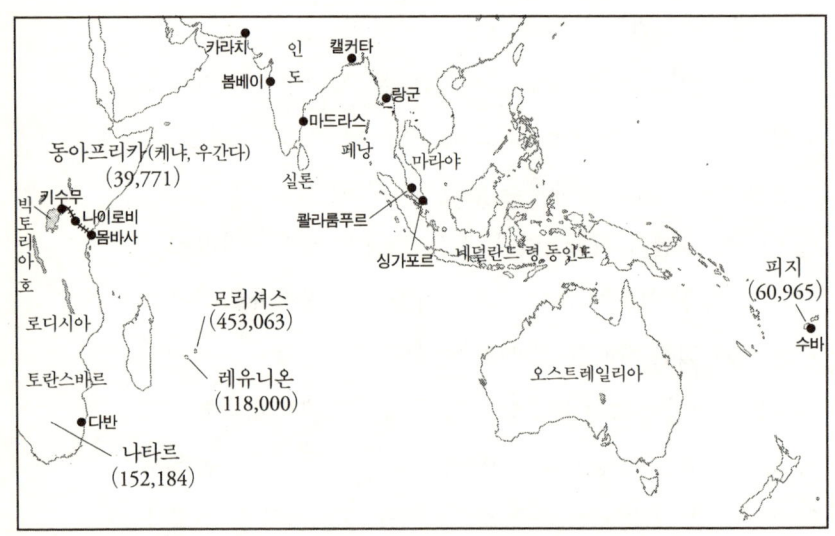

4-2 인도양 및 남태평양 지역에 도입된 인도인 연계계약 노동자 수(1830년대~1920년대)
출전) C. Clarke / C. Peach / S. Vertovec eds., 1990

    한편, 영국은 인도를 식민지의 모델로 삼고, 인도에서 시행했던 지배 기구나 법제(法制) 등을 다른 식민지에 도입하기 시작했다. 예컨대, 동아프리카에서는 1892년의 인도 형법을 비롯하여 인도의 사회법이나 인지법(印紙法) 등이 잇달아 채용되었다. 20세기 초에는 그 때까지 화폐로 이용하던 자안패(子安貝) 대신에 루피(Rupee)나 파이스(Pice)라는 인도 통화가 도입되었다. 식민지 행정에 종사한 대부분의 영사(領事)는 인도에서 길을 떠난 문관직(Indian Civil Servant)이었고, 하급 관리와 사무원에는 인도인을 채용했다. 1896년에 시작된 우간다 철도의 건설에서도 '인도에서 사용한 방법으로, 주로 인도인 쿨리(노동자)

를 고용하여' 진행되었다고《우간다 철도 위원회 최후 보고서》(1904년)에 기록되어 있다. 철도가 1901년에 빅토리아 호수의 키수무(Kisumu)까지 완성되었고, 이듬해 개업해서 인도양 항구 몸바사와 내륙 지역이 연결되자 이전부터 동아프리카의 내륙까지 몰려들었던 인도인 상인의 수가 급증했다. 19세기 말부터 우간다에서 선교사로서 의료 활동에 종사했던 A. R. 쿡크(1870~1951년)는 '이 철도의 개통과 함께 인도 상인의 홍수가 밀어닥쳤다' 고 회상했다.

2. 인도양과 인도계 회사

모리셔스의 인도인

모리셔스는 인도 아대륙의 남단에서 남서로 약 4,200킬로미터 떨어져 있고, 인도양 위에 떠 있는 면적 약 2,000평방 킬로미터의 섬나라이다. 이 나라의 특징 중 하나는 총인구에 대한 인도계 커뮤니티의 비율이 매우 높다는 점이다. 1998년 현재, 모리셔스의 인구 18만 명 중 인도계 주민은 68퍼센트, 크레올(Creole, 유럽 인과 아프리카 인의 혼혈) 28퍼센트, 중국계 3퍼센트, 프랑스 계가 극소수를 이루고 있다. 16세기에 포르투갈 인이 이곳에 최초로 발을 내디뎠을 때, 그들이 도도라 불렀던 새 이외에 동물은 없었다고 한다. 그 후, 각종 식민자(植民者)와 이민자가 이 섬을 찾았다. 또한 네덜란드가 포르투갈, 스페인의 뒤를 이어 17세기에 섬을 점거하고 자바에서 사탕수수를 도입하면서 모리셔스의 경제적 기초가 구축되었다. 노동력을 위해 동아프리카와 마다가스카르에서 수많은 노예가 운반되었다. 1715년부터는 프랑스 령이 되었고, 이 시기에는 인도에서도 노예가 연행되어 왔다. 약 100년간의 프랑스 지배 후, 1810년에는 영국에게 점령당했다. 1833년에 영국령 식민지의 노예제가 폐지되자 모리셔스에서도 유럽 인 사탕수수 농장주들이 대량의 값싼 노동력을 찾아 적극적인 공작을 펼쳤다. 이에 대해 인도 정부가 연계계약 노동자의 운송에 동의한 일은 모리셔스와 인도(및 인도인)의 관계를 심화하는 결정적인 사건이었다.

1834년에 인도인 노동자 80명이 들어왔고, 이듬해부터 본격적인 활동을 펼친 연계계약 노동제는 제1차 세계대전 후까지 계속됐다. 약 90년간 섬으로 운송된 인도인은 약 45만 명이었다. 이 45만이란 숫자는 같은 인도인 노동자를 사탕수수 대농원에 받아들인 영국령 가이아나의 24만, 트리니다드 섬의 14만보다 훨씬 많은 수치였다. 인도 이민자들의 전체적인 상황은 조금씩 개선됐지만, 20세기 초에도 아직 인도인 노동자의 대우가 열악하다는 보고가 계속되었다. 계약 종료 후 인도에 귀국한 사람도 있었지만 대부분의 사람들이 섬에 남았다. 1851년에는 섬의 총인구의 43퍼센트, 1901년에는 67퍼센트가 인도인이었다.

연계계약을 끝낸 후 그들은 하인, 운송업자, 식민지 관리 등 다양한 직종에 취업했는데, 토지를 손에 넣어 농민으로 정착한 사람도 적지 않았다. 당시 인도인 이민 노동자가 보유한 땅은 이민지가 어디냐에 따라 많이 달랐다. 트리니다드 섬에서는 십 년 이상의 연계노동 후에 보장되는 무료 귀국권 대신에 토지를 부여했고, 또 토지의 구입도 인정했기 때문에 인도인이 소농(小農)층을 형성할 수 있었다. 한편 피지에서도 연계 종료 후에 농업에 종사한 인도인이 있었는데, 독점적인 오스트레일리아 계의 정당(精糖) 회사나 식민지 당국은 소작지(小作地)는 인정해도 인도인의 토지 소유는 허락하지 않았다. 모리셔스에서는 1860년대 말, 설탕 산업의 부진으로 대농원을 정리하기 시작했고, 두 번에 걸친 농원 토지의 분할이 인도인의 토지 소유를 촉진했다. 정리되고 분할된 땅은 가장자리에 있는 생산성이 낮은 농원 토지였지만, 목돈을 손에 쥐고 있던 인도인은 흡족해하며 이를 구입해 농사를 지었다. 앞서 말했듯이 모리셔스에는 이미 19세기 초부터 파루시나 이슬람교인 구자라트 상인이 활동하고 있었는데, 1920년대에는 이곳에 정착하면서 그들 중 일부가 토지에 투자를 하기도 했다. 인도인 소유의 사탕수수 재배지 면적은 1915년에는 전체의 38퍼센트, 1920년에는 45퍼센트를 넘어섰다.

모리셔스에서는 영국이 지배하던 때에도 프랑스 식 법률, 관습, 문화가 계속 유지되었다. 영어, 프랑스 어 외에 크레올 파토와라고 부르는 프랑스 어와 아프리카 어의 혼성어가 폭넓게 사용되었다. 인도인 이민자들은 지금의 비하르, 우타르 프라데스, 마하라시트라, 구자라트 주에서 온 사람들이 대부분이었으며 일부의 남인도 출신도 있었다. 한편 그들은 그러한 환경 속에서 전통의 유지(維持)라는 문제점에 직면하게 된다. 언어와 복장에 변화가 일어나고 기독교로 개종하는 사람도 나타났다. 모리셔스가 다민족 사회이기 때문에 이는 당연한 일이었지만, 그렇다고 인도의 전통이 완전히 자취를 감춘 것은 아니었다.

한편 구자라트 출신의 변호사 마니라르. M. 도크타(1881~1956년)는 인도인의 정체성 문제와 관련해서 커다란 역할을 한 사람이었다. 그는 1901년에 해외 인도인의 처우(處遇)에 커다란 관심을 기울인 간디에 의해 파견되었다. 1907년부터 4년 동안 모리셔스에 머물며, 인도인의 교육적, 종교적, 문화적 활동을 촉진하기 위해 아리야 사마지(협회) 운동의 기초 다지기에 전력을 다했다. 무엇보다도 서로 용납하지 않았던 인도인 상인층과 연계계약 노동자의 관계를 향상시키는 데 공헌했다. 또한 그는 인도를 모델로 한 협동신용조합을 확립하여, 상속에 관련된 인도의 법을 도입하였고 인도인 자녀를 위한 언어 교육을 추진하는 등 여러 방면으로 힘썼다. 다른 한편으로는 1907년에 시작된 크레올 지도자에 의한 '자유 행동' 파의 정치 운동을 지지했는데, 그 파는 연계계약 노동자의 복지 문제에 관심을 가졌으며 동시에 입법평의회 선거에 대한 인도인의 입후보에도 적극

적이었다. 1911년에 있었던 선거에서는 비록 인도인으로 입후보한 사람은 없었지만, 이러한 움직임이 그들의 정치 의식을 향상시켰다는 것은 의심할 여지가 없다. 1920년대가 되면서 일찍이 노동자나 작은 토지의 소유자 취급을 받던 인도인이 선거에 입후보하기 시작했는데, 1926년에는 R. 구자달과 D. 랄라가 입법평의회 의원에 선출되었다.

1930년대가 되면 프랑스 계 크레올인 M. 큐레에 의해 모리셔스 노동당(LP)이 창립되는데, 여기에는 몇몇 인도인도 힘을 보태었다. 노동

4-3 인도인 지도자 마니라르의 상(像) (포트 루이스)

당은 사탕수수 농원에서 펼쳐진 37년의 노동쟁의 이후 그 존재를 분명하게 밝히며, 독립 전후기를 통해 눈에 띄는 정치적 역할을 수행했다. 노동당의 인도인 지도자는 30년대 중반까지 런던의 인도 국민회의파 지부에서도 활동한 경험이 있는 의사 S. 랑구람이었다. 한편 그는 사회주의적 사상을 품고 있었지만, 그의 일간지 《어드밴스》는 인도인 여러 층의 재정적 지원을 받았다. 제2차 세계대전 후에 영국 본토의 노동 정당권에 따라 모리셔스에 정치개혁이 도입되어 1948년에 입법평의회 선거가

실시되었다. 이 때까지 인도인은 전(全) 농지의 47퍼센트를 소유하고 있었으며, 상업이나 수출입 부문에서 활발히 활동하고 있었다. 전문직이나 문관직에도 눈에 띄는 진출을 하고 있었지만, 정치 분야에서는 이렇다할 성과가 없었다. 그러나 이 때의 선거에서는 1947년에 있었던 인도 독립의 영향을 받아 인도인이 의석수 절반 이상을 차지하게 된다.

1957년에 내각제가 도입되고 1959년의 총선거에서 노동당이 승리한 후, 런던에서의 국정 검토 회의의 결정을 받아들여 1962년에 랑구람이 수상으로 임명되었다. 이어서 1967년에 치른 선거에서 모리셔스 사람들은 독립에 대한 갈망을 분명하게 표명하고, 1968년 3월에 영국으로부터의 독립을 달성했다. 수상에는 계속해서 노동당을 이끌어온 랑구람이 취임했다. 정당으로서는 노동당 외에도 크레올 계의 정당이나 주로 이슬람교도로 이루어진 정당이 있었고, 인도계에서는 1982년에 정권을 잡은 A. 자가나트의 사회주의 운동(당) 등이 있었는데, 전체적으로 보면 정치에선 인도계의 힘이 가장 강했다고 할 수 있다. 그러나 경제적으로 보면 오늘날까지도 섬 경제의 근간을 이루는 자동화한 설탕 산업은 프랑스 계의 '설탕 왕'들이 좌지우지하고 있다. 인도인은 그저 감자 재배와 같은 농업에 종사하거나 사무원으로 진출할 뿐이었다. 문화적인 측면에서도 반드시 인도 문화가 우위를 차지하고 있다고는 말할 수 없다. 역사적으로 프랑스 전통이 깊이 베인 혼합 문화가 인도인 사회에까지 널리 퍼져 있다. 언어에 대해 말하자면 프랑스 어로 뉴스가 진행되고 있으며, 근처 프랑스 령 레위니옹에서 흘러나오는 텔레비전 프로그램의 영향으로 평상시 힌디 어나 마라티 어가 아닌 프랑스 어를 구사하는 인도인도 많다(《타임즈 오브 인디아》 1992년 3월 23일부).

92년 3월에 모리셔스는 영국 여왕을 원수(元首)로 한 체제에서 공화국으로 이행했다. 초대 총독이 된 인도인 정치가 V. 린가두는 취임식에서 모리셔스 사회의 목표를 '인종의 도가니' 가 아닌 '다양성 속의 통일' 이라고 말했다. 이것은 물론 인도를 염두에 두고 한 발언이었지만, 인도 자신이 달성시키지 못한 이 이념을 모리셔스가 얼마나 실현시킬 수 있을지는 다수를 차지하는 인도계 주민의 어깨에 달려 있다고 해도 과언이 아니다.

동아프리카의 인도인

동아프리카의 영국령 식민지에서는 일찍부터 인도인이 활동해 왔으며, 1902년의 우간다 철도 개업을 계기로 그들의 왕래가 한층 활발해졌다는 것은 이미 언급한 바가 있다. 철도 부설 공사 때문에 1896년 이후 펀자브, 봄베이 등 각지에서 모여든 인도인은 3만 1,983명이었고, 그 대부분은 계약기간 종료 후 귀국했으며, 철도 개통시에 동아프리카에 남은 인도인은 6,724명이라고 한다. 그러나 그 후 동아프리카 보호령(케냐)으로 인도인 인구는 1911년에 1만 2,000명, 1921년에 2만 5,000명, 1931

년에 4만 4,000명으로 착실하게 증가하게 된다. 1899년에 건설이 시작된 나이로비(케냐의 수도-역주)에도 1911년에는 1만 651명의 인도인이 있었다고 한다. 이러한 인구 증가는 인도 정부가 영국 외무성의 요청을 받아 1901년에 이민법을 개정하여 인도에서의 이민 절차를 더욱 간편화했기 때문이다.

이리하여 20세기에 새로운 이민(선객 인도인) 물결이 밀어닥쳤는데, 그 압도적인 다수는 인도 서부의 구자라트 지방 출신자였다. 그들은 혈연과 지연, 동일 카스트와 동일 종교라는 연관 관계를 찾아 동아프리카로 건너가 우간다 철도, 동아프리카 우편·통신 회사의 사무원, 상사원, 교사, 의사, 공인 등의 일을 맡아 보았다. 또한 많은 인도인이 작은 가게에서 시작해 점차 상업 활동을 넓혀 나갔기 때문에 아프리카 인들은 이들을 '두카와라'(본래는 힌디 어, 구자라티 어 등의 '두칸와라'로, 상점 주인이라는 뜻)라고 불렀다. 그들이 상업에 몰두한 이유 중 하나는 농지 보유를 금지당하거나 엄격하게 제한당했기 때문이었다. 특히 케냐에서는 백인들이 자신들만의 강력한 커뮤니티를 형성하여 인도인을 토지 소유에서 배제시키기도 했다. 1920년대에 들어서 풍부한 케냐의 고지대(하이랜드) 소유를 둘러싸고 격렬하게 맞붙게 되지만 결국 인도인의 패배로 끝이 난다. 우간다에서는 케냐처럼 하나로 뭉친 백인 식민지 지배층은 없었지만, 그래도 인도인의 토지 소유는 허락하지 않았다. 그 대신 인도인들은 두카와라로서 내륙 농촌에 들어가 가게를 열고 영국의 공업 제품을 농민들에게 팔아 농민들로부터 목화 등의 작물을 사들였다. 이로써 그들은 내륙 깊숙한 곳까지 통상망을 넓혀 화폐 경제를 침투시키는 역할을 담당했다. 탕가니카에서는 인도인의 토지 소유를 금지하지 않았기 때문에 사이잘 마(麻) 재배에 종사하는 사람도 있었지만, 식민지 당국은 아프리카 인에 의한 값싼 농업 원료 생산 체제의 확립에 힘을 쏟았기 때문에 이곳에서도 많은 인도인이 상업에 전념했다.

동아프리카 경제와 인도인

그러나 두카와라에서 출발한 인도인 중에는 성공을 거둬 동아프리카 경제계에서 큰 업적을 남긴 사람들도 적지 않다. 예컨대, 아리디나 비슈람(1863~1916년)이 그 예일 것이다. 그는 구자라트 가치 지방 출신으로 이슬람교 시아파의 이스마일 커뮤니티(코자 파)에 속했다. 1877년에 잔지바르 섬에 있는 인도인 상사(商社)의 견습생으로 출발하여, 우간다 철도 개업과 동시에 몸바사를 중심으로 통상망을 넓혀 나갔다. 1910년에 인도인으로서는 처음으로 우간다의 간파라에 동력기를 이용한 면조(綿繰. 목화에서 씨를 빼내는 작업-역주) 공장을 개업했고, 만년(晚年)에는 그의 지점 수가 아프리카 전역에서 240개를 넘어섰다고 한다. 그는 인도인, 아프리카 인에 상관 없이 활발한 자선 활동을 펼쳤는데, 다른 인도인 기업가들에게도 좋은 본보기가 되었다.

인도 폴반달에서 온 난지 카리더스 메헤타(1888~1969년)도 뜻을 이룬 인물이다. 인도 본국에서도 상업 활동이 활발한 힌두의 로하나 카스트에 속했는데, 1901년에 몸바사에 상륙한 후 피혁, 상아, 참께 등을 중개하는 두카와라가 되었다. 자서전에 따르면 당시 몸바사에는 힌두 상인이 400명, 보호라, 코자, 메만 등의 커뮤니티에 속한 이슬람교도 상인이 1,200명 있었고, 그 대부분이 구자라트의 가치, 사우라슈트라 출신이었다고 한다. 인도의 법률, 인도의 화폐, 인도의 수표 등이 사용되었으며, 몸바사는 마치 번영을 구가하는 거대한 인도 도시처럼 보였다고 그는 기록하고 있다. 메헤타는 면조업에 착수했는데, 후에 그가 경영하는 면조 공장은 20곳 이상이었다. 1924년에는 루가지에 5,000에이커에 달하는 사탕수수 농업을 열어 우간다 최초의 사탕수수 제조 공장을 창립했다. 이보다 조금 늦지만 역시 로하나 카스트 출신인 자얀트. M. 마두바니(1922~1971년)도 면조업에서 돈을 벌어 제당업(製糖業)에 진출하였다. 메헤타와 마두바니 기업은 우간다의 설탕 소비량을 웃도는 생산을 할 수 있을 정도였다. 마두바니는 섬유, 철강, 맥주 산업에도 진출하여 동아프리카 전체에서 2만 1,000명을 고용하며 55개 공장을 소유하기에 이르렀다.

이처럼 인도인들은 활동 범위가 넓어짐에 따라 경제적 지위를 다져갔으며, 백인 지배층과 현지 아프리카 인 사이에서 '중간층'적 존재로 자리잡기 시작했다. 사회적으로 보면 인도인은 백인 사회에서는 종속적 지위를 강요받았고, 아프리카 인에게는 일종의 우월 의식을 갖고 있었다. 덧붙여 종교적, 카스트 적 습관을 유지하고, 특히 혼인에 관해서 커뮤니티 내의 전통적인 내혼제(內婚制)를 고집했던 인도인은 아프리카 인이나 백인에게 스스로 섞이려하지 않는 고립적인 집단으로 비춰졌다.

동아프리카 여러 나라의 독립과 인도인

케냐에서 1910년에 처음으로 A. M. 자완지(1856~1939년)가 입법평의회 의원으로 임명된 후, 인도인의 정치 활동도 점차 활기를 띠게 되었다. 일부 인도인은 아프리카 인의 민족 운동에도 참여했다. 그러나 이와 동시에 백인 사회와 식민지 당국은 인도인에 대한 적대와 규제를 더욱 엄격히 했으며, 아프리카 인 사이에서도 인도 상인이 생산물을 속여 값싸게 사들이는 행동에 불만과 분노를 터뜨리기 시작했다. 1920~1930년대에 걸쳐 케냐, 잔지바르, 우간다에서는 농산물 거래에 관한 규제와 이민 규제 등을 실시하면서 인도인의 활동에 대해 견제했다. 1940년대에는 상거래의 90퍼센트를 인도인이 쥐고 있던 우간다에서 목화 정책을 둘러싸고 아프리카 인 농민의 불만이 높아져 1949년에 캄파라에서 폭동 사건이 발생했다. 이것이 도화선이 되어 1950년대에는 목화 생산의 협동조합화가 진행되어 인도인 중개업자를 배제시키려는 움직임이 일어났다.

한편 1961년에 탕가니카(64년부터 탄자니아), 1962년에 우간다, 1963년에 케냐가 독립을 달성했다. 독립 후, 본인 혹은 부모나 편부모가 동아프리카 출신자 인도인은 각각의 독립국 시민권을 인정받았고, 그 밖의 인도인에게는 2년간의 선택유예가 주어졌다. 그 결과 1970년 무렵까지 케냐에서 61퍼센트, 우간다에서 38퍼센트, 탄자니아에서 80퍼센트의 인도인이 시민권을 취득했다고 한다. 인도인 사이에서는 아프리카 인을 자신들보다 '열등' 하다고 생각했고, 그런 아프리카 인이 주도하는 국가에 놓인 자신들의 지위 변화에 그들이 불안해하지 않을 리 없었다.

현실적으로 신설 국가는 '아프리카화(化)' 정책에 착수했다. 케냐에서는 일찍이 인도인이 소유를 거부당한 고지대가 현지 케냐 인의 손에 넘어갔고, 정부의 주요한 문관직 역시 케냐 인이 독점했다. 무엇보다도 정부는 인도인의 독점 아래 놓여 있던 도매업 및 소매업의 '아프리카 인화' 에 착수하여 67년 제정된 이민법과 상업인가법에 따라 비(非)케냐 시민의 노동과 상업활동에 엄격한 통제를 가하기 시작했다. 그 결과 수많은 인도인이 영국, 캐나다, 미국으로 출국했고, 그 인구는 1962년의 약 18만 명에서 1969년에는 약 14만 명, 1979년에는 약 8만 명으로 현저히 줄어들었다. 그래도 남은 인도인 중에는 새로운 상황에 적응하여 자신의 자본과 기술로 여행이나 관광업 등에 진출하기도 하고, 케냐 인과 손을 잡고 공동 경영자가 되거나 정치가에게 돈을 주는 등 나이로비에서 끈질기게 상업에 종사한 사람들도 많았다.

　그러나 인도인에 대한 케냐 인의 회의(懷疑)나 불신은 너무도 뿌리가 깊었다. 예컨대, 1982년 8월의 쿠데타가 실패로 돌아간 후에는 케냐 군중이 인도인 가게 등을 습격하여 약탈하는 사건도 있었다. 그래서 그랬는지, 많은 인도인이 모이 대통령 아래에 장기 여당 케냐 아프리카 민족동맹(KANU)에 충성을 맹세했다. 이에 대해 KANU의 기관지 《케냐 타임스》는 "아시아 인(인도인)' 커뮤니티는 부자이면서 비열하고, 비밀주의(秘密主義)를 향하고 있고 고립되었으며 국내의 다수파인 아프리카 인을 경멸하고 있다. ……민족 사회로서 케냐는 이러한 태도가 존속하는 것을 허락할 수 없다"는 엄격한 자세를 표명하였다(《인디아 투디》 1983년 10월 31일호). 인도인 측도 커뮤니티로서 그다지 표면화된 행동에는 나서지 않는 경향이 강한 듯 했다. 오늘날에도 나이로비의 중심가 안쪽으로 들어가면 분명하게 인도인(구자라티)이 경영하는 가게가 많은데, 이스마일 파의 큰 모스크 가까이에 있는 비아사라 거리를 제외한 나머지에서는 가게의 이름이나 외장에서 인도적인 것은 전혀 엿볼 수 없다. 그것은 마치 인도의 상점가 같다는 착각이 드는 토론토 시내의 제라르 거리와 런던의 사우솔 거리와는 커다란 차이가 있다.

　탄자니아는 1967년에 니에레레 대통령 지도 아래 '아루샤 선언'을 채택하고, 기간 산업의 국유화를 중심으로 사회주의를 향해 걸음을 내딛었다. 당시 정부에는 인도인 각료도 있었는데, 외자를 주요 대상으로 한 국유화 정책에서 주로 손실을 본 사람은 인도인이었다. 인도인이 대거 소유하고 있던 사이잘마의 농원이나 제분 공장이 국유화했고, 대부분 인도인이 좌지우지하던 도매업과 도축업 역시 시(市) 당국의 관리 밑으로 넘어갔다. 부동산의 사유권도 박탈당해 노후대비 차원에서 부동산에 투자를 했던 많은 인도인이 막대한 손실을 입었다. 케냐가 체제와 상관 없이 정치나 경제의 통제력을 자신들 손에 넣은 것에 비해, 탄자니아가 계급적 특권을 폐지하고 계급적 구성의 재편을 꾀했다는 큰 차이는 있지만, 어느 쪽이든 가장 큰 타격을 입은 것은 인도인이었다. 1970년대 초까지 탄자니아에서도 절반 이상의 인도인이 영국이나 캐나다로 출국했다고 한다.

우간다 역시 '아프리카화' 정책을 추진했다. 독립 후에 차츰 아프리카 인 상인 계층이 출현하기는 했지만, 인도인이나 백인이 여전히 상공업을 쥐고 있었고, 본래의 아프리카 인이 농민이나 임금 노동자라는 기분적인 분업 형태는 1960년대에도 유지되었다. 의사, 회계사, 교사 등의 전문직을 비롯하여 전기 정비사, 기관사와 같은 기술자, 사설 비서, 장부 관리 등의 사무직에 이르기까지 거의 다 인도인이 독점하고 있었다. 이것은 특히 제2차 세계대전 이후에 인도인이 자녀 교육에 더욱 관심과 비용을 쏟아 부었기 때문이지만, 아마 독립을 쟁취한 우간다 인의 눈에는 납득할 수 없는 일로 비추어졌을 것이다. 1966년에 대통령의 자리에 오른 오보테가 1969년에 탄자니아를 본받아 사회주의 방향을 내세우긴 했지만 성과를 거두지는 못했다.

그러나 1971년에 군총사령관 아민이 쿠데타를 일으켜 정권을 잡은 후, 인도인의 입장은 크게 달라진다. 아민은 인도인이 아프리카 인을 차별하고, 사회 속에서 고립을 자처하며 아프리카 인과의 혼인을 거부해 온 것을 비난했다. 또 그들이 우간다 경제를 방해하고 있다며 '경제적 독립을 위한 전쟁'을 선언했다. 1972년 8월에 시작되어 90일 동안 계속된 인도인 추방령이 시민권을 가진 사람을 제외한 거의 모든 인도인에게 내려졌고, 수많은 인도인이 입고 있는 옷 하나만 가진 채 나라 밖으로 추방당했다. 영국이나 캐나다 등에서 이들 피난민을 받아주긴 했지만 인도에 돌아갈 수밖에 없는 사람들도 많았다. 이 조치는 아민 자신의 반(反)인도인 감정에서 초래되었다고는 하나, 우간다에서 살고 있는 아프리카 대중의 목소리를 어떤 의미에서 대변하고 있다고도 할 수 있다. 좌익 세력이나 마케레레 대학의 학생 등 일부를 제외하고는 상인을 포함한 아프리카 인 소규모 기업가나 노동자 등 대부분의 사람들이 이 조치를 지지했다. 인도와 깊은 관계를 맺고 있고, 또 아프리카 사회주의에 대해서도 깊은 이해를 가지고 있던 영국 노동당 좌파의 국회의원 F. 플록웨이조차도 폭력적인 인도인 배제에 쇼크를 받긴 했지만, '그 조치에 대한 민중의 지지를 이해할 수 있다'며 자신의 《자전(自傳)》(1977년)에서 밝혔다. 그러나 인도인이 출국한 후 우간다의 경제 상황이 급속하게 악화된 것 역시 사실이었다. 학교에서 종이나 책을 구할 수 없었고, 건축 자재나 때로는 식료품, 물까지도 얻을 수 없는 상황이 벌어졌다고 한다.

　1979년에 아민이 국외로 탈출하자 다시 정권을 잡은 오보테는 1982년에 인도인 몰수재산 반환법을 제정하여 인도인의 귀환을 종용하였다. 1986년에 국민 저항 운동이라는 조직을 통솔하여 정권을 잡은 무세베니 역시 1993년에 재차 인도인 몰수재산 반환의 중요성을 강조했고, 1996년에 직접 선거를 통해 최초 대통령 선거에서 승리한 후, 적극적으로 인도를 방문하는 등 인도인과 인도 자본의 우간다 환류(還流)에 노력했다. 1991년에 일본에도 상영한 적이 있는 인도인 여성 감독 미라 나일의 영화 '미시시피 마사라'는 추방된 인도인 가족을 둘러싼 이야기를 그리고 있는데, 이 가운데도 몰수 재산의 반환을 찾아 일시 귀국하는 전 변호사의 모습이 나온다. 이미 메헤타와 마두바니 등의 인도인 대기업이 우간다로 돌아가 있는 상태지만, 일단 출국해서 영국이나 캐나다에서 새로 사회적, 경제적 지위를 쌓은 우간다 인도인의 귀환은 그렇게 많지 않았다.

끝으로

　일찍이 '일곱 개의 바다'를 지배한 영국 제국의 테두리 안에서 많은 인도인이 바다를 건너 새로운 땅에 자신들의 커뮤니티를 형성했다. 여기에서는 그 전형적인 형태인 연계계약 노동 이민 및 스스로의 의지로 바다를 건너 정착한 선객 인도인 이민을 살펴보았다. 물론 영국 제국 붕괴 후에도 이민의 흐름은 계속되었다. 제2차 세계대전 후 유럽 부흥기의 노동 이민, 1980년대에 시작된 연안 제국으로의 취업 이민, 선진 제국으로 전문직과 기술직을 찾아 떠나는 이동 역시 인도인 이민을 총체적으로 연구할 때 빼놓아서는 안 될 중요한 연구 대상이다.

정착한 인도계 커뮤니티가 놓여진 상황은 이민지에 따라 다르다. 그들이 전 인구의 약 70퍼센트를 차지한 모리셔스에서나, 경제적으로는 우위를 차지했지만 압도적으로 많은 현지 아프리카 인에 둘러싸인 동아프리카 제국에서나, 지역에 따라 느끼는 인도인의 입장은 당연히 다를 수밖에 없다. 여기에서는 자세히 다루지 않았지만, 인구수가 다른 민족 집단과 별반 다를 것이 없는 트리니다드(인도계와 아프리카 계)와 피지(인도계와 피지 계) 등에서는 계급이나 계층 구성에서 양 집단이 이리저리 뒤섞이는 경우가 많은데, 종종 정치 관계가 민족 대립이라는 형태를 띨 때도 있다. 그러한 차이가 있음에도 그들 인도계 가족의 공통점은 몇 세대를 거친 후, 대부분 조국 인도로 귀국하는 것을 적극적으로 바라지 않는다는 것이다.

인도계 커뮤니티(그 자체는 결코 단단하지 않지만)를 볼 때, 어디에 있어도 그 강렬한 정체성에 놀란다. 그러나 동시에, 종교나 카스트상의 관습, 전통, 문화 등의 유지에 힘을 쓰고 있긴 하지만, 주변 사회와의 접촉이 진행되는 과정에서 그것들이 인도 사회에서 볼 수 있는 것과 다른 변화를 겪고 있다는 것을 종종 느끼게 된다. 선조의 언어를 잃어버리기도 하고, 극단적으로 변화하는 예도 몇몇 지역에서 나타나고 있다. 때로는 정치적 변화 등으로 출국을 강요당할 우려가 있다는 것도 부인할 수 없지만, 어쨌든 그들에게 있어 이민지는 싫든, 좋든 간에 '고향'인 것이다. 1980년대 말에 구자라트의 암다와드(아프마다바드) 시에서 우간다로 귀국하는 가족을 조사하고 있을 때, 오랜 아프리카 생활로 몸에 익은 생활 감각, 노동 조건, 상거래 관습 등이 그들의 인도 복귀에 커다란 장해가 되었다고 말하던 것이 생각난다.

하드라미 네트워크

아라이 가즈히로 新井和広

요즘에는 상업 활동이나 관광 등으로 싱가포르란 나라는 쉽게 방문할 수 있는 나라 중 하나가 되었다. 인도양의 동쪽 끝에 위치한 이 도시 국가에 사는 사람들은 주로 화교, 말레이 인, 인도계의 타밀 인이지만, 그들과 함께 살아가는 소수의 아랍계 주민도 발견할 수 있다. 그들의 선조는 1819년의 싱가포르 건설 직후에 이 섬으로 이주하기 시작해, 주로 상업이나 종교 활동을 통해 사회 속에서 중요한 역할을 담당하게 되었다. 19세기 말에 상업적으로 성공한 아랍 인은 싱가포르의 중심가에 막대한 부동산을 소유하고 있다. 싱가포르 전통을 자랑하는 래플즈 호텔의 토지 일부도 이전에는 싱가포르에 재주한 아랍 가계(家系)의 소유였다.

20세기 중반 이후, 싱가포르의 경제에서 아랍 인의 존재는 급속하게 축소되었지만 역사 속에서 아랍의 영향력이 얼마나 컸었는지 현재 남아 있는 흔적에서도 찾을 수 있다. 싱가포르를 방문한 적이 있는 사람은 등제품과 납결포 등의 포목 제품으로 유명한 아랍 스트리트(street)라는 거리와 알카프 맨션(Alkaff Mansion)이라는 20세기 전반에 싱가포르에서 활약했던 아랍 상인이 지은 호화 저택(현재는 레스토랑으로 사용되고 있다)을 들은 적이 있을 것이다. 이것을 더 이상 거론하지 않더라도 싱가포르에서 활약한 아랍 유력 가계의 이름이 거리, 지하철역, 지구(地區), 학교 등의 이름에 사용하고 있는 것을 볼 수 있다. 그들 아랍 이민은 싱가포르뿐만 아니라 현재의 말레이시아, 인도네시아, 그리고 필리핀 남부 등 동남아시아 이슬람권의 이곳저곳에 아랍 인 커뮤니티를 만들었으며, 그들의 활동은 각지의 정치, 경제, 종교에 영향을 끼치고 있다.

그러나 한마디로 아랍이라고 표현할 때 그것은 현재 중동이라 부르고 있는 지역의 광대한 범위에 거주하며 다양한 문화적, 사회적 배경을 가진 사람들의 총칭일 뿐이다. 싱가포르를 비롯한 동남아시아 각지에 거주하고 있는 아랍 계 주민의 선조는 도대체 어디에서 온 것일까?

사실은 그들 대부분은 남아라비아의 하드라마우트 지방(현 예멘)에서 이주해 온 사람들의 자손이다. 하드라마우트의 사람들(이하 하드라미)은 예전에는 다우 선이라고 불렀던 목조 범선을 타고 인도, 스리랑카를 경유해서 이주해 왔으며, 수에즈 운하가 개통된 19세기 중반 이후엔 유럽 제국이 운행하는 증기선을 타고 동남아시아로 이주해 왔다. 하드라미 이민은 동남아시아 각지에 정주(定住)한 후에도 하드라마우트와의 연결을 완전히 끊지 않고 경제적, 사회적으로 본국과 밀접한 관계를 유지하고 있었다. 이와 같은 관계는 동남아시아에 이주한 하드라미뿐 아니라 인도 남서부, 홍해 연안 지역, 동아프리카 등에 이주한 하드라미에서도 볼 수 있다. 즉, 하드라미는 인도양 전역에 걸쳐 사람, 물자의 네트워크를 일컫는 말이다.

여기에서는 최신 연구 성과를 토대로 인도양에 있어서 하드라미 네트워크의 성쇠를 되돌아 보고자 한다. 하드라마우트 사람들은 아마 이슬람 기(期) 이전부터 인도양 주변 지역에 진출했다고 생각 할 수 있지만, 여기에서는 하드라마우트 본국의 발전에 따라, 특히 중요했던 19세기 말부터 20세기 초까지 동남아시아와의 관계를 중심으로 이야기를 전개해 나갈 것이다. 그리고 그들의 이민 활동을 촉진했던 당시의 경제적, 사회적 상황과 그들이 쌓은 네트워크의 기능과 같은 시기에 인도양에 진출했던 유럽 제국과의 관계 등을 찾아 당시 하드라미들에 의해 인도양 해역이 어떠한 '장(場)'으로 기능했는지 살펴보고자 한다.

1. 왜 하드라미 네트워크가 중요한가

　세계 속에 형성된 이민 네트워크를 생각해 보면 화교 네트워크, 인도계 이민 네트워크가 우선 머리 속에 떠오른다. 여기에서 취급할 동남아시아의 이슬람권, 특히 말레이시아 등에서 단기간의 여행을 해 보면 화교, 인도계 주민의 존재를 직접 볼 수 있다. 그러나 이 지역에서 아라비아 인이 종교, 정치 등의 분야에서 큰 영향력을 가지고 있다는 것을 아는 사람이 과연 얼마나 있을까? 그들 아랍 이민(19세기 이후의 동남아시아를 볼 때 그 대부분은 하드라미)은 화교, 인도계 이민 등에 비교하면 수적으로는 적지만 그 영향력은 결코 무시할 수 없었다. 화교, 인도계 이민과 달리, 아랍 이민은 삶의 터전을 마련한 곳의 주인도 같은 이슬람교도였기 때문에 각지의 술탄 궁정에서 중요한 지위를 얻어 왕조 내의 정치, 행정에 널리 관여했다. 또한 그들 중 우수한 종교학자는 몇몇 왕조에서 무흐티(Mufti. 화트와 fatwa로 불리는 법적 의견을 제시하는 이슬람 법학자)를 역임했으며 종교 행정에도 중요한 역할을 담당했다.

　때로는 아랍 자신이 술탄(이슬람교의 종교적 최고 권위자인 칼리프가 수여한 정치적 지배자의 칭호-역주)이 되는 적도 있었다. 가령 1843년에 말레이 반도의 쿠다 왕조의 술탄은 아랍 인의 측근을 타이와의 국경에 새롭게 만들어진 플루리스 왕국의 술탄으로 앉혔다. 또한 18세기 말에는 수마트라 섬의 시아크와 칼리만탄 섬의 폰티아나에도 하드라미의 술탄이 있었다. 이처럼 아랍이 이주지에 준 영향과는 반대로 동남아시아 사회가 하드라마우트에 준 영향도 컸다. 동남아시아로의 이주 후, 바깥 세계와 접촉하여 자신의 커뮤니티에 근대화의 필요성을 통감한 하드라미들은 이주지에서 얻은 부를 토대로 20세기 초부터 본국 하드라마우트의 근대화를 추진하였다. 동남아시아를 비롯한 인도양 연안 지역의 아랍(하드라미) 이민은 단순한 소수파의 이민이 아니라, 상업, 정치, 종교 활동을 통해 이주지의 사회에 커다란 영향을 줄 수 있는 그룹이었다.

사실, 그들 하드라미 이민의 존재, 그리고 그들의 이주지에서의 활동은 인도양 해역을 전문으로 하는 연구자 사이에서는 이미 잘 알려져 있고, 그 중요성도 인식하고 있다. 그럼에도 불구하고 지금까지 그들의 이민 활동은 본격적인 연구 대상이 되지 못했다. 또한 하드라미의 이민 활동에 대한 적지 않은 연구는 아랍 이민과 이슬람 전파의 관계, 혹은 아랍의 종교학자가 동남아시아, 인도, 동아프리카 등의 이주지에서 한 활동 등 아랍 이민과 이슬람의 전파, 발전에 관한 것이 주를 이루었다. 확실히 하드라미 이민이 인도양 연안 지역에 있어서의 이슬람 발전에 준 영향을 과소 평가할 수 없다. 그러나 과도하게 하드라미 이민의 종교적 측면을 강조하는 것은 다른 중요한 문제를 빠뜨리는 원인이 될지도 모른다. 예를 들면 하드라미들이 이주지의 사회에서 어떻게 기반을 구축하였는지, 이주지의 사회와 접함으로써 그 정체성이 어떻게 변화하였는지, 대규모 이민 활동의 결과 하드라마우트의 사회에 어떠한 변화가 일어났는지 등 종교적 측면 이외에도 중요한 문제는 많다. 1990년대에 들어와서부터 하드라미의 이민 활동이 연구자 사이에서 주목을 받았지만, 그것은 위의 내용과 같은 편에 서서 구체적인 자료를 토대로 다양한 측면에서 하드라미 이민의 역사를 재구축하려는 시도일 뿐이다.

　이들 연구는 이제 막 시작되었고, 향후 어떠한 성과를 거둘지는 아직 모른다. 또한 애초부터 '하드라미 네트워크'라고 부르는 것 자체가 정말로 자율적인 네트워크로서 기능하고 있는지 어떤지, 근본적인 문제에 대한 대답도 아직 풀지 못하였다. 그러나 하드라미 네트워크의 성쇠를 연구함으로써 적어도 인도양의 역사를 새로운 측면에서 파악할 수 있다고 생각한다. 그것은 하드라미라는 인도양 해역의 거의 전역에 걸쳐 활동한 사람들의 동향을 지표로 인도양 해역의 사람, 물자 이동의 역사이기도 하다.

2. 하드라마우트 지방과 동남아시아의 관계

　그렇다면 하드라미들은 어떠한 이유로 조국을 떠나 광대한 인도양의 거의 반대편에 위치한 동남아시아로 이민을 오게 된

4-4 와디 하드라마우트 유역의 도시 사이운(위 : 마을의 전경, 아래 : 카실리 왕국 술탄의 거성(현재는 박물관으로 쓰고 있다))

것일까? 그것을 알기 위해서는 동남아시아로의 대규모 이민이 시작된 18세기 말부터 19세기 초에 걸친 하드라마우트와 동남아시아 쌍방의 상황을 알 필요가 있다.

우선 중동·아랍 세계 속에서도 친숙하지 않은 하드라마우트라는 지방에 대해 간략하게 설명해 보겠다. 하드라마우트는 아라비아 반도 남해안의 거의 중앙부에 위치하고, 동서를 고지(高地)로 예멘과 오만 사이에 끼어 있다. 북쪽은 룹알할리 사막, 남쪽은 아라비아 해에 접해 있어 아라비아 반도 내의 다른 지방으로부터도 어느 정도 격리되어 있다. 현재는 예멘 공화국 최대의 현(縣)으로서 그 이름이 남아 있는데, 역사적으로는 그 동쪽의 마흐라 지방, 현재 오만의 일부가 된 주파르 지방도 포함한 광대한 지역을 가리키는 말로써 사용되었다. 지형적으로는 아라비아 해 연안 지역과 그 배후에 위치한 고원 지역, 그리고 내륙을 흐르는 와디(와디 하드라마우트)유역 지역으로 나뉘어져 있다. 그 중 사람이 거주하는 곳은 주로 무칼라, 시홀 등의 항구를 중심으로 아라비아 해 연안 지역과 사이운, 시밤, 타림 등의 도시를 중심으로 한 와디 하드라마우트 유역의 경지(耕地)이다. 전체적으로 건조한 토지로, 연안 지역의 어업과 내륙의 와디 유역의 농업, 양봉업 등을 제외하면 자립한 산업은 보이지 않는다. 이 때문에 극히 제한된 인구밖에 유지할 수 없고, 자연 증가 등에 따라 남는 인구는 외부로 이주할 수밖에 없었다. 특히 몬순 주기의 이상 등 기후 변동에 따라 예년과 같은 농업 생산을 기대할 수 없는 경우에는 대량의 이민이 발생하였다고 볼 수 있다. 또한 역사상 하드라마우트의 모든 땅을 통일한 왕조는 거의 없었으며, 항상 다수의 소(小)부족이 난립하여 서로 항쟁을 되풀이했다. 이들 부족 간의 대립이 격화될 때에는 경지와 도시를 버리고 도망친 사람들도 많았다. 이처럼 그들이 조국을 버리고 밖으로 나가 생활의 기회를 찾는 일이 종종 있었는데, 이 때 아라비아 해에 맞닿은 항구를 통해 홍해나 인도양 연안 지역으로 떠나는 경우가 많았다.

하드라미가 언제부터 인도양 해역으로 이민 활동을 시작했는지는 정확하게는 알 수 없다. 일설에 따르면 하드라미에 의한 해상 무역은 기원전 5세기경에서부터 활발했다고 한다. 또한 이슬람이 성립된 기원전 7세기경에는 남아라비아와 동남아시아 섬 지역 사이에 무역 경로가 이미 존재하고 있었던 것 같다. 또 중국 남부의 광저우(廣州)에는 10세기경에 이미 아랍 커뮤니티가 존재하고 있었다. 유럽과 아랍의 여행가는 13세기 이후에 동남아시아에서 아랍 커뮤니티가 존재했다고 보고하고 있다. 특히 15세기에 번영한 말라카 왕국에는 다수의 아랍 상인이 활약하고 있었다. 그러나 그들 '아랍 인'이 하드라마우트 출신이었는지는 확실하지 않다. 어쨌든 17세기 중반까지는 하드라미의 주요 이주지로서 기록에 남아 있는 곳은 인도, 동아프리카, 홍해 연안 지역 등 인도양의 서쪽 영역에 한정되었고, 인도를 넘어 동남아시아까지 건너간 하드라미는 소수였다. 실제 대량의 하드라미가 동남아시아로 이민하게 된 것은 18세기 이후였다. 그들은 우선 수마트라 섬의 아체에 도착하여 거기에서 파렘반, 칼리만탄 섬의 폰티아나크로 진출하였다. 1820년경부터 자바 섬 북쪽 해안의 상업 도시에 하드라미의 커뮤니티가 나타나게 되었다. 그리고 1870년경부터 인도네시아 동부의 섬

4-5 아라비아 연해안의 항구도시 무칼라(20세기 전반에는 하드라미 이민자에 있어 인도양 해역으로 나가기 위한 현관 입구 중 하나였다)

들에서 하드라미 커뮤니티의 존재가 확인되고 있다.

어느 만큼의 하드라미가 동남아시아에 거주하고 있었는지에 대해서는 19세기 중반 이후의 자료에서만 찾아볼 수 있다. 1859년의 통계에서는 네덜란드 령의 자바, 마두라, 그 밖의 섬에 7,768명의 아랍 인이 거주하고 있는데, 그 대부분은 하드라마우트 출신자 혹은 그 자손으로 보고 있다. 그 수는 1870년에 1만 2,412명, 1900년에는 2만 7,399명, 1920년에는 4만 4,902명, 1930년에는 7만 1,335명으로 계속 늘어, 제2차 세계대전이 시작되기 직전에는 네덜란드 령 동인도 전체에 8만 명에 가까운 아랍 인이 살고 있었다고 추측하고 있다. 한편 영국령의 싱가포르, 말라카, 페낭, 웰슬레이에는 1884년 당시, 1,637명의 아랍 인이 살고 있는데, 그 중 싱가포르에는 836명이 거주하고 있었다. 그 후 1930년대 중반에는 싱가포르의 아랍 인은 580명으로 추정된다. 이전 시대보다 감소하였지만, 이것은 하드라미들이 자바를 비롯해서 상업적으로 보다 유리한 지역으로 이주하여 살았기 때문일 것으로 추측된다.

그러면 왜 18세기 말에 대량의 하드라미가 동남아시아로 이민하게 된 것일까? 그것은 하드라마우트와 동남아시아 양쪽의 사회 정세에서 원인을 찾을 수 있다. 우선 하드라마우트는 본래의 엄격한 자연 환경에 덧붙여 정치적 혼란이 박차를 가하고 있었다. 이 시기에는 하드라마우트의 패권을 둘러싸고 서로 싸우고 있던 야피(al-Yāfii)와 카시리(al-Kathiri)의 두 부족의 대립이 격화되어 도시와 농지가 황폐해지고 식량 생산이 저하되고 있었다. 이 때문에 많은 사람들이 조국을 버리고 바깥 세계로 활로를 찾아 이민하게 되었다. 한편 17세기 말에는 유럽 제국이 인도양 연안 지역에 본격적으로 진출하고 있던 시기였다. 야지마 히코이치에 따르면 이들 유럽 여러 나라에 의한 급격한 세력 확대가 지배를 받던, 혹은 그 영향하에 놓여 있던 주민에게 이슬람화 운동을 고양시켜, 그 결과로 하드라미의 학문 체계가 받아들어지게 되었다는 것이다. 또한 유럽의 식민지 당국이 지배하던 지역에서 일할 하급 관리가 필요했다는 것이 이 시기의 하드라미 이민을 가속시킨 요소였다. 실제로 19세기 말부터는 자바 및 그 밖의 네덜란드 지배하의 섬들이 서서히 세계 시장에 문을 열었고, 이와 함께 새로운 상업 기회를 찾은 많은 하드라미가 이민을 떠나게 되었다. 그들은 지배자 측인 유럽 인과, 자바 인, 순다 인 등 피지배자 측인 주민 사이에 서서 경제 활동을 하는 중개자로서의 역할을 담당해 주기를 기대 받고 있었다. 이처럼 쌍방의 상황이 하드라미가 동남아시아로 이민을 떠나는 계기가 되었다.

    인도양에 있어서 이동 체계의 근대화도 이민을 증가시킨 하나의 원인으로 열거되고 있다. 19세기 초까지 하드라미들은 주로 다우 선을 이용해서 인도, 스리랑카를 경유하여 동남아시아로 건너갔지만, 1869년에 수에즈 운하가 개통되어 유럽 제국의 증기선이 본격적으로 인도양에 취항하자, 이 지역을 빠르게 이동할 수 있게 되었다. 그래서 하드라미들도 싱가포르, 자바 등 동남아시아로 떠날 때는 점차 직행 증기선을 이용하게 되었다. 19세기 말에 네덜란드 령 동인도에서 하드라미 이민을 조사 한 네덜란드 학자 판 딘 벨크는 그 시대에 대부분의 하드라미가 증기선을 타고 동남아시아에 왔다고 보고하고 있다.

    이처럼 하드라미들은 자국의 정치적 혼란과 유럽 제국에 의한 인도양 연안 지역의 식민지화, 또 증기선 도입을 비롯한 이동 시스템의 근대화 등 인도양 해역의 구조 변화를 배경으로 동남아시아를 향해 대량의 이민을 하게 된 것이다.

3. 하드라미 네트워크의 기능과 영향

하드라미 네트워크는 실제로 어떠한 기능을 하였으며 하드라마우트와 동남아시아 쌍방의 커뮤니티에 어떠한 영향을 주었을까? 여기에서는 우선 한 하드라미 이민의 실례를 소개하려 한다.

샤이프 븐 압둘라흐만 알카프(Shaykh b. 'Abd al-Rahmān al-Kāf)라는 인물은 하드라마우트의 명가(名家)인 알카프 가(家)의 출신으로, 싱가포르에서의 알카프 가의 활동의 기초를 닦은 인물이다. 그는 1820년대 말에서 1930년대로 넘어가는 시기에 하드라마우트에서 태어나 형제인 무함마드 알카프와 인도로 건너갔다. 무함마드는 당시 동남아시아와 인도 사이의 향료 무역에 종사하고 있었다. 그 후 샤이프와 무함마드 형제는 인도네시아로 건너갔는데, 그 중 샤이프 알카프는 1852년에 슬라바야에서 싱가포르로 이주하였다. 싱가포르로 이주할 때는 인도네시아에서 사업에 성공하고 있던 무함마드의 자금 원조를 받았다고 한다. 싱가포르 이주 후, 샤이프 알카프는 주로 인도와 철가루, 포목 제품, 향료 등을 거래하여 어느 정도의 자금을 모은 후, 다른 하드라미 이민과 마찬가지로 부동산을 운영하기 시작했다. 그는 부동산 운영에서도 성공하여 1888년에는 싱가포르의 중심에 땅을 구입했다. 그의 자식은 그 장소에 알카프 아케이드라는 거대한 아케이드를 건설했다. 무함마드가 죽은 후, 샤이프 알카프는 하드라마우트에 있는 다른 한 형제, 압둘라를 새로운 공동 사업자로 삼았다. 그는 은퇴 후, 하드라마우트로 돌아갔고 그 사업은 자식, 손자 등에게 계승되었다. 첫머리에서 소개한 알카프(알카프) 맨션은 그 알카프 가(家)가 구축한 부에 따라 건설된 것이다.

알카프 가의 예를 보면 혈연 관계가 하드라미의 이민 활동에서 커다란 역할을 했다는 것을 알 수 있다. 하드라미들이 이주지를 선택할 때에 중요하게 생각했던 것은 확실히 받아줄 사람이 있는지 여부였다. 여기에서 하드라마우트 본국의 지연·혈연 관계가 중요하다는 것을 알 수 있다. 새롭게 도착한 이민은 친척으로부터 자금, 거주 등의 원조를 받아 이주지 사회에 신속하게 적응해갔다. 그들이 주로 종사한 직업은 샤이프 알카프가 했던 무역, 부동산 운영 외에 소규모 금융, 대농원의 경영 등이었다. 그들은 일단 사업이 궤도에 오르면 수입 중 일부를 하드라마우트에 사는 친척에게 송금했고, 그것이 하드라마우트 경제를 유지하는 데 중요한 요소로 작용했다. 또한 상업적으로 성공한 사람은 친척을 불러들여 사업을 확대할 수 있었다. 이런 친밀한 관계에 의해 20세기 초의 하드라마우트는 동남아시아라는 지역을 극히 친근한 장소로 인식하고 있었다. 예를 들면, 1930년대에 하드라마우트를 여행한 네덜란드 인 한디아 뮈렌은 와디 하드라마우트의 주요 도시의 거리에서 말레이 어가 섞인 아라비아 어가 통용되고 있으며, 사람들의 복장,

요리 등도 동남아시아에서 영향을 받았다는 것을 확연히 알 수 있다고 보고하고 있다. 또 이 시기에 동남아시아에서 송금되어 온 윤택한 자금으로 하드라마우트의 주요 도시에는 호화 빌딩이 건설되었고, 그 양식을 '동남아시아 스타일'(실제로 동남아시아의 건축 유형을 확인하는 것은 매우 곤란하지만)이라고 불렀다. 또한 와디 하드라마우트의 지류인 와디 아무드에 있는 플레이다라는 도시에서는 동남아시아와의 관계가 밀접했던 시대의 것을 '자바의 시대'라고 부르고, 경제적으로 혜택받은 시대라 하여 그리워하고 있다.

동남아시아와의 관계는 단순히 경제적인 관계만이 아니었다. 동남아시아의 하드라미 커뮤니티는 외부 세계와 접촉함에 따라 다양한 변화를 경험했다. 그 변화는 때로는 본국 하드라마우트의 사회에도 영향을 주게 되었다. 본래 하드라마우트는 고도로 계층화된 사회로, 그들은 주로 크게 네 층으로 분류되어 있었는데, ① 사이드 층(sada), ② 샤이프 층(mashayikh), ③ 부족층(qabail), ④ 빈곤·약자층(masakin, du'afa)이었다. 이 계층의 정점은, 예언자 무함마드의 자손이고 10세기 초에 하드라마우트로 이주해 왔다고 하는 사이드 층이다. 동남아시아로 이민해 온 하드라미가 주로 어느 층에 속한 사람들이었는지는 의견이 분분하지만, 거의 모든 층의 사람들이 이민해 왔다고 보는 것이 틀림없다. 그들은 이주지, 특히 네덜란드 령에서 식민지 당국에 '아랍'으로서 일괄적으로 취급되어 같은 구획에 모여 거주하였다. 또한 빈곤층 출신이지만 이주 후 경제적으로 성공하여 이주지의 사회 속에서 중요한 지위를 차지한 사람도 있었다. 이 때문에 19세기 말에는 하드라미 커뮤니티 속에서도 사이드란 것이 높은 지위를 보증하지 못하게 되었다. 이들 하드라미 커뮤니티 내에 나타난 변화가 20세기 초에 다양한 개혁 운동으로 발전해갔다.

20세기 초, 자바에 있어서 하드라미 커뮤니티의 발전을 연구한 모비니 케세(Mobini-Kesheh)는 당시의 커뮤니티가 '하드라미의 자각(The Hadrami Awakening)'으로 부를 만한 상황이었다고 지적하고 있다. 케세의 연구에 따르면 하드라미들은 이주지, 특히 자바에서 외부 세계에 접촉했고, 같은 이민자인 화교 커뮤니티의 발전을 목격하고는 스스로의 커뮤니티에 근대화, 특히 근대 교육을 보급할 필요성을 통감하게 되었다. 20세기 초, 이 문제에 대해 자바에서는 하드라미들이 다양한 단체를 설립하고, 근대 교육을 시행하는 학교를 운영하였다. 또한 스스로의 이념을 확대하기 위해 신문을 발행하는 데에도 힘썼다. 이들 단체 중에서도 특히 유명한 '일사드(Jam'iyya al-Islah wa al-Irshad al-'Arabiyya)'(개혁과 길잡이를 위한 아랍 협회)는 자바 각지에 학교(일사드 학원)를 설립하였다. 한편 그들의 사상은 하드라마우트 사회에서 일대 논란을 불러일으켰다.

일사드의 활동처럼 하드라미 커뮤니티의 근대화를 목표로 한 운동은 그 발전과 더불어 당연하게도 그들의 조국 하드라마우트의 근대화를 목표로 하게 되었다. 1920년대에는 하드라마우트 내부의 정치·무력 대립은 일단 종식을 맞이하게 된다. 이에 따라 동남아시아에 세력을 가진 유력 가계와 몇몇 단체는 하드라마우트에도 근대 교육을 담당할 학교를 건설하였다. 동시에 동남아시아의 유복한 하드라미들이 하드라마우트에 사회적 생산기반을 정비하기 위한 투자를 하게 되었다. 예를 들면, 앞선 말한 알카프 가(家)는 아라비아 해에 인접한 하드라마우트 항구 시흘에서 내륙 지역의 주요 도시 다림까지 자동차가 달릴 수 있는 포장도로를 건설하였다.

이처럼 18세기부터 동남아시아의 각 왕조에 정치적, 종교적 영향력을 행사한 하드라미들은 19세기 말부터는 서서히 동남아시아의 사회 상황과 그곳에서 얻은 부(富)를 행사하게 되었다.

4. 유럽 여러 나라와의 관계

그렇다면 당시 인도양에 진출했던 유럽 여러 나라는 하드라미의 동남아시아 이민 활동을 어떻게 파악하고 있었을까? 여기에서 다루고 있는 시대에서 하드라미의 동남아시아에 대한 이민 활동과 직접적인 관계가 있었던 유럽 나라는 말레이 반도 각지와 싱가포르를 그 영향의 지배 아래 놓고, 하드라마우트를 포함한 남아라비아에서 가장 강력한 영향력을 행사하고 있던 영국과, 자바, 수마트라 등 하드라미의 중요한 이주지가 되었던 섬들을 지배하고 있던 네덜란드였다. 이들 두 나라의 하드라미 이민에 대한 태도는 제각기 다르고, 또 시대에 따라서도 달라지지만, 기본적인 공통점은 하드라미 이민이 원주민에게 미칠 잠재적인 영향력에 대한 경계심이였다.

영국이 18세기 말에 말레이 반도에 진출했을 때, 아랍 인의 수는 비록 적었지만 이미 말레이 반도의 정치, 행정, 종교에 커다란 영향력을 행사하고 있었다. 이 때문에 영국은 상업적으로는 아랍과 협조하는 자세를 취하면서, 영국의 입장을 위협할 가능성이 있는 존재로서 늘 아랍을 경계했다. 영국이 페낭 섬을 취득할 때 중심적인 역할을 담당했던 프란시스 라이트 (Francis Light)는 아랍을 '좋은 친구이며, 위험한 적이다' 라고 간주했고, 라플즈도 말레이 인에 대한 아랍의 영향력에 혐오감을 드러내고 있었다. 한편, 네덜란드는 19세기 말부터 자국의 식민지를 경제적으로 개방하고, 화교, 아랍 인 등을 유럽 인과 원주민 사이의 중개인으로서 받아들였다. 하지만 아랍 인은 당시 네덜란드 령에서 종종 일어나고 있던 이슬람교도에 의한 저항 운동에 기름을 부을지도 모르는 존재로 간주되어, 영국은 대량의 하드라미 이민을 받아들이는 것에 경계심을 늦추지 않았다. 또한 네덜란드 식민지 내에 거주하고 있던 하드라미도 식민지 내의 이동이나 거주 지역을 엄격하게 제한받았다. 어쨌든 이들 대응은 정주처의 주민에 대한 하드라미 이민의 영향력을 생각한 것이었다.

동남아시아 사회에 대한 영향력과는 달리, 20세기 초부터는 하드라마우트와 동남아시아의 하드라미 커뮤니티 간의 연결이 영국에게 있어 커다란 문제로 불거졌다. 우선, 앞서 말한 일사드처럼 하드라마우트 사회에 일대 논의를 불러일으킨 사상이나 그 중심 인물이 하드라마우트에 들어가 사회 불안을 조성하는 원인이 될 가능성이 있었다. 또한 하드라마우트 경제를 유지하기 위해 필요했다고는 하지만, 동남아시아에서 들어온 자금은 종종 반영(反英)적 태도를 갖는 부족의 활동, 특히 무기 구입을 위해 사용되고 있었다.

이 때문에 영국은 하드라마우트와 동남아시아 간에 사람과 물자의 이동을 주시했다. 특히 제1차 세계대전부터 1920년대 말까지는 영국과 하드라미 네트워크 사이에 긴장감이 존재했기 때문에 이 시기에 반영(反英)의 기미가 보인다고 의심받고 있던 동남아시아의 하드라미, 특히 앞서 말한 일사드의 멤버가 하드라마우트로 갈 때는 그들이 탄 배의 이름, 기항지(寄港地), 아덴 도착 예정일 등의 정보를 입수한 싱가포르의 영국 당국은 바타비아의 영국 총령사관에게 보고하였으며, 이것을 다시 아덴 정부로 보냈다. 더욱이 아덴으로부터 무칼라의 쿠아이티 왕국으로도 필요한 정보가 전송되어 특히 의심스럽다고 판단되는 인물은 무칼라 도착 후에 쿠아이티 왕국에 의해 조사를 받았고 몇몇은 구류의 몸이 되기도 했다. 이처럼 영국은 하드라미의 움직임에 민감하게 반응했지만, 이민 활동 그 자체에 대한 제한은 하드라마우트로의 송금을 감소시켜 사회의 불안정을 불러일으킬 것이 명백했기 때문에 쉽게 손을 쓰지 못하였다. 오히려 영국은 네덜란드가 아랍 이민을 받아들이는 것을 제한하지 않도록 견제한 적도 있었다. 영국은 하늘이 내려준 항구인 아덴의 확보를 가장 중요하게 생각하고 있었기에 하드라마우트의 사회적, 정치적 안정이 중요했다.

반대로 하드라미 측도 동남아시아로 이동할 때는 증기선을 타고, 동남아시아에서 송금할 때는 유럽 은행의 어음을 사용하는 등 유럽이 쌓은 시스템을 이용하면서 네트워크를 유지하려고 했다. 즉, 하드라미 네트워크와 영국·네덜란드의 관계는 이미 잘 알려진 대로 '서유럽·아시아'라는 단순한 대립 구조가 아니라, 다양한 이해 관계가 얽힌 복잡한 상황 속에 놓여 있었다고 할 수 있다.

5. 하드라미 네트워크의 쇠퇴

하드라미 네트워크의 성쇠를 이야기할 때 흥미진진한 점은 이 네트워크의 성쇠에 일본이 관계한다는 사실이다. 일본이 하드라미 네트워크에 결정적인 영향력을 행사한 것은 제2차 세계대전의 발발과 그에 따른 동남아시아 제국의 점령이었다. 앞서 말했듯이 하드라미 네트워크는 하드라마우트와 인도양 연안 지역의 이동에서 성립되었다. 그 중에서 가장 중요했던 곳이 말레이 반도, 싱가포르, 네덜란드 령 동인도 등 동남아시아 지역이었다. 달리 표현하자면, 동남아시아란 하드라마우트의 경제를 지탱하는 데 중요한 지역이었다. 일본에 의한 동남아시아 점령이란 이 지역이 인도양을 무대로 했던 교역 활동에서 분리되어 도쿄(東京)를 중심으로 하는 경제권에 속하게 되었다는 것을 의미한다. 어쨌든 동남아시아와 하드라마우트 간의 연결은 완전히 끊어지게 되었다. 일본 점령하의 하드라미 커뮤니티와 하드라마우트 본국 모두 그것에 의한 영향력은 컸다.

동남아시아에서 하드라미가 일본의 군정(軍政) 당국으로부터 어떠한 취급을 받았는지에 대해서는 정리된 자료가 없어서 단편적인 기록을 통해 대략적으로 추측할 수 있을 뿐이다. 오히려 여기에서 주목하고 할 점은 일본의 점령 지역에서 멀리 떨어진 하드라마우트에서 일어난 변화다. 동남아시와의 연결이 단절되었기 때문에 소유하고 있는 부동산에서 나오는 임대료나 친척이 보내주는 송금 등 당시의 하드라마우트의 경제를 유지하기 위한 자금이 전부 끊어지고 말았다. 동남아시아로 이주해 갈 가능성이 사라졌기 때문에 하드라미들은 동아프리카로의 이주 허가를 영국 당국에 신청했지만 전쟁 중이라는 이유로 허가받지 못했다.

자금의 고갈은 하드라마우트 사회의 각 계층에 심각한 타격을 주었다. 특히 1943년, 1944년에는 가뭄까지 겹쳐 상황은 더욱 심각해졌다. 하드라마우트의 역사에서 이민자들이 보낸 송금이 어떠한 역할을 담당했는지를 연구하고 있는 크리스천 레콘(Christian Lekon)은 하드라마우트에 닥쳐온 기근의 원인은 농작물 부족보다는 식료품 수송을 위한 가축이 대량으로 죽은 것, 그리고 식료품을 사기 위한 돈이 부족했던 것이었다고 설명하고 있다. 부유층에 재정적 위기가 닥치게 되면서 농업 노동자를 고용할 수 없게 되었고, 또한 금융업을 운영하는 사람은 모든 대출을 중지하고 지금까지의 빚을 반환하라고 압박하였다. 이 때문에 극히 단기간에 하드라마우트 경제의 흐름이 끊어지고 말았다. 1944년 이후가 되면 하드라마우트에서 가장 높은 사회 계층에 속한 사람들 중에서도 어쩔 수 없이 육체 노동에 뛰어드는 사람이 속출하게 되었다. 빈민층에 속해 있으며 자기 땅을 가지지 못한 사람들 중 4분의 3이 이 시기를 견뎌내지 못했다고 한다. 동남아시아에서의 자금 유입이 끊어지면서 경제만큼 심각하지는 않았지만 하드라마우트 사회의 문화 활동에도 커다란 영향을 주었다. 예컨대, 하드라마우트의 학문과 문화의 중심인 타림을 거점으로, 싱가포르와 깊은 연관을 맺고 있는 알카프 가가 하드라마우트에서 운영하고 있던 학교는 자금이 두절되어 영국의 원조를 받아가며 간신히 꾸려나가는 상태였다.

이러한 사실은 제2차 세계대전 중에 일본이 끼친 영향을 연구하는 데 있어서 시사하는 바가 매우 크다. 일본이 전쟁중에 끼친 영향을 연구할 때, 일반적으로 점령했던 지역 그 자체에 끼친 영향만을 생각하기 쉽다. 그러나 하드라마우트가 전쟁중에 경험했던 곤란은 일본이 그 때까지 존재하던 지역 간의 연결을 단절시켰기에 발생된 것이다. 따라서 점령했던 지역뿐 아니라 그밖에 여러 지역에 어떠한 영향을 끼쳤을지에 대해서도 연구해야만 할 것이다. 분명 당시의 일본 군정 당국도 일본에 의한 동남아시아 점령이 인도양 저 멀리에 있는 아라비아 반도 남부에 위치한 한 지방의 경제 위기를 일으켰다는 사실은 몰랐을 것이다. 또한 현재에 이르기까지 이 사실이 주제로 떠오른 적도 없을 것이다.

6. 인도양을 무대로 한 경제 네트워크의 종언

일본에 의한 동남아시아 점령과 그 결과로 하드라미 네트워크가 경험한 송금 정지라는 급격하고도 항구적(恒久的)인 변화는 제1단계에 불과했다. 제2차 세계대전 종료 후에도 동남아시아로부터의 송금은 극히 일부를 제외하고는 재개되지 못했다. 일본이 패전하고 나서 독립한 여러 나라, 특히 하드라미에게 최대의 송금지였던 인도네시아는 정부의 재정난을 이유로 외국인이 해외로 송금하는 것을 엄격히 제한했다. 당시 하드라마우트의 카시리 왕국 술탄과 아덴 보호령의 영국 당국이 인도네시아 정부에게 송금 재개의 가능성을 타진하고 있었지만 만족할 만한 대답을 얻지 못하고 결국 이 지역에서 하드라마우트로의 송금은 거의 정지되고 말았다. 또한 동남아시아와 마찬가지로 커다란 하드라미 커뮤니티가 형성되어 있었으며, 역시 중요한 송금지였던 인도 내륙 지역의 하이다라바드도 1948년에 인도로 병합되어, 여기에서의 송금도 여의치 못했다. 1960년대에는 동아프리카 여러 나라가 독립하자 잔지바르를 비롯하여 이 지역에 있었던 하드라미 커뮤니티도 송금지로서의 역할을 끝마치게 되었다. 이처럼 각지의 하드라미 커뮤니티는 일본의 동남아시아 점령과 전쟁 후 인도양 연안 제국의 독립, 즉 하드라미 네트워크의 주요한 구성 요소였던 지역의 정치적 질서의 재구축 속에서 이제까지 담당했던 송금지로서의 역할에 안녕을 고했다. 1950년대 이후, 하드라미의 이주지는 아덴, 헤자즈, 페르시아(아라비아) 연안의 산유국 등 아라비아 반도 안에 있는 지역으로 바뀌었다.

　이처럼 인도양 해역 안에서 경제 네트워크로서의 하드라미 네트워크는 1960년대까지 급격히 쇠퇴했다. 그렇다면 각지의 하드라미들은 본국과의 연결도 희박해진 채 망각의 존재가 되었을까? 꼭 그렇다고 말할 수는 없다. 동남아시아 사회 속에 하드라마우트로부터 이주해 온 선조를 가진 사람들은 오늘날 사회 속에서 중요한 지위에 있다. 예컨대, 전 인도네시아 외상 아리 아라타스는 하드라마우트 기원의 유력 가계인 알아타스(al-'Attas) 가(家) 출신이다. 앞서 말한 말레이시아 북서부의 쿠다 주에서도 아직까지 아랍 계의 정치적 영향은 크게 남아 있다고 한다. 그 외에 정치, 경제, 학술 분야에서 활약하고 있는 아랍 계 인물은 많다.

또한 동남아시아의 하드라미(현재 그 대부분은 동남아시아에서 태어난 2세, 3세이며, 대부분의 경우에 말레이 인의 어머니, 할머니를 가진다)와 하드라마우트와의 관계는 다양한 형태로 계속되고 있다. 1996년에 하드라마우트를 방문했을 때, 와디 하드라마우트의 중심 도시인 사이운에서는 인도네시아에 친척이 있고 또 그 친척을 방문한 적이 있는 사람을 종종 만날 수 있었다. 또한 싱가포르에 있는 바 아라비 모스크를 방문했을 때에는 하드라미 이민의 자손인 이맘(집단 예배의 지도자)이 사는 곳에 아덴에서 친척이 찾아왔다. 이와는 반대로 동남아시아에서 태어나고 자란 '하드라미' 가 그들의 '고향' 에서의 생활을 경험하기 위해 하드라마우트에 사는 친척을 방문하는 경우도 많았다. 또한 말레이시아, 인도네시아를 비롯한 동남아시아의 이슬람 권에서 이슬람의 여러 학문을 배우러 하드라마우트에 오는 사람들도 있다. 이처럼 동남아시아의 하드라미와 하드라마우트의 사람들 사이의 혈연적인 관계, 이슬람을 통한 두 지역의 문화적 교류는 지금까지도 계속되고 있고, 그것이 앞으로 동남아시아의

4-6 싱가포르의 바 아라비모스크

이슬람 동향과 맞추어 어떻게 발전해 갈지 매우 흥미롭다.

이처럼 하드라미가 인도양에 형성한 네트워크는 19세기경까지는 경제 네트워크로서의 기능을 가지고 있었으며, 그것이 쇠퇴한 20세기 중반 이후에도 이전만큼의 규모는 아니지만, 문화적 인적(人的) 네트워크로서 기능하고 있었다.

끝으로

1990년대 이후의 연구 성과를 중심으로 하드라미 네트워크의 여러 측면을 하드라마우트와 동남아시아의 연결에 주목하여 소개했다. 유럽 제국이 인도양으로 본격적인 진출을 시작한 18세기 말에, 하드라미도 동남아시아로 활발한 이민 활동을 펼쳤다. 19세기에 증기선이 도입되고, 이 지역이 개인 사업에 대해 시장 개방을 하면서 하드라미의 이민 활동은 증가하게 되었다. 이민 활동의 초기 단계에서는 동남아시아 각지의 왕조에서 정치적, 종교적으로 중요한 지위를 차지하고 있던 하드라미들도, 19세기가 끝나갈 무렵에는 유럽의 식민지 세력에 의해 각지의 행정 체제가 확립되어 말레이 반도, 수마트라, 자바 등 원주민 출신의 뛰어난 이슬람 학자를 배출하게 되자, 점차 그 지위가 상대적으로 떨어지게 된다. 그리고 이번엔 반대로 동남아시아의 부(富)와 사회 정세가 하드라마우트 본국의 경제, 사회, 문화에 경향을 끼치게 되었다. 이 시기의 인도양은 하드라마우트라고 하는 남아라비아의 한 가난한 지방이 하드라미 네트워크를 통해 자급자족이 가능한 사회를 구축할 수 있는 '장(場)'을 제공하고 있었던 것이다. 이러한 본국과 각지의 이민 커뮤니티의 본연의 자세는 집단 이주라는, 영역 국가와는 다른 커뮤니티의 형태로서도 주목받고 있다.

최근에 들어서는 이 하드라미 네트워크가 학술 연구의 대상으로 떠오르고 있으며, 이 분야의 실증적 연구는 아직 그 단서를 잡은 정도에 지나지 않는다. 그들이 어떻게 되었는지, 이주지의 선택, 또 이주 후의 생활 기반의 확립에 하드라마우트의 지연, 혈연 관계가 어느 정도 영향을 끼쳤는지, 동남아시아에서 이슬람의 근대화에 하드라미가 실제로 어느 정도 공헌했는지 등의 근본적인 의문에 대한 해답이 불충분한 것이 사실이다. 또한 여기에서 '아랍' 혹은 '하드라미'로 일괄적으로 소개한 사람들도 사실은 본국에서 다양한 사회 계층에 속한, 각양각색의 사람들이다. 본문에서도 소개한 대로, 이들 계층 간의 격차는 이주지의 사회와의 접촉을 계기로 점차로 줄었지만 결혼 상대의 선택, 이주지 사회와의 융합 정도 등 계층 간에 따라 차이가 나타나는 것도 확실하다. 이들 하드라미 커뮤니티 내부의 다양성도 고려한 더욱 실증적인 연구가 이루어지는 것이 앞으로 이 분야에 남은 과제라고 생각한다.

인도양의 경제적인 측면에서 보면 하드라미 네트워크는 큰 중요성을 갖지 못한다. 그러나 그들 네트워크의 성쇠를 되돌아보고, 그들의 시점에서 본 인도양 세계의 구조 변화를 이해하는 것은 이 지역의 역사 인식을 새롭게 한다는 의미에서 매우 중요하다. 그것은 일본에 의한 동남아시아 점령이 그 후의 인도양 해역 구조에 끼친 영향 등을 포함하여 우리 주변의 문제를 포함하는 것과 같다.

사진으로 읽는 바다

봉황은 바닷길로 건넜다

오오무라 쓰구사토 大村大郷

푸른 봉황들

학예원(學藝員)의 아이세 씨가 팔 안에 품어서 가지고 나온 표주박 모양의 항아리에 매혹되었다. 그의 품 안에서 봉황의 모습이 살짝 드러났다. 이제까지 화보나 전시를 통해 몇 번이나 보았건만, 직접 사진을 찍을 때의 사실성은 아직도 생생하게 남아 있다.

이것은 터키의 이스탄불에 있는 토프카프 왕국 박물관에 소장되어 있는 많은 소장품 중 하나인 남빛 중국 도자기이다. 이 박물관은 오스만 제국의 메호메트 2세가 비잔틴 제국을 공략(1453년)한 후에 술탄의 거성(居城)이 된 곳으로, 여기에는 1만 357점의 중국 도자기가 있다.

바다를 통해 이동한 봉황

무겁고 차가움이 느껴지는 파란 색의 도자기 안에는 봉황이 그려져 있다. 봉황은 용, 기린(麒麟)과 마찬가지로 중국이 낳은 상상 속의 새이다. 손에 들었을 때, 이 도자기가 운반되어 온 길이 떠올랐다. 이 아름다운 새는 틀림없이 바다의 파도가, 바람이 가져다준 것이다. 도자기와 같이 무겁고 잘 깨지는 물건이 낙타 등 위에 얹혀서 내륙을 건너왔다는 것은 설득력이 떨어진다. 무엇보다 어떤 시대라 해도, 어떤 황제나 왕이라 할지라도 중국에서 로마에 이르는 길을 모두 확보했던 적은 없었기 때문이다. 봉황 항아리에는 상처 난 곳이 없다. 소유자의 사용 빈도가 적은 술탄이었을지라도 이것은 곤포(梱包. 거적이나 새끼 따위로 짐을 꾸려 포장함, 또는 그 짐 - 역주)재료를 다량으로 사용해 바닷길로 운송되었다고 상상해 볼 수 있다.

토프카프의 중국 도자기는 전리품이라고들 했지만, 최근 연구에서는 제국(帝國)의 관리들이 부임한 땅에서 상속세(무하레파트)의 일종으로서 징수한 것으로 보기 시작했다. 징수된 물건이 모인 곳은 제국의 영역이었던 카이로를 포함한 중근동 지역이다. 봉황이 남빛으로 염색된 곳은 징더 전(景德鎭)(14세기)이다. 거기에서 바닷길로 단숨에 지중해까지 운반되었다고는 생각할 수 없다. 그 사실을 뒷받침해 주는 것은 예컨대 안다만 해의 코카오 섬이다. 섬 안에는 옮겨 쌓았으리라고 추정되는 장소에서 도자기 파편이 흩어져 있었기 때문이다.

하늘에 제사를 지내는 건물

자금성이 용이 사는 건물이라면 천단(天壇)은 봉황이 사는 건물이다. 천단은 중국에서 제례와 관련된 대표적인 건축물이라 할 수 있다. 역대 황제들은 단을 쌓아 하늘에 제사를 지내는 관습을 가지고 있었다. 천단은 다른 건물보다 유난히 큰 건물로 길이가 동서로 1,669미터, 남북으로 1,650미터나 되는데, 그 중심에 기년전(祈年殿)이 있다. 돌을 3층으로 쌓고 거기에 둥근 건물을 세웠는데, 마치 승천이라도 하는 것처럼 수많은 봉황이 기둥, 문, 벽에 녹색 바탕에 금색으로 그려져 있다. 난간에는 돌 부조도 있다.

봉황은 기린, 용, 거북과 함께 중국의 4대 서수(瑞獸. 상서로운 짐승-역주) 가운데 하나이다. 봉황은 오동나무에 살고 대나무 열매를 먹는다고 한다. 생김새는 여러 동물을 섞어 놓은 것과 같은데, 앞은 기린, 뒤는 용, 머리는 뱀, 꼬리는 거북, 부리는 닭, 턱은 제비를 닮았고 색은 오색찬란하다. 현실에서야 이런 새가 존재할 리 없지만, 하늘을 나는 잉꼬나 물총새, 날개를 펼친 공작들은 봉황의 일부 모습을 가지고 있는 것만 같다.

문관의 관복

관복의 소맷부리에 새의 부리가 있었다. "뭐지?" 하는 마음으로 새까만 석상(石像)을 보니 관복의 소맷부리에서 소맷자락에 걸쳐 봉황이 있었다. 엄숙하고 무게가 있는 관복이다. 하지만 습도가 높은 후에(Hue. 베트남 빈트리티엔 성(省)의 성도(省都)-역주)에서는 쓸쓸해 보이기까지 했다. 등 뒤 옷자락에는 기린이 배치되어 있다. 베트남은 지금 정치, 문화 전반에서 자주성을 외치고 있는데, 후에는 자금성을 흉내냈다는 기분이 든다.

이 관복을 입은 석상이 있는 중부 베트남 후에는 초대 지아 롱(Gia Long. 嘉隆) 황제(1802~1820년)에서 제13대 바오다이(Bao Dai. 保大) 황제(1925~1945년)까지 구엔 왕조(阮王朝. 1802~1945. 베트남 최후의 왕조-역주)의 도시와 황제 능이 있는 땅이다. 이 석상은 문인들을 나타낸 것으로 제12대 카이 딘(Khai Dinh. 啓定) 황제(1916~1925년)의 능 앞에 서 있다. 봉황들은 황제 능뿐 아니라 마을 사당(祠堂)의 투조(透彫) 세공품 속에도 있다.

요메이 문

요메이 문(陽明門)은 '해가 지는 문(日暮門)'으로도 알려져 있다. 그 정밀한 조각의 아름다움에 빠져 있다가 그만 해가 저버렸다는 데서 유래한다. 그러나 세계 유산에 등록된 이후로 참배자가 많아져 느긋하게 감상할 시간도 없다. 주변의 방해를 주지 않으며 스탠드를 세워 사진을 찍는다는 것이 쉬운 일만은 아니다.

그러나 참배 시간이 끝나고 문을 닫을 때면, 고요함으로 신령한 동물들이 생생하게 살아난다. 오리엔트(인도의 인더스 강 서쪽에서 지중해 연안까지 펼쳐져 있는 지역-역주), 인도 아대륙, 동남아시아, 중국의 신령한 동물을 보아온 나로서는, 마치 여기가 신령한 동물이 사는 동물원 같다.

특히, 요메이 문의 양 쪽(회랑동복부(廻廊胴腹部))에 있는, 카노파(狩野派. 일본의 근대·현대 일본화는 서양에 대칭 개념으로 일본화라 부르는데, 그 일본화를 이루는 여러 화파 중에 하나이다-역주)의 밑그림에 새겨진 봉황은 압권이다. 그 옆에서 보조적인 역할을 하는 대나무, 매화, 모란꽃도 아름답다. 무엇보다도 한 장의 느티나무 판에 둥글게 새겨진 봉황이 최고로 여겨진다. 꿩과 같은 꼬리, 공작과 같은 날개, 금방이라도 '푸드덕 푸드덕' 소리를 내며 막 날아오를 것 같은 힘 있는 조각품이다.

불사의 힘을 가진 봉황은 용, 사자 등의 신령한 동물들과 이에야스(家康. 일본 에도 막부의 초대 장군-역주)의 영혼을 지키고 있다. 바닷길은 물길처럼 눈에 보이지 않지만 그 활동만큼은 마음을 매혹시킨다. 그 바닷길은 마치 봉황이 비상하는 것처럼 자유롭고 다종다양(多種多樣)했을 것이다.

감수를 마치며

　바다의 아시아 전 여섯 권의 감수를 의뢰 받았을 때 한동안 망설이지 않을 수 없었다. 사실 나의 전공과는 다소 생소한 분야였다는 것과 내용이 방대하다는 중압감에서였다. 그러나 작품을 읽어나가면서 나도 모르는 사이에 작품 속으로 빠져들게 되었고, 흔히 번역은 제2의 창작이라 하듯, 원문을 능가하는 짜임새 있는 문체와 적절한 어휘의 한국어로 다시 태어나는 감칠맛 나는 번역에 놀라지 않을 수 없었다.

　독자의 이해를 돕기 위해 이 시리즈의 특색을 적어보면,
　─ 육지에서 바다로 새로운 발상으로 경계 없는 시대의 아시아를 생각게 한다.
　─ 자연, 역사, 문화를 종합하는 최첨단 연구자들에 의한 학제적 구성과 시인, 작가를 통한 바다의 아시아에 대한 깊은 공감에 기초한 서술이다.
　─ 제1선의 사진 작가를 통한 선명한 칼라 화보와 본문도판을 다수 수록하고 있다.

― 최신 현지 정보를 통해 아시아의 '현재'를 살펴볼 수 있다.

'바다의 아시아'는 흥미진진한 이야기와 선명한 영상으로 인간과 자연이 엮어내는 지적흥분으로의 초대이며, 자연, 역사, 문화의 여러 방면에 걸친 연구 성과와 아시아 각지의 최신 정보에 기초한 살아 있는 문제를 제기하고 있다.
　이 시리즈를 접하는 독자는 바다를 무대로 한 아시아의 새로운 매력을 찾아, 지적 항해를 즐길 수 있을 것이다.
　이 시리즈를 학생은 물론, 연구자에서 여행자, 비즈니스맨까지 바다와 아시아에 흥미와 관심을 가지고 있는 모든 독자에게 권하는 바이다.

인천 대학교 일어일문학과
유용규 교수

집필자 소개

야지마 히코이치(家島彦一) 1939년생. 이슬람 사회경제사. 도쿄 외국어 대학교 아시아·아프리카 언어 문화 연구소. 《이슬람 세계의 성립과 국제 상업》(이와나미서점), 《바다가 창조하는 문명》(아사히신문사), 《이븐 바투타 대 여행기》(역주, 평범사)

마쓰야마 마사지(松山優治) 1945년생. 해양물리학. 도쿄 수산 대학 해양 환경학과. 《연안 재해의 예지와 방재》(공저, 백아서방), 《초등학생을 위한 컴퓨터 교실》(공술, オーム사), 《연구자들의 바다》(공저, 성산당)

후카마치 도쿠조우(深町得三) 1949년생. 해사(海事)사. 야마하 발동기(주). 《남아시아의 어선 일지》('견고, 보고, 듣기' 199)

시토미 유우조우(蔀 勇造) 1946년생. 아라비아 고대사, 동서 해상 교류사. 도쿄 대학 문학부. 《신역 에류토라 해 안내기》('동양 문화 연구소 기요' 132), 《지역의 세계사 9》(공저, 산천출판사), 《이와나미 강좌 – 세계역사 6》(공저, 이와나미서점)

가와토코 무쓰오(川床睦夫) 1948년생. 이슬람 고고학, 문화사. 중근동 문화센터. 《이집트, 이슬람 도시 푸스타트 유적의 발굴조사 1978년~1985년》(공저, 와세다 대학 출판부), 《처음 만난 세계의 고고학》(공저, 유비각), 《*A Porl City Site on the Sinai Peninsula, al. Tur : The 13th Expedition in 1996*》(The Middle Eastern Culture in Japan)

도리이 유미코(鳥井裕美子) 1951년생. 일란(日蘭) 교섭사. 오이타 대학 교육복지 과학부. 《아시아부터 생각하라 I》(공저, 도쿄 대학 출판회), 《해외 정보와 규슈》(공저, 규슈 대학 출판회), 《일란(日蘭) 교류 400년의 역사와 전망》(공저, 일란 학회)

우치보리 모토미쓰(內堀基光) 1948년생. 문화인류학. 도쿄 외국어 대학 아시아·아프리카 언어 문화 연구소. 《산림에서의 생존 방법》(도쿄 대학 출판회), 《이와나미 강좌 – 문화인류학》 전 13권(공편저, 이와나미서점)

이이다 다쿠(飯田 卓) 1969년생. 인류학. 국립 민속학 박물관. 《마다가스카르 해안 어민 베즈에 대한 시장경제 수용》(교토 대학 대학원 인간, 환경 연구과 박사 논문), 《Competition and Communal Regulations in the Kombu Kelp(Laminaria angustata) Harvest》(Human Ecology, 26-3)

나이토우 마사오(內藤雅雄) 1940년생. 인도 근·현대사. 도쿄 외국어 대학 아시아·아프리카 언어 문화 연구소. 《간디를 둘러싼 청년군상》(三省堂), 《현대 인도의 전망》(공저, 이와나미서점), 《이주민에서 시민으로》(공편저, 도쿄 대학 출판회)

아라이 가즈히로(新井和広) 1968년생. 이슬람사. 미시간 대학 대학원. 《하드라미 네트워크와 영국》('일본 중동 학회 연보' 15)

오오무라 쓰구사토(大村次郷) 1941년생. 사진 작가. 《아시아 음식문화 여행》(조일신문사), 《아잔타 벽화》(NHK 출판), 《아시아를 가다》 전 7권(집영사)